U0488635

"出版资源评估与研究"丛书

出版内容资源评估与研究

CHUBAN NEIRONG ZIYUAN
PINGGU YU YANJIU

主编◎张 炜 王勇安

陕西师范大学出版总社

图书代号：ZZ22N1902

图书在版编目（CIP）数据

出版内容资源评估与研究 / 张炜，王勇安主编. —西安：陕西师范大学出版总社有限公司，2022.12
（出版资源评估与研究）
ISBN 978-7-5695-3250-0

Ⅰ.①出… Ⅱ.①张… ②王… Ⅲ.①出版工作—研究—中国 Ⅳ.①G239.2

中国版本图书馆CIP数据核字（2022）第201952号

出版内容资源评估与研究
CHUBAN NEIRONG ZIYUAN PINGGU YU YANJIU

张　炜　王勇安　主编

出 版 人	刘东风
出版统筹	周　耘
责任编辑	韩娅洁
责任校对	杨　菊
装帧设计	朵云文化
出版发行	陕西师范大学出版总社
	（西安市长安南路199号　邮编：710062）
网　　址	http://www.snupg.com
印　　刷	西安曲江朵云文化传媒有限公司
开　　本	720 mm×1020 mm　1/16
印　　张	20.5
字　　数	228千
版　　次	2022年12月第1版
印　　次	2022年12月第1次印刷
书　　号	ISBN 978-7-5695-3250-0
定　　价	96.00元

中宣部文化名家暨"四个一批"人才自主选题项目组

项目负责人　张　炜
项目组成员　王勇安　关　宁　和　勇　王　剑
　　　　　　张启阳　慕鹏帅　李　洋　叶　峰
　　　　　　肖　星

《出版内容资源评估与研究》

主　　编　张　炜　王勇安
编委会成员　关　宁　慕鹏帅　和　勇　张启阳
　　　　　　王　剑
审　　订　阎晓宏　刘东风

序 一

出版的历史，源远流长。

在关于出版史的论著中，追溯到结绳记事，甲骨文、石刻，还有的把在绢上、帛上书写等纳入出版，但这并不是真正意义上的出版，雕版的出现，才脱离手工抄写的樊篱，实现了把一份内容复制为多份的功能。活字印刷、现代印刷，只是印刷史上的技术革命，其本质仍然是把一份内容复制为多份，不同的是提高了效率。

什么是出版？这是一个看似清楚，实则存有争议的问题。在互联网出现之前，如果给出版下定义，其最本质的特征，是其复制功能，能把一份有文字或图画的内容，复制为多份，而出版的编辑校对、设计排版等，都是基于复制而存在的。

物理环境下的出版，是把一份经过编辑加工、校对、排版设计的内容，通过印刷复制为多份。互联网出现后，网络环境下，怎样定义出版呢？曾经有过困惑。美国人提出了"临时复制"的概念，就是将网络中的内容存储在计算机的存储器之中。这一概念还没有被社会接受，情况又发生了变化，移动互联网出现了，在第十七届国际数字出版论坛上，澳大利亚学者提出了一个观点，其核心概念是一份内容在网络中能够被"重复使用"。应该说这是一个比较科学的概念,"重复使用"这个概念和传统出版的一份内容变成多份,本质上是一致的。

我国的著作权法第三次修订稿,在面向社会征求意见时,对作品的定义提出了三个要点:①具有独创性;②属于智力成果;③能以某种有形形式复制。

第三个要点"能以某种有形形式复制",无法将网络中的作品形态纳入,也必将出现矛盾和混乱。最后修订的定稿,将其确定为"能以一定形式表现"。

无论是关于出版的界定,还是关于作品的界定,这看来是一个概念的变化,却极大地延伸了出版的边界,也包含着人们对数字技术与网络发展带来的新变化的认知调整与认同。

张炜先生领衔的"出版资源评估与研究"科研项目,将出版研究置于数字技术、人工智能等新技术条件下,并且包含了物理环境与互联网环境。在我看来,这不仅体现了与时俱进、实事求是的科学态度,也体现了张炜先生和他的团队在这个出版科研项目中的宽阔视野和包容精神。

如何认识出版,现在仍存有两种倾向:一种似乎是来自多年传统出版形成的惯性,由出版谈出版,将出版理解得很窄,在出版实践中并没有将出版延伸到新的领域;一种来自出版的外部,将出版排斥在网络以及新兴媒介之外。

这两种倾向的背后,既是观念与认识的问题,也是实践落后于客观形势的问题。

需要指出的是，虽然新技术特别是数字技术的发展，大大拓展了出版的边界，但是在"出版资源评估与研究"丛书中，仍然能够看到张炜先生对于传统出版的深厚情怀。无论是出版的内容资源，还是出版的人力资源与出版物衍生资源，其研究的重点、研究的基础以及方向，都是基于传统出版并且面向未来的，其出发点与落脚点是推动出版的融合发展。

关于出版研究的专著和论文有许多，但是专门把出版资源作为研究的主题和对象，还比较少。但是细想一下，出版资源问题的研究与评估，不仅是出版发展的基础性、战略性、资源性问题，更直接关系到出版的高质量发展。

我一直有一个观点，出版不能凌驾在作品之上。没有作品，何谈出版？作品就是出版的资源，巧妇难为无米之炊。因此，关于出版的研究，抓住了出版的资源问题，我认为就是抓住了出版的根本。

丛书由出版资源引申到出版资源的评价与选择，这是一个逻辑上内在的递进关系，更是一个出版数量与出版质量的相互关系问题。进入新时代，创作早已不是少数专业人士专有的领域，在互联网、数字技术和人工智能的背景下，移动终端的广泛使用，公众表达愿望的涌动，大大催生了作品的创作，现在任何一个门类的作品，其数量都是以几何级数迭代增长。在这种背景下，怎样选择作品，怎样挖掘优质的出版资源，是更为关键的问题。因此，关于出版资源的评估，关系到出版的选择问题，关系到对出版物的价值判断以及优质出版内容的全部价值挖掘问题。在根本上，它关系到出版为社会公众提供什么精神产品的问题。

丛书抓住了上述问题中最根本之处，通过大量的研究，首先阐述了出版内容资源的评估与研究。内容资源在本项目中具有核心地位，它既是衡量出版人力资源的客观标准，也是出版物衍生资源的源头。《出版内容资源评估与研究》分八章阐述了内容资源的概念、开发、整合、评价、重构、策略以及品牌形成与维护，是一部在出版实践的基础上，由出版领军人才和学者共同组成的团队，经过深入的调查研究与思考写就的出版专著，分析和阐述了在新技术条件下出版资源的获得与维护，阐述了有思想、有价值的观点。该书所表达的思想与理念，必将在实践中表现出其独特的价值。

《出版人力资源评估与研究》阐述了出版人才建构的主要任务和理论模型，特别是胜任素质模型建构的路径与方法。以此为基础，甄选细化了出版编辑岗位胜任素质的四大类57项，甄选细化了出版发行岗位胜任素质的四大类49项，为出版编辑和出版发行岗位素质和能力的判断提供了可以量化的指标评价体系。在此基础上，该书以上述出版岗位的胜任素质为指标，深入分析出版人才队伍建设中存在的问题，并提炼出集团所属出版机构和发行机构所需各类人才应具备的能力。建立出版人才评价标准的指标体系，对于挖掘出版人才、培养出版人才、合理使用出版人才，发挥不同类型出版人才的作用，具有重要的参考价值与现实意义。

出版的融合发展对传统出版业既是一个挑战，也是走出困境、实现新发展的重要机遇。在出版的融合发展进程中，优质出版资源的一次开发、多次使用，最大限度地实现出版内容资源的社会价值和经济价值，这是一个颇具理论性与实践性的现实问题。《出版物衍生资源评估与研究》基于陕西新华出版传媒集团的探索与实践,并总结梳理了国内外著名出版传媒机构的典型案例,在出版业融合发展的基础上,深入思考并比较系统地阐述了出版物衍生资源评估与研究的界定、价值与路径,对出版物衍生资源的开发、管理与维护提出了具有创新意义的独到见解。

通览全书,不乏思想、理论与实践的闪光点,诸多阐述是深刻而又有独特价值的,凝结着作者团队的智慧与心血。尤其是不在已知中重复,这已然是出版理论研究的意义所在。

阎晓宏

2022 年 5 月

序 二

2018年9月，我被中宣部授予"文化名家暨'四个一批'人才"荣誉称号，按照有关规定和要求，向国家申报了"出版资源评估与研究"项目，包括"出版人力资源评估与研究""出版内容资源评估与研究""出版物衍生资源评估与研究"三个子项目，2019年3月获得批准立项。

这是一个涉猎范围很广、要求很高、难度很大的项目，自己何以有勇气挑战这一项目呢？考量起来，或许，热爱出版，对这个行业有长期的实践与思考，当前行业的发展遇到许多新的问题，等等原因，才促使自己下定了决心。

我于1986年大学毕业后便进入出版行业，先在陕西师范大学出版社做了6年编辑，1991年底调入陕西省新闻出版局出版处，做了近10年的出版管理工作，2001年从处长任上下到陕西人民教育出版社做总编辑，2006年再次调任陕西科技出版社社长，2007年底任陕西出版集团总编辑，2020年任陕西新华出版传媒集团董事长、党委书记至今。入行36年来，关于出版方方面面的工作都有所涉足，每当一部书稿经过选题策划、组稿、编辑加工、印制、销售，成为读者喜欢的作品，或者荣获重大奖项，我都会感到无比的欣慰。而在这一过程中，还能结识一大批作者、读者和销售方面的朋友，能够对全新的知识先行了解，优秀的作品先睹为快，所以我对自己能从事出版工作非常高兴，从中感受到很多乐趣，也常常对工作和行业中存在的问题进行苦苦的思考与探索。

在传统出版方面，这些年主要从选题管理与策划、出版定位与产品结构、质量管理、精品出版等方面进行持续的思考与实践，先后撰写并公开发表了《陕西人民教育出版社中小学文教读物定位研究》（荣获中华优秀出版物出版科研论文奖）、《图书选题全程策划五步法》、《论地方出版集团的产品结构优化——以陕西出版集团为例》等研究文章。实践层面，主要组织策划了"举一反三"系列教辅用书，行销20余年，年均销售超过20万套；依托陕西人文地理、红色文化、历史文化资源优势，策划了近10种荣获国家出版基金支持的重大选题，其中"中国蜀道"丛书荣获中国出版政府奖。

在数字出版方面，也进行了初步的思考与探索。撰写了《陕西数字出版产业发展的初步设想》等文章；组织起草了《陕西国家级数字出版基地方案》《丝路文化资源深度开发方案》《蜀道文化资源深度开发方案》等。实际工作中，提出出版企业必须以数字阅读为重点，以教育读物、畅销书、重大出版项目为基础，实施深度和衍生开发。并对"举一反三"系列、"延安红色文化"系列、"中国蜀道"丛书等产品进行初步开发，取得了良好的效果。另外，即将组建的陕西出版集团数字出版公司，将以数字教育出版、数字阅读公共服务平台、中国西部重大IP运营为主要发展方向，努力闯出一条数字出版的新路子。

由于工作变动的原因，近年来我又对人力资源管理进行了一定的研究。深入出版发行企业做了大量调研和采访，在提取众多数据的基础上，初步建构了出版发行企业岗位素质模型；提出了按照出版发行岗位素质要求，建立与薪酬和任用挂钩的员工职业技能培训体系；先后两次参加韬奋杯人力资源高峰论坛，作为主讲嘉宾，分别以"员工素质模型""职业技能培训体系"为题，发表主旨演讲，反响热烈；结合发展实际，逐步确立了集团当前以干部管理、绩效管理、培训管理、社保管理为重点的人力资源管理思路，进行了初步实践，取得了良好的效果。

凭着自己浓郁的出版情怀和长期的工作积淀，2019年6月，我联手陕西师范大学新闻与传播学院博士生导师王勇安教授，率领集团一批中青年同志，正式开始了项目的研发工作。

首先是收集资料，深入调研。在这期间，研发团队成员根据各自的分工，以各种方式获取大量资料阅读分析，熟悉相关理论，把握研究动态，了解时新观点，以结合所研究的问题，达到"他山之石，可以攻玉"的目的。除此之外，大家还通过网上查阅和实地访谈等多种途径，进行问卷调研、实地和电话访谈，提取研究数据，收集经典案例，为下一步研发创作准备充足的资料。

其次是反复研讨。项目分工落实后，前期主要是研讨写作框架，大概经过五六次深入讨论，初步确定，《出版人力资源评估与研究》分为八章，主要涉及出版人才素质模型、能力模型，人力资源发展战略、评价体系、管理体系，员工招聘、员工培训，人才培养、人才激励等内容。《出版内容资源评估与研究》分为八章，主要涵盖内容资源需求分析、整合能力评估、管理体系构建，内容资源的重构与开发、策略与途径，基于内容资源的精品出版，内容资源的品牌创新与维护等内容。《出版物衍生资源评估与研究》分为八章，主要包括衍生资源的概念、价值界定，衍生资源开发体系建设与能力评估，衍生资源的市场开发与价值实现，衍生资源的开发策略、过程管理及经典案例等内容。写作框架确定后，还要进行多次讨论，对相关内容进行取舍、修改、补充，以保证整个项目的统一与协调。

第三是项目的审定。项目初稿完成后，先送业内有关专家审核，指出不足与缺陷，提出补充和修改意见。再召开专门的会议，听取出版管理、编辑、校对、发行等方面的意见，对项目初稿进一步完善。最后，经过多次征求专家及方方面面的意见，反反复复修改后形成定稿，再由项目负责人审核统稿，以确保项目结构合理、内容协调、体例统一、质量达标。

经过两年多的艰苦努力，终于要完成项目结项了，从事了一辈子出版工作，能和大家一起做一件对行业有意义的事，我感到无比的欣慰。然而，由于诸多因素，项目还存在许多不足，也让我深感遗憾与不安。从理论基础反思，尽管王勇安教授做了很大努力，项目也具备一定的理论支撑，但还是略显不足。这一方面是因为出版传媒产业的个体特色和实践属性比较强，居多经验引领实践，相关的理论体系远未形成；另一方面，项目团队的大多数同志都是利用业余时间开展研发创作，虽有一定的实践经验，但理论功底和研发时间都难以保证。从认知角度观察，虽然许多同志进行了长期的思考，有不少研究成果，项目研发过程中也有许多新的探索，但是基于出版传媒产业的特殊性，基于改革和新媒体对传统出版业的冲击所带来的新问题，项目研发成果对出版传媒产业的认知还不到位，对如何把握行业的特殊性，如何引入现代科技和产业规律指导出版传媒产业的发展，还有一定的欠缺。从实践层面考量，囿于资料和数据采集的艰难，项目主要是以陕西的实践开展研发的，国内外一些先进经验和经典案例难以收揽进来，研发成果尚有一定的局限性。

然而，聊胜于无，这终归是一件值得庆贺的事，对于我而言，这是一生从事出版工作的交代，也是自己长期出版实践和思考的总结。对于王勇安教授而言，是一次产学研结合的有益探索。对研发团队其他成员而言，是大家共同努力的成果，更是一次熟悉行业、提升认知的历练。借此机会，我对大家两年来的不懈努力和所付出的艰辛劳动，表示最真诚的感谢！我坚信，虽然这一项目还存在这样那样的不足，但它毕竟是来自实践又高于实践的产物，毕竟是对出版传媒产业发展规律的一次有益探索，它定会对后续行业规律的探索研究起到一定的借鉴作用，也会对当前出版传媒产业的实践具有一定的指导意义。

张 炜

2022 年 2 月

目录
CONTENTS

第一章　出版内容资源相关概念及开发意义　/ 001

第一节　出版内容资源的概念界定　/ 001

一、出版内容资源　/ 002

二、出版内容资源评估与开发　/ 004

第二节　出版内容资源分类与开发　/ 007

一、出版内容资源的分类　/ 008

二、出版内容资源的开发　/ 010

第二章　出版内容资源开发和需求调查分析　/ 014

第一节　出版内容资源现状分析　/ 014

一、中央出版单位出版内容资源现状分析　/ 014

二、地方出版单位出版内容资源现状分析　/ 017

三、大学出版单位出版内容资源现状分析　/ 022

四、民营书业出版内容资源现状分析　/ 025

五、新兴出版单位出版内容资源现状分析　/ 026

第二节　出版内容资源需求分析　/ 030

　　一、专业出版内容资源需求分析　/ 030

　　二、教育出版内容资源需求分析　/ 033

　　三、大众出版内容资源需求分析　/ 037

　　四、出版内容资源开发的不足与存在的问题　/ 043

第三章　出版内容资源评价与整合能力评估　/ 048

第一节　出版内容资源评价　/ 048

　　一、出版内容资源评价的理念与原则　/ 049

　　二、出版内容资源评估要点　/ 049

第二节　出版内容资源整合能力评估　/ 055

　　一、掌控内容资源能力评估　/ 055

　　二、选题策划与资源优化配置能力评估　/ 057

第四章　集团出版内容资源管理系统建设　/ 061

第一节　出版内容资源整合与管理路径　/ 061

　　一、出版内容资源管理的目标　/ 061

　　二、出版内容资源整合的主体　/ 063

　　三、出版内容资源整合的对象　/ 063

　　四、出版内容资源整合策略　/ 064

　　五、出版内容资源管理的思路　/ 065

　　六、出版内容资源管理模式构建　/ 067

第二节　出版内容资源管理平台建设　/ 068

　　一、平台概述　/ 068

二、平台系统架构 / 073

三、平台实现方法 / 074

第三节 出版内容资源管理愿景分析 / 086

一、技术难点分析 / 086

二、推进障碍分析 / 088

三、平台优势分析 / 089

四、行业经典案例 / 090

第五章 出版内容资源的重构与开发 / 096

第一节 内容资源的重构开发思路与问题 / 096

一、内容资源重构开发的思路 / 097

二、内容资源的重构与开发的不足与差距 / 099

第二节 内容资源重构与开发的路径与方法 / 104

一、注重品牌培育 / 105

二、有序整合存量资源与优化产品结构 / 107

三、实施深度开发，扩大资源效能 / 108

四、加强跨领域合作 / 109

第六章 出版内容资源的开发策略 / 111

第一节 依托区域文化资源开发产品 / 111

一、理清区域文化资源优势 / 112

二、聚焦区域重点文化资源的开发 / 112

三、培育区域文化资源品牌 / 113

第二节　依托作者资源开发产品　/ 115

　　一、维系已有作者资源　/ 116

　　二、注重潜力作者的培育与开发　/ 116

　　三、重视区域作者的培育与开发　/ 117

　　四、利用现代网络平台开发作者　/ 118

　　五、引进海外优秀作者资源　/ 119

第三节　依托市场资源开发产品　/ 120

　　一、搞好市场调研，以需定产　/ 121

　　二、以实体书店确定产品开发　/ 122

　　三、以网络书店确定产品开发　/ 123

第四节　依托专业优势开发产品　/ 124

　　一、依照出版机构专业分工开发产品　/ 125

　　二、在最熟悉的领域开发产品　/ 126

　　三、追求产品开发的规模效益　/ 127

第五节　依托投入实力开发产品　/ 128

　　一、重视产品的自主开发　/ 128

　　二、形成产品开发的投入产出机制　/ 130

　　三、把握产品开发的节奏　/ 131

第七章　基于出版内容资源的品牌创新与维护　/ 133

第一节　基于内容资源创建出版品牌　/ 133

　　一、创建出版品牌的意义　/ 134

　　二、整合优质资源，推动各类出版品牌形态的创建　/ 136

　　三、找准方向，开发服务于出版品牌的产品　/ 138

第二节　出版品牌的开发　/ 140

　　一、出版品牌的延伸　/ 140

　　二、出版品牌的深度开发　/ 143

　　三、出版品牌的效能扩张　/ 144

第三节　重视品牌资源的著作权积累　/ 146

　　一、重视著作权管理，避免版权纠纷　/ 146

　　二、维系重要作品，积累著作权资源　/ 148

　　三、寻找潜力作者，积累著作权资源　/ 150

第八章　出版内容资源与精品出版　/ 153

第一节　精品出版的概念及理论探析　/ 153

　　一、精品的概念和内涵　/ 153

　　二、精品出版的理论初探　/ 155

第二节　国外出版业发展简介　/ 160

　　一、国外出版业发展阶段　/ 160

　　二、国外出版业发展的现状及特征　/ 161

　　三、国外出版业发展趋势　/ 164

第三节　国内优秀出版企业精品出版简析　/ 167

　　一、国内优秀出版企业精品出版的背景　/ 167

　　二、国内优秀出版企业精品出版的实践　/ 174

第四节　陕西主要文化资源与精品建设实践　/ 195

　　一、陕西出版内容资源　/ 195

　　二、陕西精品出版的实践与成果　/ 199

第五节　构建精品出版体系战略思考　/ 201

　　一、重视精品出版的战略规划　/ 201

二、探究精品出版的科学路径与方法　/ 202

三、建立作者资源系统　/ 205

四、营造精品出版的良好环境　/ 206

五、强化精品出版的质量保障机制　/ 210

六、优化精品出版的投入扶持机制　/ 213

第六节　实施精品出版的战略举措　/ 214

一、夯实精品出版的人才基础　/ 214

二、以精品出版带动出版产业的发展　/ 218

三、树立陕版品牌，讲好陕西故事　/ 223

四、多元开发，实现精品出版的范围经济效益　/ 226

附一：项目负责人部分选题策划报告案例　/ 233

案例一　"诗说中国"系列丛书选题策划方案　/ 233

案例二　"文化陕西"丛书编辑出版方案　/ 237

案例三　"汉字文化"丛书策划方案　/ 242

案例四　"发现西北联大"丛书策划　/ 248

案例五　丝绸之路全媒体文化创意产业项目开发建设的初步设想　/ 259

案例六　"外国人眼中的陕西"系列图书编辑出版方案　/ 265

案例七　关于《影像丝路》（含融媒）工程规划及推广的方案　/ 274

案例八　"大迁徙——中国抗战迁徙史研究书系"选题策划方案　/ 286

附二：项目负责人近年策划出版的部分重大精品图书　/ 291

后记　/ 301

第一章
出版内容资源相关概念及开发意义

第一节 出版内容资源的概念界定

概念既是判断、推理与论证的基础，也是判断、推理和论证的结晶，是思维的起点。只有厘清了关于出版内容资源的概念，我们才能对出版内容资源的研发和运营活动进行判断、推理与论证。出版内容资源是出版活动中处理的各类精神活动成果的总称，具体指出版机构在出版业务中形成的具有权利归属的排版文件、印刷文件、纸质出版物、纸质出版物数字化后形成的XML、PDF、EPUB等格式的文件，还有图片、音频、视频等数字内容素材，以及内容素材构成的资源库等。出版内容资源在出版产业链中居于核心地位。

出版业属于内容产业，出版工作所有活动都是围绕内容来展开。出版活动的起点——选题策划，就是对内容的组织和呈现结果的构思，接着将收集到的内容进行审读、编辑加工等规制化处理，最后将形成的内容产品传递到读者手中，以此完成内容在出版产业链中的流动。

出版物的主要价值也来源于内容，在此过程中，与之相对应的资源层面，其他所有资源如人力资源、技术资源、渠道资源等都是为内容资源服务的。传统出版向数字出版转型的过程实质上是出版业进行内容资源数字化再加工的过程。随着数字出版业态的演进，出版内容资源的重要性和作用也逐步深化。

一、出版内容资源

随着信息技术的发展，出版业发生了巨大的变化。从需求侧来看，人们获取知识信息的渠道不断拓宽，获取方式更为便捷，读者对内容产品的需求增大，获取内容的主动性增强，打破了传统出版"出版单位—渠道—读者"单向度的线性内容供给模式，读者逐渐在内容产业中占据中心地位。内容提供者、出版单位、渠道围绕读者形成网状结构，互相之间的关系交错纵横，彼此之间互为驱动力，这对出版物内容的精度、深度和发布的实时性提出了更高的要求，尤其是在专业出版领域，读者需求个性化、专业化特征更加明显。

另外，伴随着网络基站的大范围覆盖和移动网络终端的普及，视听阅读带来了新的阅读体验，多媒体内容成为内容消费的主流，从阅读载体及内容表现形式单一到全方位跨媒体阅读，呈现出任何时间、任何地点、任何活动、任何终端的 4A 个性化定制需求。[1]

从供给侧来看，首先，出版内容供给主体发生了重大变化。以往

---

[1] 万智.市场驱动下的出版内容动态重组模式思路［J］.出版发行研究，2016（4）：40-43.

提供出版物内容的往往是个体或者团队作者，是一种相对独立的专业化内容生产方式。现在随着各类内容生产平台的兴起，形成了以用户群体为主体的互联网内容生产方式，如 UGC、PGC、OGC 等。在媒介圈层化的结构中，这种由于兴趣、爱好、表达欲而形成的用户"联盟"在互联网空间内生产了大量的内容，但是仅仅在互联网平台上传播，尚未进入专业出版机构的视野，出版单位与这些内容生产者也缺乏互动和联系。

其次，供给客体发生变化。出版单位提供的产品多是纸质图书，内容以文字为主，辅以图片，即便是后来的电子书也没有摆脱"本、册"的思维，仅是纸质图书的数字化翻版，以往读者主要进行此类内容消费。互联网平台重塑了内容消费格局，它们善于将各类内容制作成视频、音频、游戏、漫画等多种媒体形态，更能契合用户对内容的消费使用场景，能更好满足用户感官和精神需求。它们制作的内容产品大量地占领了用户心智，占用了用户多数的时间和精力，客观上挤压了传统阅读产品市场，但是也要看到这些内容冗余杂乱，质量不一，参差不齐，不足以进一步地利用和转化。

综合来看，虽然传统出版有其自身的优势，然而其"编、印、发"出版流程周期长、生产过程低效繁杂，在规模化、个性化内容供给方面难以与互联网平台内容生产机制匹敌。以图书为单元的出版内容产品既不能颗粒化满足读者的碎片化阅读需求，又不能集成化满足读者对专业内容的规模化阅读需求，同时也不能适应在各类场景下的多媒体阅读需求，使智能化、个性化与即时性出版成为空谈。

因此，出版单位应该重新审视自身内容资源的建设，结合需求侧和供给侧，对出版内容资源的价值、形态、属性和类别等进行多维度准确评估，进而根据出版单位业务布局进行适应性开发，通过对内容最大限度和最大灵活度的聚合与重用，充分发挥内容价值，整合各项资源，以生产多元化、个性化产品为目标，充分满足读者需求，以在激烈的内容消费市场中取得竞争优势。

二、出版内容资源评估与开发

合理划定评估范围。对出版内容资源的评估是出版内容管理的起点。出版单位通过评估，要达成以下目标：

一是摸清"家底"。陕西新华出版传媒集团所属出版社积累了大量的图书、期刊、报纸等内容资源，由于技术的限制和观念的滞后，优质内容资源都含在纸质出版物中，被藏在库房里，难见天日。加上很多出版单位都缺乏留存书目、内容原始文件的习惯和制度，还有出版人员的更迭，导致出版单位对本身的出版历史和拥有的内容资源不甚了解。

根据国家新闻出版署公布的数据，仅2019年，全国共出版图书、期刊、报纸、音像制品和电子出版物450.70亿册（份、盒、张）。其中新版图书就有22.5万种，25.0亿册（张）。可以想见总体上出版单位内容存量的丰沛。这些海量内容形式和载体还比较单一，所以出版社首要的工作就是清理"内容资产"，将拥有版权的内容和出版过的已经进入公有领域的内容进行彻底爬梳，根据一定的评估标准，选取适当的内容进行全面数字化，并按内容特性分类建立高细粒度、强关联性的系统性内容资源库，以备后续的开发利用。

二是扩大"家藏"。数字时代,互联网平台上每时每刻都生产并分发着丰富的内容。遗憾的是,一方面这些内容分布过于散乱,缺乏系统性整合,另一方面缺乏专业内容加工机构的编辑加工,质量有待提高。选题策划能力和编辑加工能力是出版单位的两种核心能力,出版单位应拓宽视野,增强自身的版权获取能力,根据自身的战略定位和商业模式,同互联网平台间建立密切联系,以购买版权或者分红的方式进行合作,利用互联网平台大数据能力和智能识别能力评估、筛选出优质内容后,发挥自身优势,合理组织内容和编辑加工,以扩充自身的"内容池"。

制定科学评估标准。不论是对内生性内容资源还是外源性内容资源的评估,都必须处于一定的标准之下,否则既浪费成本,又损失效率。只有符合标准的内容才有必要进行开发。一般来说,要根据以下标准来评估内容是否纳入开发范围:

一是政治性。在我国,出版是中国特色社会主义事业的重要组成部分,"围绕中心、服务大局"是中国出版业的优良传统。出版工作有鲜明的意识形态属性,政治性是出版工作的生命线,对内容资源进行评估时要将政治性放在首位。坚持正确出版导向的底线要求是坚持正确的政治方向,坚守出版政治纪律,确保内容资源不出政治导向问题,出版业要敢于发声、善于发声、主动发声、及时发声,以导向正确的出版产品积极抢占思想舆论和宣传文化的阵地。[1]

二是科学性。出版还具有生产、传播知识信息的功能。出版单位

---

[1] 杨迎会.论新时代主题出版的政治性、文化性和时代性[J].中国出版,2018(17):23-26.

既要遵守国家政府层面制定的一系列出版物质量管理规定，又要执行单位内部的各项质量管理制度，长期以来出版人员养成了追求和打造高质量内容的习惯。当前各种内容产业雨后春笋般涌现的情形，愈发凸显出严谨、科学的内容的稀缺，而出版单位推出的内容在读者心目中就代表着科学性、专业性和权威性。出版单位要持续加强对内容科学性的评估和优化，打造专业领域的内容"护城河"，守护自己的美誉度。

三是价值性。出版单位身处市场竞争中，要通过推出自己的价值主张获取利润以支撑自身的发展，具体体现在内容的价值上。从社会结构的层面，要综合评估内容对国家、社会、个人的价值。当下中国正处于社会转型期，面对的国内、国际复杂的形势，出版物内容要符合时代之需、国家之用、社会之要、人民之向。从精神文化层面看，出版物内容要给广大人民群众提供精神食粮，加固社会文化根基，筑牢思想文化阵地。

四是易读性。社会网络环境下，膨胀的信息资料对用户有限的阅读时间形成挑战，快速阅读成为在线阅读的必备基本技能[1]，读者也习惯了快速阅读模式。特别是网络文学出版成为出版业的重要一支，形成了快餐式、碎片式的浅阅读文化，内容的易读性成为内容评估的一个重要维度。移动终端的普及客观上扩充了阅读人群和人们的阅读时间，上班途中、休息时间等业余时间，人们更愿意阅读轻松易读的内容，以实现"精神按摩"，得到短暂放松。

---

[1] 杨艳妮, 袁甜阳子. 网络学习社区出版组稿内容筛选与评估[J]. 科技与出版, 2017 (8): 42-46.

五是复用性。复用性主要用来评估内容的存在形式。一方面出版业入局知识服务，既要为群体提供知识整体解决方案，又要为个人提供个性化的知识产品，这就要求内容必须是结构化的，以元数据形式存在，使相关内容能够在不同的逻辑下迅速集成为不同的内容产品。另一方面，多媒体环境下，本质上相同的内容要具备多种媒介环境下使用的属性，既可以以文字形式存在，也能转化为音频、视频等形式。

第二节 出版内容资源分类与开发

内容作为出版活动的核心，其特征差异决定了出版商业模式的不同，出版商业模式定位的区别又影响内容的开发和组织。按内容本身的属性特征可以将数字出版内容划分为客体性内容、主体性内容和互动性内容三类，并分别对应数据库定制模式、电子书出版模式和在线交互出版模式。[1]在出版实践中，由于出版单位业务面向不同，战略定位差异，开发运营能力不一致等，对出版内容资源的分类也有多种形式，出版单位要在多样化的内容分类视角下，完成不同分类框架的内容划定。分类的意义一方面在于帮助出版单位锚定业务范围，打稳基础，推进出版单位集中合力做强优势业务；另一方面便于出版单位聚焦市场空白，拓展领域，寻找新的业务着力点和生长点。

---

[1] 于文.内容的属性差异与数字出版的多重模式［J］.出版发行研究，2011（2）：37-40.

一、出版内容资源的分类

（一）专业出版内容资源、教育出版内容资源和大众出版内容资源

出版的内容资源按内容特点，可以分为专业出版内容资源、教育出版内容资源和大众出版内容资源。现代出版业是由三部分构成的，即专业出版、大众出版、教育出版。出版单位在定位自身及设置企业内部架构时往往也按此分类，与之相对应，出版内容资源也可以分为这三类。

专业出版因其内容的专业性和学术性而得名，其内容由某一高度细分知识领域的顶尖群体的专家学者提供，加工生产过程中要经过严格的同行评议以保证质量。专业出版内容资源的本质是知识资源，具体表现为图书、期刊、数据库等，在知识服务转型浪潮中还包括提供专业技能、解决专业问题的信息和服务，其读者往往同作者一样，也是专业领域的专业人士，他们关注本专业领域的最新科研成果，且对内容的权威性、准确性和获取速度都有着极高的要求。

教育出版是以生产和传播教育图书、报刊、音像出版物等教育媒体，服务于教育活动的产业，又可分为教材出版与教辅出版。教材内容是由国家统一编写、审定、发布的，属于固定内容。围绕教材内容制作的辅助教育教学的都是教辅内容。教辅内容是助学读物，其价值是再现教材内容，梳理教材知识，提供练习题目。

大众出版是目标读者群体最广的出版类型，专注于文学、少儿、生活、艺术等细分领域。从内容上看，大众出版旨在满足大众日常生活信息获取、文化体验与休闲娱乐，具有通俗性、普适性、多样化等特点。近年来，网络文学的崛起给大众出版增加了新的可能性。对网络文学 IP 的全版权运营成为大众出版领域的热点和爆点，引发各类平台争先抢夺网络文学版权资源，出版单位要理性且积极地应对这场内容资源的争夺战，既要主动参与，又要符合自身实际。

（二）静态图文资源和动态多媒体资源

按内容形式分，内容资源可以分为静态图文资源和动态多媒体资源。静态图文资源是指附着在纸质载体上不易进行删改的以图片和文字为主的内容资源。由于传播媒介的限制，出版历史上内容都以静态图文为主。数千年来，图文内容形塑着人类的精神世界，人类也利用其中的知识去改造物质世界。图文阅读是人们的主要阅读方式，现有的出版内容也主要是图文内容。事实上，相比于其他形式的内容，图文在专业领域的可复制性和利用率以及信息密度是最高的，而且很多其他内容资源也是以图文为基础进行的创作和开发，在这种意义上，可以说图文内容是一切内容的底层基础。

动态多媒体资源是指存储在计算机或者互联网上的以电子文件、音频、视频、数据库等形式存在的数字化内容资源。多媒体资源打造的数字产品在不同使用场景下，给人的感官刺激和体验是更加丰富多元的。随着 5G 技术的深度应用，对应的带宽升级和内容生态系统的重塑，为用户提供优质视听阅读内容成为移动阅读服务发展的关键因素。①以教育出版为例,在线教育浪潮下,不论是教育界还是出版界均已对数字化教材建设、智慧移动课堂打造、智能教学平台构建形成共识,并共同发力,这少不了教育出版多媒体内容资源的支撑。对出版单位来说,由于长期从事图文出版物的生产和独特的内容生产机制,在多媒体内容资源积累方面是短板,出版单位必须高度重视多媒体内容资源的建设。

二、出版内容资源的开发

出版内容资源开发是内容资源管理的关键一环,直接决定了内容的质量和存在形式,以及后续能否实现创收。

(一)出版内容资源开发的一般过程

对出版内容资源开发的过程,学界有不同的认识。吴亮芳提出"四环节论",认为出版内容资源开发是指开发主体对开发客体发掘价值与效用的行为过程,包含内容创造、内容编辑加工、内容存储与内容应用四个环节。②鲁玉玲提出"三阶段论",认为出版单位的内容资源基础积累有三个阶段:一是传统出版物阶段,开发成果表现为书、报、刊、音像制品等传统介质的出版资源;二是数字化出版物阶段,存储的是经过一系列数字化转换加工的 XML 结构化资源、EPUB、PDF 等电子书资源;三是知识资源阶段,通过领域本体和主题词表关联文献资源,并对知识进行智能重组和分析,挖掘隐性知

---

① 胡正荣,李荃.回归内容价值实现:智慧全媒体时代下短视频行业发展的破局关键[J].中国编辑,2020(6):4-8.
② 吴亮芳.数字出版内容资源开发过程模式的构建[J].传媒,2016(4):84-86.

识价值，实现知识增值。①向黎生、刘美华将这一过程具体化为两个步骤：首先将传统的出版内容资源经过重新加工与编辑等一系列工序后形成数字化内容，其次对数字平台上形成的内容进行聚类和加工处理，与数字化传统内容共同形成资源库。②出版企业要将出版内容资源进行综合评估和深度开发，放在出版企业发展的战略层面加以审视。庞沁文、赵蕊提出"内容+"战略，认为出版行业应以内容为主导，将内容与形式、技术、媒介、终端、平台、服务、资本、衍生产品、相关产业等有机融合。③

（二）出版内容资源开发的意义

出版内容资源评估开发是构建出版生态链的前提，是促进出版内容传播与经济发展的整体性、长期性、基本性谋划。首先有利于出版企业进行全局性的资源共享，其次有利于建立高效率的资源调配体系，最后有利于基于内容产品的供给侧结构性改革。

1. 有利于完善内容资源的基础设施，促进全局性资源共享

出版行业包括图书出版、期刊出版、电子音像出版、手机出版、动漫出版、游戏出版等诸多领域。出版融合背景下，出版单位加速布局数字出版业务，形成了多元出版格局。然而，由于出版单位往往分别按不同领域设立独立运营的事业部，各业务板块各自为政，单独开发，缺乏协同联动，总体运营成本较高，也难以形成规模效应。出

---

① 鲁玉玲. 专业出版领域知识服务平台内容资源基础的构建［J］. 编辑之友，2018（5）：33-37.
② 向黎生，刘美华. 论传统出版企业内容的数字化开发［J］. 出版发行研究，2014（12）：38-41.
③ 庞沁文，赵蕊. 新闻出版行业应该大力提倡"内容+"战略［J］. 出版发行研究，2017（8）：23-26，34.

版单位应通过统一的技术要求，按照科学的分类，把分散在出版社内部各个部门的内容资源数字化后进行统一系统管理，保证同一内容资源可以为图书出版、按需出版、网络出版、电子出版、学科网站等反复利用，建立全局的资源共享和调配体系，以达到资源利用的最大化，从而做到资源的充分共享和多次使用。①

2. 有利于内容的统一编辑加工，提高内容处理效率

传统出版业态下的内容质量管理，运用纸质出版物的编校规则和标准进行内容质量加工，要严格遵守"三审三校"制才能产出内容，具有典型的平面、单维线性运作特点。由于产品形态单一，各产品间的关系相对独立，每一本书都要经过繁复的加工处理。系统性的出版内容资源评估开发可以有效提高内容处理效率。由于内容资源以结构化的方式沉淀在"内容池"中，在内容开发阶段，出版单位即可安排专职的校对人员统一进行质量审核和校对，将各种错误消灭在源头。后期利用时，只需要考虑内容的组织是否恰当，而不用再浪费大量时间和精力逐字逐句进行审校。

3. 有利于出版社内容平台建设，提高内容产品供给效度

从需求角度看，在内容质量得到保证的前提下，好的产品在内容方面应具备两个特质：一是具备大规模的内容存量，二是能够提供个性化的内容呈现。要满足这两个特质，出版单位仍然要从内容资源的评估与开发入手。当前，出版产品的内容供给效度还很不理想，存在着资源闲置与短缺对立、供给与需求难以匹配等诸多问题，

---

① 王勇安，张弓鸣. 融合发展环境下教育出版业态的系统创新 [J]. 出版参考，2019（3）：38-42.

影响了出版业务的运营与发展。需求侧和供给侧都要求出版单位将评估后符合要求的出版内容进行数字化整理和结构化标识，建立基础数据库，通过统一规范的管理平台管理和运营内容，以实现出版资源的最优配置，挖掘出内容的潜在价值。

第二章

出版内容资源开发和需求调查分析

从本章开始,进入对出版内容资源开发和需求的调查和分析,了解和廓清图书出版行业内容资源开发和需求的现状,分析目前行业内部在内容资源开发方面存在的不足和亟待解决的问题,为后续各章节内容提供参考。

第一节　出版内容资源现状分析

从分析中央、地方、高校、新兴、民营等出版单位主体出发,了解中国特色社会主义制度下图书出版单位内容资源的现状和需求。

一、中央出版单位出版内容资源现状分析

中央出版单位都是在中华人民共和国成立后,因历史和现实的需要逐步组建起来的。中央级的出版社是相对地方出版社而言的,

中央级出版社隶属中央直属机构、国务院各部委，而地方出版社则隶属各地区宣传主管部门。中华人民共和国成立后，党和政府对出版工作十分重视，采取了一系列措施来发展人民出版事业。1950年至1953年，陆续成立了几家重要的中央级出版社，有人民出版社、人民教育出版社、人民文学出版社、人民美术出版社、中国青年出版社、机械工业出版社、民族出版社等。此后，经过对全国私营出版社的社会主义改造，经历"文革"时期出版事业的低谷，以及改革开放后的复苏和文化体制改革，截至2007年底，全国出版社达到540家，中央级出版社增加到204家，地方出版社达到336家，全国出版单位的总体格局基本形成。

影响出版单位发展的因素很多，本节我们主要讨论、分析中央级出版单位内容资源的优势和劣势。纵观中央出版单位的发展历史，我们发现中央出版单位的内容资源优势非常突出，劣势不太明显。

首先，中央出版单位建立伊始就集聚了北京、上海（当时上海的编译力量强大）乃至全国的优势资源，包括人力、物力、财力、政策等，内容资源当时处于待开发状态，当时的国家意志是壮大国营出版社的力量，就赋予了中央出版单位优先、着力开发利用好文化资源的权利和义务，鼓励和培养一批优秀出版单位为国家科教文化事业贡献力量，并且它们也确实完成了各个历史时期党和国家交付的重要任务，在新中国出版历史上扮演重要角色。比如，人民出版社成立时，时任中宣部部长的陆定一讲话指出："出版政治、社会科学书籍是国家出版社重大而严肃的任务，人民出版社要担负这一任务。"人民教育出版社承担着新中国成立以后编写全国统一使用的各类教材的重要任务。人民美术出版社从诞生之日起，就承担了发展中国美术出版事业的重任。

那么，中央出版单位的第一条优势可以概括为由于国家需要以及历史的惯性形成的独特优势。

其次，中央出版单位在改革和发展过程中，出版数量和出版质量显著提高，推出了一大批优秀的图书，产生了内容资源优势的裂变效应。人民出版社除了保证完成马克思主义经典著作以及党和国家的重要文献的出版任务之外，《世界通史》《中国通史》《中国学术通史》《中国民俗史》等一大批学术精品著作奠定了人民出版社在哲学社会科学领域的重要地位；人民文学出版社的《暴风骤雨》《保卫延安》《东方》《芙蓉镇》《沉重的翅膀》《白鹿原》《人间正道》《我是太阳》《尘埃落定》《突出重围》等皆是中国文学的巅峰作品。学习出版社、党建读物出版社、中央文献出版社等多年来出版了一大批弘扬主旋律、传播正能量的党和国家重要题材出版物，在此不一一列举。内容资源是可再生资源，中央出版单位多年积累的优秀出版资源除了带来源源不断的社会效益和经济效益外，还能再开发、再利用，循环往复地带动出版单位利用更多的资源。作为地方出版单位，面对如此强大的竞争对手，有时也只能羡慕中央出版单位确实资源丰富，而无法撼动其地位。

第三，中央出版单位在体制机制改革过程中，也在不断探索和寻求内容资源扩张和争夺。机械工业出版社、科学出版社、冶金工业出版社、国防工业出版社、石油工业出版社、煤炭工业出版社、中国电力出版社、化学工业出版社、中国轻工业出版社、中国铁道出版社等专业类中央出版社，属于石油、电力、铁路、能源等国家部委、机关直管，这些出版单位不仅善于挖掘和开发本系统、本行业内的优势资源，还能将触角延伸到全国各个地方。此外，其他学科、类别的中央出版社也不满足于现有的或北京地区的内容资源，积极鼓励编辑策划人员用好北京的地缘优势，在全国范围内寻找好的作者和内容资源。

第四，处在传统出版与新兴出版转型升级的风口上，中央出版单位不断加快出版融合发展的步伐，充分运用互联网、区块链、人工智能、5G技术、大数据分析等新兴科技，加速数字出版转型，开发利用内容资源。

以上四点是中央出版单位在内容资源方面的优势。中央出版单位最明显的优势是北京的地缘优势，因为北京是国家的文化中心，优秀的资源自然聚拢在北京。当然最大的劣势也是地缘，身处北京，地方的特色文化资源开发和获取也必然不如地方出版单位方便。其次，还有一点劣势就是有一部分中央出版单位至今仍是事业单位身份，没有完成转企改制，体制机制制约了出版单位的市场化竞争，略逊色于企业制、公司化运作的出版单位。

二、地方出版单位出版内容资源现状分析

新中国成立以来，新闻出版业发生了历史性变化，其中，地方出版社的崛起便是一道引人瞩目的景观。尤其是改革开放使地方出版社脱胎换骨、群雄并起，为中国的出版事业增添了巨大的生机与活力。

新中国成立初期，各种出版资源、出版力量处于分散状态，推行

集中统一，计划分工，有其历史的合理性，它可以在短时间内集中力量发展社会文化事业。经过新中国成立初期的社会主义改造后，在很长一段时间内，出版业基本上集中在北京、上海两地。具体情况可从表1看出。

表1 1950—1956年全国出版社经济成分变化一览表

年份	全国出版社总数	国营出版社 数量	国营出版社 占百分比(%)	公私合营出版社 数量	公私合营出版社 占百分比(%)	私营出版社 数量	私营出版社 占百分比(%)
1950	211	25	11.8	2	1.0	184	87.2
1951	385	55	14.3	9	2.3	321	83.4
1952	360	64	17.8	6	1.7	290	80.5
1953	352	56	15.9	6	1.7	290	82.4
1954	167	55	32.9	15	9.0	97	58.1
1955	96	57	59.4	20	20.8	19	19.8
1956	97	80	82.5	17	17.5	0	0

在"地方化、群众化、通俗化"（简称"三化"）出版方针指导下，在北京、上海出版单位集中统一的背景下，地方出版社的数量较少，规模不大，绝大多数省只有一家出版社，且其选题、组稿、出书范围等受到诸多限制，学术著作、长篇小说等都不能出。地方出版社主要推出一些"字大、图多、本薄、价廉"的普及性读物，即按照当地人民生活状况和每一时期的中心任务，出版当地所需要的解决群众思想问题、传播先进经验、介绍先进人物、指导工农群众的生产学习的通俗读物。同时，地方出版社只能向本地作者组稿，不能任意向外地作者组稿。

而在党的十一届三中全会召开后，发生了由"三化"方针向"立足本省，面向全国"的历史性转折。随着方针政策的调整，出版范围、出版方式、经营方式的改良，全国出版事业迅速出现了繁荣的局面。在1978年至1985年的短短8年中，图书出版总印数翻了一番，相当于1949年新中国成立至1977年这28年中图书出版增长的总额。而后，全国出版布局也发生了重大变化，每个省市差不多都由原来的地方人民出版社分建出十个八个出版社，同时也成立许多大学出版社。20世纪80年代中期以后，地方出版的出版指标开始领先于中央各出版单位的总和。文化体制改革的大潮风起云涌，集团化改革重组又上演了一幕幕精彩的大戏，最终形成了目前地方出版集团群雄并起，出版事业生机勃勃的局面。（见表2）

以陕西为例。陕西延安是新华书店的发源地，新华书店又是全国出版单位的前身。新中国成立初期，陕西只有陕西人民出版社一家地方出版社，后来"孵化"出了包括文艺、科技、古籍、美术、教育、少儿等几类在内的地方专业出版社。陕西8家出版社合并重组为陕西出版集团，陕西出版集团又与陕西新华发行集团融合重组为陕西新华出版传媒集团。这可谓是新中国出版单位改革演化的典型案例。

表2　1978—2007年全国图书出版社数量变化表

年份	全国出版社	中央级出版社	地方出版社
1978	105	53	52
1980	169	89	80
1985	371	143	228
1990	462	176	286
1995	527	204	323
2000	528	204	324
2007	540	204	336

我们从地方出版单位的发展演化能看出来，改革开放以后，地方出版单位的自主经营权得到确认，出版方向由"大而专"，转向"小而精"。那么，地方出版单位的内容资源现状如何，有哪些优劣势呢？

其一，地方出版单位中除各省人民出版社出版方向相对综合，以政经、社科为主，其他基本都有专业方向，如少儿、教育、古籍、科技、美术等。在这些专业分工限制的前提下，与中央出版单位相比，专业出版将更有利于集中优势力量，面向市场需求开发产品。以教育出版社为例，立足本省，面向全国，围绕中小学、大中专开发教材、教辅及配套产品，具有较大的市场需求，而且有国家政策支持，各省教育出版社多年来得到了长足的发展，也成为本省效益最好的出版单位之一。中央出版单位地处北京，除人民教育出版社、语文出版社等专业教材教辅出版单位外，大部分中央出版单位开发教育类图书受到限制。以陕西人民教育出版社自主研发的教辅产品"举一反三"系列图书为例。2002年，陕西人民教育出版社策划的《小学奥数举一反三》一经推出，便在近20年里一直名列奥数类教辅榜首，"举一反三"系列图书也成为陕西人民教育出版社的品牌产品。随后陕西人民教育出版社又相继推出初中版语文、数学、英语、化学、物理等学科《奥林匹克竞赛举一反三》，小学全学科《奥林匹克竞赛举一反三》以及同步类教参教辅，也获得市场认可。这套产品正是在当时教育政策的鼓励支持下，全民学习奥数的社会热潮兴起，应学校、家长、学生强烈需求而研发的。"举一反三"系列图书多年来不仅是陕西人民教育出版社的拳头产品，更长期成为全国热销、服务全国奥数学生的现象级产品，具有典型意义。

其二，地方出版单位深耕地方特色文化，聚拢本地各方面作者资源和内容资源，既能为讲好省域故事，繁荣文化产业做贡献，又能以此树立出版品牌。以陕西新华出版传媒集团为例，近年来重点开发红色文化和文物考古、自然地理、农业科技、地域特色文化等资源，取得了丰硕成果，塑造了陕版精品图书的品牌。《红色档案——延安时期文献档案汇编》（60卷）、《延安赢天下》、《中国蜀道》、《玄奘大传》、《西北茶马古道》、《大秦岭》、《陕西金文集成》、《考古陕西》、《中国果树科学与实践》等，荣获国家级大奖，入选国家出版基金项目。

其三，地方出版单位近年来转企、改制、上市步伐加快，抱团取暖，联合作战，跨地区、跨专业、跨行业，甚至跨国界合作的动作频频，积蓄了长期发展的力量。最简单的形式有，各专业分类出版社成立联合体，如"美联体"（全国美术出版社联合体）、"地科联"（地方科学技术出版社联合体）、"古联体"（全国古籍出版社联盟）、"华东六少"（华东少儿出版联合体）等，联盟单位之间定期互动，互通有无，共同成长。复杂一点的形式有各省出版集团建立合作伙伴关系，取长补短，资源互换，优势互补，形成合力；也有出版集团与旅游、影视、互联网科技企业战略合作，放大内容资源的边际效应。

对于地方出版单位内容资源开发利用的劣势，我们应与其优势结合起来分析。一是地方出版单位在发展过程中仅靠专业出版保障其生存有难度，因此纷纷转向有更大经济效益空间的教育和少儿出版，长期以来就形成了依赖教育出版的弊病，专业出版社不专注本专业。当国家教育政策调整，市场需求发生变化时，一段时间内积累的品牌优势、渠道优势也可能遭遇瓶颈或者转化为劣势。例如，"举一反三"系列产品当前也出现了"退潮"问题，特别是随着在线教育的兴起与奥数政策调整导致学习奥数热潮退去，图书市场占有率增长乏力，推出的品牌系列图书也出现"叫好不叫座"的状况。

二是地方出版单位开发利用内容资源的深度、广度不够，容易产生浅层开发或者过度开发的矛盾。如陕西在红色文化、文物考古、自然地理等地方特色内容资源开发方面就存在这样的问题，一套花费大量人力、物力、财力的图书产品面世取得成功后，后续内容资源的深度挖掘、利用，在与新技术、新媒体结合，优质内容宣传推广等方面缺乏思路和办法，某种程度上也造成了内容资源的浪费。

三是因为自身编辑策划和营销发行的能力不足，地方优秀的作者资源流向中央出版单位和优秀民营出版公司的趋势越来越明显。陕西优秀作者资源的流动性较为典型，当年的"文学陕军"代表作家，几乎很少在陕西本土出版单位出书，虽然是多方面因素造成的，但很大程度上是地方出版单位编辑策划和营销能力的不足导致的。

四是地方出版单位由传统出版向新兴数字出版转型的步伐缓慢，虽然也有做得好的单位，但总体来讲，不能适应融合发展的大趋势。出版融合发展是大趋势，地方出版单位要实现传统出版向数字出版转型就要付出比中央级出版单位更大的努力，克服更多的困难，只能在保证生存和发展的前提下，"小步慢走"式地尝试转型。

三、大学出版单位出版内容资源现状分析

大学出版单位在"文革"前只有中国人民大学出版社、华东师范

大学出版社，后来许多大学都设立了出版社。大学出版社发展壮大的一个显著特点就是集中在高校资源充足的省或市，与中央和地方出版单位共同成为国营出版单位的重要力量。例如，华东师范大学出版社创建于1957年6月，是新中国成立后最早创建的两家大学出版社之一。1959年因国家调整出版事业而停办，1980年6月复社，由华东师范大学主办，教育部主管。2009年6月，华东师范大学出版社改制为华东师范大学出版社有限公司。改革开放以后成立的大学出版社，基本沿革华东师范大学出版社的隶属和企业化发展道路，如北京大学出版社、陕西师范大学出版社等。

广西师范大学出版社属于大学出版社中较为特殊的案例，主要在体制机制的特殊性和发展道路的跨区域化和品牌化方面走在了全国高校出版单位的前列。广西师范大学出版社于1986年11月18日在桂林成立，作为全国首批转企试点的高校出版社，于2009年6月28日正式成立广西师范大学出版社集团，成为广西首家出版集团和中国首家地方大学出版社集团。先后于2014年和2016年收购澳大利亚视觉出版集团和英国ACC出版集团，领先建成具有成熟的完整产业链的跨国出版集团，全面开启国际化战略发展，成为中国出版走出去的代表性企业。

大学出版单位的内容资源优势非常明显，那就是立足所属高等院校的学术研究人员和成果，出版科研水平较高的学术出版作品，这是中央出版单位和地方出版单位不具备的条件，属于共性的特征。上面提到的华东师范大学出版社、北京大学出版社、陕西师范大学出版社、广西师范大学出版社等，其体制机制和内容资源的特殊性决定了其业务范围主要有高校学术出版、教材出版和社会出版三大方向，并均尝试向数字出版转型。

华东师范大学出版社出版物主要由教材、学术著作、社会读物构成。教材包括基础教育课本和教学辅导书、高校教材和教学参考资料，以及涵盖学前教育到职后教育等的各种终身教育教学资源；学术著作以教育学、心理学以及其他人文和社会科学著作为主；社会读物主要为人文社科大众读物和具有教育、科学内涵的幼儿及青少年读物。

北京大学出版社在高校教材出版方面凭借高标准的内容质量及编校质量获得了社会的广泛认可和赞誉，《中国现代文学三十年》《语言学教程》《中国现代文学史》《艺术学概论》等累计销量达到上百万册。《人文社会科学是什么》、《名家通识讲座书系》、《〈十三经注疏〉整理本》、《孙子兵学大典》、《中华文明史》、《儒藏》、《中国儒学史》（9卷本）、《西方古典学研究》、《新中国60年外国文学研究》等学术专著形成了品牌，在海内外产生了广泛影响。这些内容和品牌资源既依托高校强大的教学、科研、学术背景，又得益于教育部主管、高校主办、企业化运营的体制机制优势，更受益于一代代高校出版人创造和积累的出版成果。

相比其他大学出版社，广西师范大学出版社可谓独树一帜，走出了被业界称为"广西师大社模式"的发展道路，形成了教育、人文社科、珍稀文献、建筑设计、文学艺术、少儿等优势出版板块，打造了魔法象、神秘岛、知更社区、观文馆、艺术之桥、亲近母语等学术、大众和教育出版品牌，形成了独具特色的品牌矩阵，成为高校出版社中优质内容资源聚集的高地，以及社会效益和经济效益相统一的典型范例。

大学出版单位内容资源的劣势则主要表现在其突破专业出版范围的限制有难度，有许多先天的制约，还表现在北京、上海、西安等高校集中的城市内容资源开发的程度不充分、不平衡。

四、民营书业出版内容资源现状分析

民营书业是我国出版业改革和发展过程中形成的特殊力量，为繁荣出版发行事业起到了一定作用，优秀的民营书业也奉献了丰富的出版品种。读客、果麦、新经典、博集天卷、荣信教育、万唯中考、世纪金榜、曲一线等民营出版公司涉及教育、少儿、文学艺术、社科等各个类别的出版领域。

民营出版公司内容资源的开发利用有以下特点：

一是专注度高。不论是教育、少儿，还是文学艺术领域，大多优秀民营出版公司专注于将一个领域或周边领域的资源开发利用到极致，专注度非常高。如荣信教育只专注于少儿引进版或自主研发的立体童书，把立体童书做到极致，做成品牌，成为上市公司。万唯中考只做中考教辅材料，组建了庞大的研发队伍，形成了独特的中考品牌，在全国具有较大影响力。博集天卷、果麦等公司则专注于文学艺术类图书，充分挖掘公版书、有潜力的文艺作者的优秀作品，也有不小成就。

二是团队力量强大。民营出版公司的编辑、校对、营销、设计团队非常高效、专业，远胜于国营出版单位。他们出品的图书，在策划

创意、封面设计、装帧质量、营销宣传等方面都显示出极强的能力和素质。

三是善于运营。上述民营出版公司非常善于将图书出版与影视、娱乐、游戏、文创等相结合，通过资本的力量和专业团队管理和运营IP，能把图书内容资源的价值发挥到最大，产生巨大的品牌效益。

五、新兴出版单位出版内容资源现状分析

所谓新兴出版单位，就是基于互联网和大数据，在近几年如雨后春笋般涌现的一批致力于内容创作和开发的团体和机构，他们严格来讲不是出版单位，因为出版单位都是由国家新闻出版行政主管部门许可设立的单位。如以知乎、豆瓣、小红书、B站等新兴网络平台或微信、微博社群平台为基础，一些有专业策划和开发能力的人员，自发组织起来，在网络上和海量的数据中挖掘优秀资源，将其整合起来。这些内容整合起来，可以通过正规出版单位出版成纸质图书，也可以直接在网络上发布，或者以系列课程的形式展现出来，非常灵活机动，传播高效，影响广泛，最主要的是这种形式能吸引年轻人的关注和消费。根据目前新兴出版形态的发展现状，主要可以归纳为以下几种：

1. 网络文学平台

近年来，我国数字出版环境不断优化，网络文学业务蓬勃发展。随着数字阅读方式的兴起，人们越来越青睐于通过移动终端平台进行数字阅读。读者在网络文学平台上阅读，一方面可以利用碎片化时间随时随地进行阅读，另一方面，电子产品可以同时下载多本小说，读者不需要携带纸质书籍，阅读起来方便快捷。截至目前，国内发展成熟的网络文学网站有很多，经历多轮洗牌，业务发展较好的如起点中文网、潇湘书院、17K小说网、纵横中文网等。起点中文网创立于2002年，凭借丰富的作品资源与完善的在线出版机制，树立了极具影响力的网络出版领导地位。除起点中文网外，其他比较著名的网络文学网站也逐渐完善了在线出版机制。大部分网络文学网站都会将资源库中的作品进行分类，方便读者查询阅读。

2. 知识付费 APP

随着网络的发展，互联网在给人们传播信息带来便利的同时，也给大众造成信息过载、信息泛滥的困扰，于是就产生了内容精准服务的需求。在这样的背景和需求促使下，知识付费平台应运而生。由专业人员为用户筛选出有效的信息，这种服务模式不仅可以为用户提供更有针对性的内容，还能激发作者创造出更有价值的知识。近年来，大众出版领域出现了不少成效不错的知识服务 APP，比如得到、喜马拉雅、蜻蜓 FM、知乎等。这些知识服务 APP 会根据用户选择的话题为其推送相关的信息，或通过大数据抓取用户的媒介使用数据，比如用户的评论、点赞、转发等信息，据此推测用户的喜好，从而为其推送相应的知识服务内容。例如罗振宇创建的得到 APP，该平台推出了很多年付费产品，其中 366 堂课程的《薛兆丰的经济学课》，成为网络用户追捧的热门课程，并由此催生了《薛兆丰经济学讲义》这本畅销书。这种内容服务模式形成的用户与内容开发者的关系非常紧密，用户黏性相对较高。

3. 互联网社群

基于对某个话题的共同兴趣爱好和知识获取、交流的需求，部分网友聚集在网络平台进行知识的创造和共享，由此形成了互动密切的网络知识群体。网络社区的互动性与开放性使其成为开展知识服务的圣地。这些以人文情感为核心的网络社交平台成为高质量用户群的聚集地，用户可以在上面分享自己的作品、经验，也可以与网友进行问答交流，解决自己的疑惑。知识问答平台最显著的特征是互动性与即时性，用户通过知识问答平台提出的问题可以在短时间内得到单个专家或专家团体的回答。在用户进行提问后，专家会结合自身的经验与知识储备对用户提问的具体问题进行深入分析，从而为用户提供具有针对性的知识解决方案。

目前，国内已经取得不错成效的网络知识社区主要有知乎、豆瓣、天涯等，且都设有"提问"专栏，用户可以对自己想要了解的问题进行提问，通过关键词搜索之后就可以看到不同网友的回答，用户可以根据自身体验对这些回答进行点赞、收藏、感谢或评论。这样就自然形成了一个互动的内容资源库。

4. 微博、小红书、B 站等音视频平台

微博与粉丝的强黏性关系使得用户在点赞表示喜爱的同时，也会积极评论，具备很强的深度互动意愿与意识，而评论是用户对内容产生兴趣、被产品深度"种草"的强烈信号之一。小红书的美食内容教学类居多，用户的注意力更多地集中在技能学习，互动形式多以点赞、收藏为主。B 站的互动主要以弹幕及"一键三连"（点赞、投币、收藏）为主，评论的比重相对降低，因此赞评比（评论数除以点赞数）较其他平台更高。

第二节　出版内容资源需求分析

出版行业众多出版领域中，专业出版、教育出版、大众出版三大领域历来是"兵家必争之地"。本文欲从专业出版、教育出版、大众出版三大主流出版方向归纳和总结当前及今后一个时期图书出版内容资源开发的趋势。

一、专业出版内容资源需求分析

大众出版、教育出版和专业出版是按照现代出版业所承载的文化、知识和信息三大基本功能划分的。专业出版狭义的概念是指与职业和行业相关的出版，主要满足人们对于知识创新、文明传承的需求。而本文中所指专业出版特指学术出版，是从广义角度定义专业出版，因为学术出版是一种独特的出版类别，既关乎"出版"，又关乎"学术"，体现着一个国家与民族的精神高度与思想深度。人民出版社《新华文摘》杂志编审刘永红老师对学术出版的定义就更体现广义的意涵，即"学术出版应该是以推进科研、探究学问、弘扬学术、传播新知为根本宗旨，以学术著作、学术论文等为基本形式，以学术成果的发布、展示、传播以及交流为基本内容，遵守出版管理规定与学术规范，涵盖社会科学与自然科学范畴的一种出版形态"。本章节中讨论的专业出版主要指学术出版，不仅因为其重要性愈来愈凸显，也因为学术出版的概念和范围要大于专业出版，与大众出版和教育出版既有交集，又有区别，海量的知识和信息决定了学术出版的重要地位。

在科技文化发达的国家，学术出版占整个出版市场的经济份额已超过30%，并且成为市场最稳定、利润最高、最能实现社会效益和经济效益相统一的出版产品。我国学术出版产业规模在改革开放以来，实现了突飞猛进的增长，迎来了前所未有的发展。据统计，在我国每年正式出版的图书（约40万种）中，90%以上的出版物与学术出版或多或少都有一定关系。每年出版学术类图书4万余种，约占新书总品种数的25%左右，而其中人文社会科学图书22 000种左右，自然科学和科学技术类图书19 000种左右。

但学术出版本身的特点，也导致了它的困境所在。随着数字出版时代的到来，学术出版迎来了全新的机遇和挑战。目前，读者对学术出版产品的整体满意度并不高，反映出不少亟待改进的问题。

一是投入与产出不成比例。国家统计局、科学技术部和财政部联合发布的《2020年全国科技经费投入统计公报》显示，我国研发经费投入总量超过2.4万亿元，稳居全球第二，但学术科研成果转化率（或称产出率）在第十名上下徘徊。仅从学术类图书被国外大学图书馆收藏的数量来衡量，可能不及出版总量的四分之一。

二是数量与质量发展不平衡。在庞大的出版数量面前，低水平、重复、泛化现象普遍存在，甚至剽窃、抄袭也屡见不鲜，这与学术出版单位把关不严也有关系。

三是学术出版规范和评价体系不健全。多年来，虽然相关法律法规逐渐完善，但能被长期执行、科学合理的学术出版规范体系还不健全。同样，我国出版业至今没有公认的学术出版评价体系，致使学术出版物鱼龙混杂、良莠不齐。

四是专业化程度不高。有相当多的学术出版单位对学术图书出版没有门槛，尤其在人文社会科学的专业出版领域，能够实行专业编辑制度的出版机构为数甚少，能实行专家匿名审稿制度的更是凤毛麟角。

五是我国学术出版服务模式不能满足读者和用户需求。这是最大也是最核心的问题。例如，以"中国知网"为代表的众多学术出版服务平台，内容资源相对丰富，成为学者们最常使用的平台，但平台的服务对象或者说大客户是高校和图书馆，以数据库的方式集中打包销售，而对于普通读者或者一般机构来说，从平台上获取内容就需要支付昂贵的费用。

进入21世纪，尤其是党的十八大以来，中国学术出版呈现快速发展的趋势，对中国科学技术和哲学社会科学的繁荣发展都起到了积极的作用。习近平总书记在哲学社会科学工作座谈会和全国科技创新发展大会上的讲话，引起热烈的反响，给我国哲学社会科学工作者、科学技术工作者和学术出版工作者以极大鼓舞，给了大家进一步做好学术出版工作的巨大信心，中国学术出版可以说迎来了新的历史机遇。

社会科学文献出版社社长谢寿光以及中国人民大学出版社编审、副社长郭晓明等从事学术出版研究和实践的专家，均对学术出版的新机遇有所展望，对学术出版的未来满怀期待。郭晓明从综合国力发展需要、话语体系建设需要、国家智库建设需要、互联网发展需要和学术规范建设需要五个宏观方面分析了学术出版内容资源开发的重要性；谢寿光则立足于国家和社会对创新性知识的需求、学术生产力的提高以及学术出版单位的行动自觉三个方面探讨学术出版发展的内生动力。也有学者从研究如何满足读者的个性化信息需求角度出发，寻求解决学术出版的内容服务问题。所谓历史机遇就是我们这个时代需要学术出版，国家和社会发展需要学术出版，普通读者需要学术出版。换句话说，学术出版也就是专业出版，具有很大的内容资源需求。

二、教育出版内容资源需求分析

教育出版在这里是指与学习、教育及培训相关的出版，它们主要是以出版教材教辅为主出版物的出版市场。这里的教材教辅既包括中小学教材教参，同时也包括高校教材以及成人教育、自考教育、社会培训教材及其配套的参考书等。教育出版是产品最为模式化、标准化的出版。

多年来，教材教辅在我国图书零售市场份额中长期占有约70%的份额，教育出版资源被视为最优质的出版资源。在出版单位集团化发展的过程中，中小学教材租型、出版以及地方教辅出版业务也是地方出版集团的核心业务和重要经济增长极，地方教育出版社则几乎都是当地出版能力和经济实力最强的出版单位。然而，随着时间的推移、时代的变迁，资本、资源、技术等决定企业成败的关键要素随之发生变化，地方出版集团依靠传统教育出版业务保持经济持续增长已经遇到瓶颈。那么，如何发挥教育出版的先天优势，在市场、技术、内容资源等方面的激烈竞争中占据先机，不断拓展新的空间，以"大教育""大出版"理念为指导，以"做好教育服务"为宗旨，在"做足教育出版资源"上下功夫、谋出路呢？

本文中"大教育"是指出版企业不把业务范围局限于大中专、中小学、幼儿园教材教辅业务，而是面向所有群体、所有阶层、所有客户的教育服务。"大出版"是指在出版业日新月异发展的背景下，教育出版不应拘泥于传统出版资源的开发和利用，应与新兴出版充分融合，尤其是与信息技术、网络技术、数字技术融合发展。做到这两点，可以说就达到了"做足教育出版"的基本标准，为长足发展打下了坚实基础。

1. 内容资源的争夺激烈。从中央到地方，从国有到民营，出版企业无不将优质内容资源作为企业生存根本，投入大量人力、物力、财力，得内容者得天下，内容为王放之四海而皆准。主要表现在以下几个方面：一是国有出版企业在加大开发所在地区教育内容资源的基础上，向其他省份进军；民营企业凭借其灵活的机制、雄厚的资本在全国范围内抢夺资源。教材因其特殊性，主要资源掌控在国有出版企业，教辅市场则一直被民营企业垄断和控制。二是教育出版产品品种繁多，同质化严重，价格折扣乱象丛生。三是教育出版企业纷纷通过构建教育出版内容资源平台，集聚资源。四是各种力量角逐网络出版、在线教育、线上营销，尚未形成稳定市场格局，竞争仍处于进行时。

2. 政策环境和市场环境影响。在我国，教材教辅出版既有市场化特征，又受国家政策制约，这与出版业在我国文化和商业的双重属性是一致的。党的十八大以来，国家把教材编写和出版管理提升到新的高度，尤其是语文、历史、道德与法治三科教材统一编写，由人民教育出版社原创出版，全国各省具有资质的地方人民出版社租型出版，全国新华书店统一发行。其他科目教材编写和出版管理也日趋严格，各自为阵、版本众多的局面正在发生新一轮变化，带动教辅材料选用、出版和发行管理权限也逐步收紧。

教材教辅市场环境不断恶化。系统征订渠道模式中，教育行政主管部门是教材采购的唯一买方，出版方在招投标过程中总处于被动地位，缺少话语权，加上版本众多，竞争激烈，造成买方垄断；市场化发行渠道模式中，线上销售成长迅猛，出版社不得不倚重线上销售平台的营销，而折扣、退货、物流等因素无疑给出版社带来诸多冲击和困扰。

3.传统出版与新兴出版深度融合的趋势进一步加强，数字出版技术研发、运用能力成为传统教育出版企业进入新业态、占领新市场的壁垒。一是传统教育出版企业因其内容资源有限、资金投入不足、观念与行动落后等问题，客观上造成了产品和服务局限在较低层面，没有达到行业平均水平，不能满足受众的多样化、个性化需求，从而导致在新业态新市场中处于被动局面，反而让很多技术企业捷足先登，引领方向。二是教育出版与关联产业边界日益模糊，融合发展的能力不对等。一方面教育出版企业开始涉足少儿出版、教育培训，甚至是新兴的研学旅行等相关产业。另一方面，越来越多的行业外资本介入教育出版，加快了资源规模化、集约化步伐，这也是国际出版业发展的大趋势。

4.资本力量的角逐决定着教育出版业发展的方向。从国际市场看,出版传媒的竞争已从产品竞争阶段迈入资本竞争阶段,行业并购越来越多。如英国培生出版集团近年来收购动作频繁,收购金额屡创新高,并且收购对象多是优秀的教育资源公司。从国内市场看,政府层面推进联合重组,培养大型旗舰出版传媒集团,如中国教育出版传媒集团。各地方出版集团在上市融资的基础上,不惜加大资金投入吸纳优质教育资源。

教育出版的发展目标始终是为用户提供知识服务,满足用户的知识需求,教育出版单位应在数字化融合发展已取得初步成效的基础上,着重布局教育出版的智能化发展。

教育出版不同于大众出版、学术出版,有其特殊性。教育出版的过程就是一个为用户提供知识服务的过程。教育出版的本质在于服务教育过程,决定了教育出版的用户主体参与的多元性和环节构成的复杂性。教育出版的用户不单单是学生、教师,还包括家长、学校、教育管理部门等,从这些多元化的目标用户中取得数据来"喂养"其智能化发展,是教育出版提供智能化知识服务的关键。

不管是何种形式的智能化发展,数据都是基础,要想获得用户大量且精准的数据,挖掘用户需求是前提,平台建设是基本,兼顾全面的发展、为用户提供个性化定制服务的管家思维是智能化发展的关键,激励机制是教育出版智能化发展吸引用户的重要途径。

因此,无论在何种阶段、何种时期,教育出版发展的目的都是要打造教育出版个性化知识服务,促进每一个个体的全面发展。

1. 针对内容资源争夺激烈的情况，教育出版企业应该树立"以出版服务教育"的理念，从内容生产转变为资源集成，从出版社转变为教育产业服务商。

2. 针对市场环境恶化的情况，教育出版企业可以创新产品销售模式，虽然传统教材教辅业务利润率下降，但是教育出版还有其他细分市场有待开拓。在数字时代，传统校园教育已经远远不能满足人们工作和发展需求，人们需要终身学习、终身受教育，社会教育、职业教育和继续教育将有极大发展空间。教育出版企业可以应用数字出版技术整合优质内容资源和作者资源，开展以在线互动为目标的在线教育。

3. 针对教育出版产业与关联产业边界模糊的情况，教育出版企业必须加强与其他行业的联合。在资本化、数字化时代，拥有优质出版资源是教育出版企业的优势，但是教育出版业存在的理由不是内容加工而是内容增值服务，因此，教育出版企业必须寻求与其他行业的合作共赢：一是寻求同一利益群体的联盟，二是寻求与技术提供商、电信运营商乃至关联产业的战略联盟，三是寻求与国际出版商的战略合作。

三、大众出版内容资源需求分析

最受业界认同的对"大众出版"的理解是，大众出版是对大众关注的某种主题的专业化创作和与这种主题相关的内容的整合。大众出版物即伴随着大众文化的出现与发展，将各种形态的介质汇集到出版机构以后，再经过审定、选择、编辑和加工而成的，适合大众需要的出版物，再通过流通渠道传播到全社会。大众出版物也叫一般出版或消费类图书出版，主要包括虚构类、非虚构类以及定制类大众出版作品，常见的类别有科普、小说、艺术、文化、传记、励志、少儿、旅游、理财、保健等。由于大众出版物涉及的内容通常与大众的日常生活、消遣阅读以及文化体验息息相关，因此大众出版是最丰富、最活跃以及最多元化的出版。

大众出版物存在的价值就是被大众接受认可，而且，大众出版的受众面可以说是最广的。与专业出版和教育出版有特定服务对象或专属读者不同，大众出版需要满足更广范围、更多层面，甚至细分读者的需求才能顺利地生存下去。鉴于大众出版特殊的受众属性，此处将以"使用与满足"理论为框架，简要分析大众出版领域受众对知识服务的需求与满足特征。

（一）大众出版内容资源的需求动机分析

根据美国传播学者卡茨提出的"使用与满足"理论，大众使用传播媒介的需求大致可以归纳为以下四类：获取新知需求、社会交往需求、娱乐休闲需求、自我实现需求。

1. 获取新知需求

大众出版领域的知识内容涉及方方面面，并且与人们的日常生活息息相关。人类可以通过阅读获取知识，不断丰富自己的思想，提高思考能力，当生活中遇到困难时，便可以借助掌握的知识和信息来解决问题。例如，人类在出生之时对这个世界一无所知，后来通过父母、老师的教导，开始了知识的积累。通过语言知识的积累，人们知道如何开口说话；通过历史知识的积累，人们知道了人类文明是如何发展与传承的；通过地理知识的积累，人们知道地球和宇宙的关系……在日常生活中，人们除了要完成自身的知识积累，不断地了解这个世界之外，还需要时刻关注身边环境信息的变化，因为这些变化与人们的日常生活息息相关。比如，天气变化影响人们的出行，房价涨跌影响人们的购房意愿，政策变动影响人们的生活方向，等等。因此，人类需要不断地获取知识和信息，了解社会百态，才能不被社会淘汰，顺利地生存下去。

2. 社会交往需求

社会交往指的是个体之间的物质与精神交流活动。社交又被从不同的角度划分为个体交往与群体交往、直接交往与间接交往。在社会交往中，人们可以通过与他人的沟通交流，更加清晰地认识自己和他人。然而，与他人之间的互动交流离不开知识和信息的传播，人与人之间进行的话题互动也离不开自身对社会知识的积累。那么这些知识的积累从何而来？当然离不开阅读。人际沟通的交流话题永远离不开衣食住行，大众出版领域提供的百科知识、新闻动态，有利于帮助人们积累人际沟通所需要的谈资。

3. 娱乐休闲需求

美国学者杰弗瑞·戈比曾为"休闲"下了一个较为丰富的定义，他认为，休闲是一种从外在压力中解放出来的相对自由的生活状态，是一种精神心理层面的内在需求。根据社会心理学相关研究，人类有享受和追求快乐的天性。特别是在当今时代背景下，随着生活水平的提高和生活节奏的加快，人们面临着巨大的学习和生活压力，休闲娱乐已经成为人们追求的目标之一。随着生活质量的提升，我国居民越来越重视在娱乐休闲项目上的投入，大众对休闲娱乐的需求也日渐紧迫。

4. 自我实现需求

所谓"自我实现"，指的是个人根据与社会和他人的互动，不断认识自己、调整自己，实现自我完善和发展的行为。在日常生活中，人们总希望自己的行为能得到他人的认可，因此，每当做某种决定的时候，人的头脑中都会出现他人的形象。比如，作为公司的员工，人们肯定希望自己的工作能够得到上司和同事的认可，因此，在处理工作时他们会考虑这样做领导是否满意，同事是否认可。总之，人不但会与他人进行沟通交流，还会根据与他人互动的结果来与自己进行交流，并根据他人的角色期待来调整自己的行为，让自己更符合他人的社会期待，这个过程就是自我整合的过程。通过阅读，人们可以实现知识的积累，提升自身解决问题的能力，从而将自己的价值最大化，成为被他人和社会需要的人。

（二）大众出版内容资源满足形态分析

根据"使用与满足"理论可知，大众进行的一切媒介接触活动都是带有目的性的，因此，大众出版提供的知识服务需要满足受众的某些需求才能顺利地开展下去。作为信息服务产业的一部分，大众出版以信息产品的形式满足了大众获取知识、人际沟通、娱乐消遣和自我实现的需要。

1. 满足读者获取知识的需求

出版工作的最终目的是实现知识和信息的传播。首先，从出版的功能看，出版业作为信息服务产业的一部分，它的存在就是为了传播知识和信息。其次,从出版业的构成部分看,三大出版领域中的任何一个都是在向受众提供各行各业的知识和信息。再次,从出版的产品看,无论是传统出版社出版的纸质产品,或者光盘、磁带类的音像制品,还是互联网时代出版的数字产品,这些出版物都是传播知识的载体,其内容都是给读者提供信息。最后,从出版的工作流程看,出版工作是对知识和信息进行搜集和整理之后,经过加工、制作,最终实现交流和传播的过程。

大众出版涉猎科普、小说、艺术、文化、传记、励志、少儿、旅游、保健等领域,拥有丰富的内容资源,并且这些内容与人们的日常生活息息相关,因此,大众出版知识服务可以满足人们获取各类知识信息的需求。如各类诗歌、散文、小说、戏剧及文学名著等,带给人艺术享受的同时也帮助人们获取知识和信息;像《环球少年地理》等少儿类科普读物,可以帮助儿童从艺术到科学全面地了解这个世界;保健养生类、旅游休闲类等工具图书不但可以帮助人们放松心情,还能给人们的生活提供指导。随着出版业的融合发展,各类数字出版物的出现为大众获取知识提供了更大的便利。

2. 满足读者社会交往的需求

传统的阅读是单向式的"你传我受",在这一传播过程中,作者是传播源,读者是知识内容的接受者,传者与受者的角色定位也是固定的。传播者生产的内容以"点对面""一对多"的形式传递给受众。互联网的出现使传播者与受众之间的关系发生革命性转变,传播由单一的"点对面"变成多元的"点对点""点对面""面对点"和"面对面",并且传播者与受传者的角色可以在网络上互相转换,读者可以通过网络平台发表自己的作品成为作者，作者也可以与读者进行交流互动，使自己成为读者。

3.满足读者娱乐休闲的需求

首先，当下人们除了从传统阅读中获得严肃、规范的知识外，也追求对知识的另类解构。比如历史题材读物，现在很多读者欣赏的是《大话西游》《水煮三国》《戏说乾隆》等"无厘头"的调侃与消遣，在巨大的生活压力下，轻松的娱乐性阅读成为大众释放压力的有效途径。其次，面对瞬息万变的社会环境，大众想要在短时间内把握海量的信息变化以缓解焦虑的心情。与之矛盾的是，人们并没有充足的时间用来读书看报，因此，海量的快餐式碎片化阅读开始受到大众的青睐。互联网技术的运用使文本内容以超链接的形式得以连接，文本内容复杂多样，可以是文字、图片、声音或短视频等，超链接技术使知识内容以非线性的形式串联起来，受众可以根据自己的需求实时查询和调取自己需要的文本内容。例如，在喜马拉雅APP中，文学著作《红楼梦》被制作成不同版的音频作品，有《〈红楼梦〉全本有声剧》《〈红楼梦〉水青读原著》《白话红楼梦》等，而且按照章节将内容分开录制，每一章节的内容在10~20分钟，读者可以根据自己的时间安排选取想听的章节片段。另外，还有像人民文学出版社、晨光出版社、上海书画出版社、译林出版社等大众图书出版社都开通了微信公众号平台，将出版内容以数字产品的形式搬到手机上，供读者在碎片化时间阅读。总之，大众出版所做的这些知识服务转型，在一定程度上满足了读者的碎片化阅读需求。

4.满足读者自我实现的需求

当上述需求都得到满足时，人类就会追求最高层次的需要——自我实现。网络技术的发展为读者的自我实现提供了更多平台。在大众出版领域，读者不仅可以通过喜马拉雅、知乎、得到等知识平台获取知识和信息，还可以在这些平台上发表自己的观点，将自己生产的知识分享给他人。以高质量的知识问答社区"知乎"为例，它的口号是"与世界分享你的知识、经验和见解"。进入知乎首页，有"关注""推荐"和"热榜"三个板块。用户可以根据自己的兴趣关注感兴趣的人，查看对方发表的文章、回答过的问题以及对方关注的问题。知乎还会根据用户在注册时选择关注的领域为用户进行个性化推送，使知识和信息实现精准传播。另外，在"我的"主页上，用户可以回答其他用户提出的问题，为他人建言献策，或者自己创作，以文章的形式分享个人的知识和经验，当自己发表的文章获得大量点赞、评论或收藏时，这种被别人认同的感觉会让自己获得精神和心理上的满足，从而实现自我实现的需求。

四、出版内容资源开发的不足与存在的问题

（一）普通教育资源开发过剩

上文提到教育出版领域内容资源竞争的恶化，极有可能导致教育出版内容资源的重复、低质量开发，教育出版物市场上普通、低劣、噱头式的出版物过剩，精品教育图书、真正能为受教育者使用的优质图书凤毛麟角。以教辅图书为例，目前，各省教育主管部门公告目录产品算得上是合格的教辅材料，大多由国有出版单位出版；家长和学生主动订购的课后教辅材料则大多是几个头部民营教辅公司出版的产品。此外则更多是品类繁多却又无高质量、好口碑的产品。

（二）创新性内容资源开发不足

出版内容资源是一个取之不尽、用之不竭的富矿，重要的是如何开发利用。传统出版单位的传统开发理念和方式，已经不能满足读者日益增长的需求，内容资源亟需创新型转化，创造性开发。前面提到新兴出版单位利用互联网、大数据和用户交互的开发模式，就属于创新型开发的好例子，但当前大部分出版单位在这方面还处在较低水平，探索的步伐与时代、技术发展并不同步。内容资源的创新主要表现在三个方面：

一是选题创新。图书零售市场大卖的产品、图书排行榜上靠前的产品基本上都属于创意性产品。比如东方出版社策划知名主持人、抖音流量图书主播王芳的《穿过历史线，吃透小古文》一书取得成功，销量突破153万册，一个重要的因素就是策划编辑在深刻把握"大语文"流行背景下，深入研究市场和读者的需求，准确选择了看似冷僻的小古文领域，精准发力，推出一套通俗易懂，轻松解决学生古文学习困难的辅助读物。其中的选题创意不是生搬硬套造出来的，而是在深入调查研究的基础上优化组合而成的必然结果。而在同类型产品的开发方面，大部分出版社相比上述成功案例还有较大差距，如"大语文"方面的选题，大多数出版社编辑可能会自觉地往常规语文教辅出版的方向思考，产品缺乏细分，缺乏创意。

二是产品呈现方式创新。《故宫日历》出版的成功案例说明了呈现方式创新的重要性，也反衬出当下一些出版社想创新却又缺乏创新的动力和方向。《故宫日历》在 1937 年民国时期就已经出版发行，经 2009 年故宫出版社重新出版也已经 13 年了。新版《故宫日历》部分保留民国日历风貌，延续名碑集字传统，改黑白版为彩色版，48 开的开本设计，封面为布面精装烫金，故宫红色，并确立国人熟知并喜爱的十二生肖作为主题，展现中华文化和文物之美。从最初的一万册印数，到连续几年销量超过百万册，从单一的普通版，到典藏版、英文版、青少年版、亲子版等立体拓展，也带动整个出版界每年五六百种风格各异的日历出版潮流，开创了一个新的出版形式和出版领域，成为产品呈现方式创新的典范。

三是内容原创。内容原创可以说是所有出版社和编辑的痛点和难点。出版从业者都想通过原创建立品牌，集聚作家资源，形成市场需求，可原创又何其艰难。在市场上崭露头角的原创作品，都有其各自的特殊性，但成功必有原因。如二十一世纪出版社把《红岩》《青春之歌》《林海雪原》等红色经典改编为面向青少年的缩写本"红色经典"系列；三联书店把原来单独的薄本《世界美术名作二十讲》改编为插图珍藏本，又不断地扩充形成"二十讲"系列，变身长销书；接力出版社在畅销书《淘气包马小跳》的基础上，策划开发了 100 多集的相关漫画和动画等衍生产品，创造了数以亿计的有效产值。出版物内容资源可分可合，可拆可装，编辑如果能利用其可再生性的特征，翻新、重组、延伸，也是一种原创，成功与否在于出版社编辑的努力、能力和态度。

（三）市场化图书内容资源开发难以满足读者需求

市场化图书是所有出版单位锚定的方向，开发得好一部畅销爆品出现，足以成为出版单位长期发展的基本保障，开发得不佳，则所有投入竹篮打水一场空。市场瞬息万变，最难把握，传统出版的节奏与读者需求存在落差。以大众图书为例，当当、京东等机构公布的年度畅销书榜单上，传统文化、经典著作、治愈系图书的销量依然排在榜首，但仍没有出现现象级的畅销书目，榜单中大部分书目都是"老面孔"，新书很少出现。而且即使有新书上市，大多也是以往畅销书作者的新作。《活着》《追风筝的人》《摆渡人》《解忧杂货店》等图书长期霸榜，《平凡的世界》更是实体书店长期畅销排名前列的作品。归根结底，出版单位没有把握读者的真实需求，在出版产品爆发式增长、规模效应居高不下的情况下，难有让读者眼前一亮的新品畅销书。

（四）内容资源文化软实力较弱

国内出版单位与国际上大的出版集团相比，缺乏对自有内容资源价值的准确评估和定位，把握不好自有内容资源能否成为国家文化软实力的代表，从而形成广泛的传播效应，输出我们的优秀的文化和价值观。更缺乏的可能是国际视野，从选题开发伊始就没有考虑对外传播，而仅限于面向全国。这不是我们的文化价值小，文化软实力弱，是内容资源开发的主体实力较弱。

（五）内容资源深度不够，造成资源浪费

内容资源的深度开发是一个永恒的命题，是出版工作者的终极目标，但要做到深度开发又谈何容易，需要花费巨大的人力、物力、

财力，投入更多的精力和心思。而 2012 年以前，在国内经济效益优先的风潮裹挟下，内容资源深度开发显得不合时宜。当前，国家政策导向要求社会效益优先，社会效益和经济效益相统一，对内容资源深度开发提出新的要求，对出版单位来讲则是更大的挑战。

第三章
出版内容资源评价与整合能力评估

第一节　出版内容资源评价

出版工作是一项文化事业，也是一个文化产业，有意识形态的属性，也有产业属性，需要同时兼顾社会效益和经济效益。要处理好这两种效益的关系，必须把社会效益放在首位，努力实现社会效益和经济效益相统一。我国当前的社会矛盾表现为人民日益增长的美好生活需要和不平衡不充分的发展之间的矛盾，出版工作也应该从满足人民群众日益增长的对高质量文化生活的需要出发。在以人民为中心的理念指导下进行出版资源评价，能够更好地实现社会效益与经济效益的统一，满足广大人民群众学习、工作的需要，从而进一步得到市场的认可，实现经济效益。而像一些古籍类、专业类书籍，社会需求相对较少，社会效益与经济效益难以兼得，此时，我们更应该秉持以人民为中心的出版理念，将社会效益放在首位，考虑国家长远利益，体现一个出版者的社会担当和历史责任。

一、出版内容资源评价的理念与原则

评价是对出版内容资源整合进行反馈和改进的重要依据，也是对服务绩效的判定，其评价主体包括新闻出版局、地方政府、专家学者、社会大众等。对内容资源的评价要坚持求真、实用性、全面性、客观性、适用性以及数据可获取性、针对性、可靠性等原则。

目的可靠性。各类机构根据本机构资源开发的总目标，对出版资源的学科范围、类型、结构层次等的总体设计或规划设想，以及本单位的性质、方向、任务和服务对象等进行资源评价，必须保证资源与需求的针对性，且能反映资源的真实状况，做到有的放矢。

系统完整性。在评价各类出版资源的过程中，首先应遵循知识门类上的系统性和完整性。按照一定的标准，尽量系统完整采集以开发出版资源，从而保持学科的连贯性。其次，应考虑到各学科领域之间边缘交叉、相互渗透的情况，要反映出这些学科间相互关联、互为条件的客观规律，从而保证资源采集到开发的实用性。

持续稳定性。出版资源是在各机构有目的且以实用为原则的指导下持续不断地补充、积累出来的，确保稳定性才能反映资源的历史沉淀、发展状况、特点及规律，从而保证资源在今后具有较高的使用价值。

二、出版内容资源评估要点

对出版内容资源的评估，可借鉴 2002 年教育部高等学校图书情报工作指导委员会关于《普通高等学校图书馆评估指标（征求意见稿）》中采用的分级权重记分法，它是层次分析法的具体应用。层次分析法是一种综合定性与定量分析，是可以解决多因素复杂系统，特别是难以定量描述的社会系统的分析方法。它能够将复杂问题化解成多项指标的比较，便于操作，比较客观。这里的资源评估指标体系，主要由四部分内容组成：内容资源的基本情况、内容资源的成本核算、内容资源的售后服务、内容资源的使用，并设立多级指标权重分配体系。

在分析时，应按照层次分析法分解各部分内容，将指标分成若干具体方面，再逐一细化，根据其侧重制定详细的计分标准，每级指标可采取百分加权的积分方法。

对于多级指标权重的分配有两种方法：其一，基于判断的方法，即根据有关专家组就各指标相对重要性的独立认识来确定指标的权重。其二，通过实践，基于数理统计分析的方法，即根据各项指标对内容资源的影响程度来确定其权重。

（一）专业出版内容资源的评估

专业出版具有其独特的专业背景和难以替代的出版定位，与大众类图书"追热"不同，专业出版编辑在选题策划上，更要留意"逐冷"。面向大众的综合类、文艺类图书要考虑经济效益，市场需求引导了出版社对于图书的选题规划。而专业出版编辑在组稿上，不仅要考虑经济效益，更要追求社会效益，"冷"的选题有时候也意味着是专业内的空白领域，不能仅仅以码洋多少论图书出版的成功与否，而要在社会效益的高度上"算总体账""算长远账"。凡是有益于社会发展、行业进步的图书，都要尽力使之"能立项""早出版""见成效"。

内容质量是专业出版的生命和基石，也是提高学术质量和学术影响力的重要着力点。专业出版内容资源评估包括政治导向评估、学术质量评估、指标数据评估三个部分。

政治导向评估是指出版单位要对专业出版内容的政治导向进行把控，包括对意识形态问题和敏感问题两方面的管理。政治导向评估是专业出版内容质量管理的立足点，在内容质量审核方面，政治导向评估通常采用一票否决制，只有坚持正确的政治方向和出版导向，才能进一步考核其内容质量，否则一切无从谈起。而意识形态工作关乎旗帜、道路、国家政治安全，只有坚持党的领导，始终保持头脑清醒、立场坚定，提高把握意识形态工作的能力和水平，才能更好地满足党和人民对新形势下出版物质量的要求。

学术质量评估。一方面，学术质量很大程度上取决于作者，作者的学术水平、写作水平、科研经历、工作单位、职称职务等因素都会影响稿件的学术质量，因此，要想提高稿件的学术质量，最根本的是提高原稿质量，即编辑在组稿环节就要从选题方向、稿件架构、作者选择等方面进行控制和筛选，加强优质稿源把控，强化科研进展跟踪。例如通过向院士、行业知名专家团队组稿、约稿，组织具有较高学术水平和影响力的优质稿件，从源头上保证稿件具有较高的学术水平。另一方面，应有明确的学术伦理规范和审稿流程。目前专业出版大多采用同行评议的双盲审制度，对稿件质量的把控不仅依托编辑部严格执行三审制，还要依靠审稿专家从稿件的科学性、严谨性、创新性、应用性等层面进行评审。同时还要评估稿件内容是否有充足的实验或分析支持，文章的结论、参考文献是否准确完整，文字叙述是否清楚简洁等。此外，构建覆盖面广、专业性强、综合素质高的审稿专家库也是学术质量评估中不可或缺的重要环节。

指标数据评估是指对期刊在学术评价中的重要指标的评估，通过分析中国科技期刊卓越行动计划对领军期刊、重点期刊的相关要求可以发现，为了推动中国科技期刊高质量发展，期刊专业化、国际化建设逐渐得到重视，提高期刊国际竞争力和学术影响力成为期刊发展的重心，因此，期刊影响因子、总被引频次、国际论文比成为卓越计划期刊的重要考核指标。[1]

（二）教育出版内容资源的评估

教育出版是宣传思想文化领域的重要组成部分，弘扬社会主义核心价值观，立德树人，培养德智体美劳全面发展的社会主义合格建设者和可靠接班人，是教育出版的根本任务。教育出版的内容应把社会主义核心价值观、中华优秀传统文化、习近平新时代中国特色社会主义思想以及实现中华民族伟大复兴的中国梦等内容，通过课程教材、课外读物，展现在课堂教学活动中，转化到学生的阅读活动中。评估内容包括以下几点：

符合国家相关教育法规和课程政策，体现社会主义核心价值观；

突出中国元素，传承和弘扬中华传统文化；

体现相关课程标准基本理念，清晰呈现课程（或能力）目标和期望要求，全面支持课程标准中规定的内容要求，丰富学生体验；

---

[1] 李萌.科技期刊质量管理体系构建与思考[J].新闻研究导刊，2021（10）：200-202.

全方位支持核心素养、数字素养和核心能力的培养与发展，确保严谨、精确、结构合理，富有时代感、前瞻性且及时迭代更新；

贴近现实生活实际，涉及日常生活遇到的问题，广度和深度适合学生不同认知水平和年龄阶段；

以学生已有知识和技能为基础，具备足够的难度和复杂性，使用学生能够理解的语言、符号和术语；

插图、图标、照片、地图等清晰、准确，且符合版权和相关法规要求，有效地支持文字部分，成为整体内容的有机组成部分。[①]

（三）大众文化出版内容资源评估

大众文化出版丰富的内容对象及选题资源很有可能使出版机构选择不适合自身的资源开发，不仅浪费资源本身的价值，也浪费出版机构的人才物力，因此只有经过机构对内容资源的评估与鉴定才能更好地发挥其价值。点击量、播放量、粉丝量等数据只是出版机构可用来参考的最基础的一部分，无法作为开发的核心数据，文化属性、用户口碑、可持续开发的潜力以及出版机构自身的优势与特色都应纳入考虑范围。

首先，应坚守政治底线，具备引导用户阅读趋向的属性。娱乐消遣等是大众最明显的需求体现，它具有存在的价值，符合公共利益、公共兴趣，传播范围较广，能够产生巨大的传播效应，适当地满足娱乐需求能够使人们放松身心。但不宜过度。在国家形势、媒体格局、人民需求等深刻变化的大背景下，无论如何引导用户需求，如何创

[①] 胡军.外察与内省：数字教材与资源评价标准研究［J］.课程·教材·教法，2021，41（5）：32-39.

新策划，坚持马克思主义指导地位，贯彻落实"两个维护"的底线是不能动摇的。大众文化出版内容资源的评估，要坚持意识形态导向和政治原则，用习近平新时代中国特色社会主义思想武装全党全民，让大家牢记初心使命，坚定执行党的政治路线，坚决站稳政治立场。

其次，要考虑资源是否兼具一定的文化属性，"一个没有什么独到内容与思想、没有什么独特发展和文化底蕴的出版物，与其说是出版物，不如说是一个文化垃圾。"[1]单纯娱乐性质的资源开发应限制在一定的指标数量内，严格控制此类图书的种类。

再次，还要通过对口碑的综合考察与理解选择资源，可以从内容资源的"量"和"质"两方面进行判断。"量"具体可以从讨论量、转发量、媒体评论数量考虑；"质"可以从社会对其综合评价、正面评价和负面评价等方面展开，尤其是注重参考其负面评价。当用户对原内容资源的负面评价较多且传播较广时，即使是有明星大咖等参与，也要谨慎选择。

然后，能否被多次开发利用也是评估资源价值的一个重要标准。如果一种资源不仅能被改编成图书，还能被改编成其他的媒介产品，那么用这类资源改编的图书很容易就能实现常销乃至畅销，我们要优先选择能够开发为多种媒介产品的内容资源为自己所用。

最后，还应考虑是否符合机构的定位与优势。出版社的出版定

---

[1] 赵强.《关于加强和改进出版工作的意见》释放了哪些信号？［EB/OL］.（2018-11-15）［2019-11-20］.http：//chuansongme.com/n/2659344051624.

位不同，不同的出版社有不同的优势领域，比如科学定位的出版机构就应该结合自身特色寻找适宜的资源开发，而不是一味地跟风策划娱乐休闲类内容资源。出版机构要结合自身的特点，以自己的特长和实力为立足的根本，选择有特色的内容资源进行开发，深度挖掘作品的特色，真正实现"人无我有、人有我新"的特点，打造属于自己的品牌。

第二节 出版内容资源整合能力评估

企业的资源整合能力相对于企业的其他能力而言要更为复杂，其主要表现为企业对各种异质性资源的调试、配用、选择和重组的能力，企业资源整合能力可划分为资源协调、资源选择和资源配置三个方面。[1]

一、掌控内容资源能力评估

在出版产业中，作者资源是具有战略意义的重要资源，它决定了一个出版社出版物的内在质量、特色、品牌、效益、市场竞争力和可持续发展能力，是构成出版企业核心竞争力的重要因素。[2]优秀、丰富的作者资源在出版社自我品牌建设和双效益图书出版中发挥着不可替代的作用。"出版社的活动和决策深受一群才华横溢的作者所

---

[1] Zahra SA, Sapienza HJ, Davidsson P. 2006. Entrepreneurship and dynamic capabilities: A review, model and research agenda[J]. Journal of Management Studies, 43(4):917-955.

[2] 邓本章.作者资源的培育和开发[N].中国图书商报，2005-10-21(12).

影响，他们被看作是出版社的力量和源泉。"著名出版家小赫伯特·S.贝利曾这样描述过作者的重要性。竞争激烈的图书市场归根到底是内容资源的竞争。从数字出版发展方向看，"内容为王"的重要属性将进一步凸显。因此，作为内容资源的创造者和提供者，作者不但是出版企业品牌树立、参与市场竞争的坚强后盾，也是出版企业持续健康发展、推动出版转型的重要源泉。

建立作者资源库，是储备和开发作者资源的重要工作。通过建立作者资源库来积累有效作者资源和精心经营作者资源，也是当前开发作者资源的必然要求。出版社要重视作者资源的稳定积累和动态管理，要认真梳理现有的作者队伍，详细分析作者队伍情况，从作者队伍状况来映照自身出版活动中存在的问题。要随时掌握哪些作者能够提供新的选题，哪些作者具有开发和整合价值，并能够创造新选题，哪些作者资源已经老化需要更新，哪些作者需要重点发展，等等，以确保作者资源在高质量的前提下实现有效扩张。

在培育和开发作者资源方面，出版社要树立以人为本、作者至上的观念，要用事业纽带、感情纽带、利益纽带、法律纽带牢固地联结出版社和作者，吸引四面八方的优秀作者，并维持长久的合作关系，为作者资源的培育和开发提供良好的内外环境和强有力的制度保障。

马克思认为："人创造环境，同样，环境也创造人。"区域文化是由不同人群在不同时期创造的，带有鲜明的民族性、地域性、时代性烙印。根据要素禀赋理论，要素禀赋差异决定了产出效率的差异，一个国家或地区要素资源的丰富程度决定其参与本行业社会分工、国际分工的基本条件。①就文化产业而言，一个地区拥有的历史文化资源越丰富，历史文化积淀越深厚，文化创新能力越强，则该地区文化产业发展的资源禀赋就越突出，比较优势就越大，更加有利于文化产业的持久发展。在当今激烈的文化市场竞争中，充分挖掘利用历史文化资源禀赋，进行创新转化，才能拥有更多的价值空间。习近平总书记在调研历史文化保护中也多次强调，要弘扬优秀传统文化，保护历史文化资源，坚定文化自信。

二、选题策划与资源优化配置能力评估

选题策划是编辑人员开发出版资源、设计选题的创造性活动，具有把握出版工作方向，落实出版工作方针，保障出版生产秩序，保证和提高出版物的质量与塑造出版单位品牌形象等重要作用。②因此，选题策划是编辑进行图书出版活动的前提条件。编辑把握住这个重要环节，就把握住了图书的生命力。选题策划的主要执行者就是编辑。这要求编辑具有较高的选题策划能力，并能制订专业的选题策划方案，从而为整个出版过程奠定坚实的基础。在日趋激烈的图书竞争市场中，持续地提升编辑的选题策划能力，是编辑安身立命的根本。

2020年9月1日，习近平总书记在中央全面深化改革委员会第十五次会议上强调了"三个有利于"，即要加快推进"有利于提高资源配置效率的改革，有利于提高发展质量和效益的改革，有利于调

---

① 唐海燕，毕玉江.国际贸易学［M］.上海：立信会计出版社，2016：53-62.
② 国家新闻出版署出版专业资格考试办公室.出版专业基础（中级）（2020年版）［M］.北京：商务印书馆，中国书籍出版社，2020.

动各方面积极性的改革"。作为文化意识形态领域的重要市场主体，我国大部分出版传媒企业正处于转型升级为主的新常态，加快改革势在必行。

出版资源是指出版过程所有组成要素的集合，而出版资源配置则是指将出版资源按照特定的方法做出调配，以达到出版利润的最大化。犹如一台设备的各个齿轮，只有大小齿轮互相嵌合，设备才能以最小的电力消耗发挥出最大的功效。[1]出版产业和出版资源配置有着密切联系，主要在于两个方面：

一方面，出版资源配置可以分为资源初始配置和资源再配置。资源初始配置是指生产要素在初期的时候在部门间、企业间的分配，而资源再配置是指在资源初始配置后，各类资源在部门间、企业间的流动及重组。在一般情况下，出版资源的初始配置会形成出版产业结构，而出版资源的再配置是对出版产业结构的调整。

另一方面，出版资源对出版产业来说极其重要，是出版产业的命脉。在出版资源中，人力是出版活动的"大脑"，保障出版的顺利进行；选题是出版活动的"灵魂"，为出版物提供实质内容；资本是出版活动的"血液"，使出版业得以生存与发展。由此可以看出，出版资源对于出版产业来说就像人体中的各个器官，各自分工且相互协调，使出版产业得以发展。出版资源的配置是否合理，影响着出版产业的发展规模。

当然，出版产业也并不是纯粹处于被动之中，它也会反过来对出版资源的配置产生作用。一方面，出版产业是出版资源的大环境，

---

[1] 滕芸.出版产业中出版资源的优化配置[J].传播与版权，2019（12）：75-76，79.

没有了出版产业，出版资源就只是单纯的"人""钱""书"，甚至只是一串字符。另一方面，出版产业的发展也会影响出版资源的配置，在一段时间内，出版资源的配置会依赖于出版产业的发展，并与其发展状况相适应。

"优化"是指采取一定措施使企业活动变得更有效率，是一个完善化的过程。出版资源优化配置是使出版资源配置变得更加协调的状态，优化配置的目的是降低不必要的成本，提高资源配置的效率。出版资源优化配置的目标是调整出版业的产业结构，促进出版产业发展，增强出版业的经营能力。

目前，只有出版产业能够取得进一步发展，才能解决当下出版产业和出版资源所面临的问题。我们需要从问题出发，结合优化目标，进而发现对出版资源进行优化配置的有效方法。

提高出版资源的利用率。当今时代是知识经济的时代，知识经济对于出版业来说，既是机遇，也是挑战。由于知识经济的特征是信息，而出版业又是一个高信息产业，因此随着知识经济时代的来临，出版业瞬时处于一个充满潜力的发展空间之中。因此，应当采取下面几种方法提高出版资源的利用率：

第一，利用高新技术优化出版产业结构。科学技术是第一生产力，出版业应掌握多媒体光电技术，将纸质出版物与新媒体相结合，打破媒体间"各自为政"的格局。这样做不仅可以使多种媒体合作发展，还可以使传统出版业能够跟上新时代的步伐，提高出版资源的利用率，使传统出版业能够进行多元经营，最终提高产业效益。

第二，资产重组。资产重组是资源配置的一种方式，而资源优化配置是资产重组的目的。出版业可以通过资产重组引进高新技术，在提高技术含量的同时改善资本结构，从而提高出版业的产业效益。①

第三，合理配置人力资源。当今时代是知识的时代，出版业只有最大化地利用高新技术，优化资源配置才能提高产业效益，但这二者最终只有通过人的劳动才能实现。可以说，在出版资源中，人的能力决定了出版产业化的速度，也决定了出版业未来发展的速度。

---

① 封延阳.建立适度开放的出版产业体系[J].出版广角，2002（4）：16-17.

第四章　集团出版内容资源管理系统建设

第一节　出版内容资源整合与管理路径

一、出版内容资源管理的目标

出版内容资源管理目标是指通过出版内容资源管理活动所要达到的目的，它指示着方向和要求，是整个活动的出发点和归宿。

在数字时代，随着融合发展的深入，内容传播渠道的创新为用户提供了丰富的阅读选择，加深了多样化与个性化的用户内容需求。消费者对内容资源的数量和质量提出了更高的要求，只有丰富的、高质量的内容才能提供个性化的服务，吸引读者，满足读者的需求。出版内容需求突出表现为海量的内容和多样化、个性化的需求。这种海量内容与多样化、个性化的内容需求，也正是融合发展趋势下出版内容资源管理面临的首要问题。只有对出版内容资源进行合理、有效的整合与管理，才能为出版产业的进一步发展打下牢固的基础。

因此，集团出版内容资源管理的目标可以确定为：对于传统出版内容资源进行数字化转化，最大限度地整合来自集团内外的优质出版内容资源，包括图书资源、图片资源、文档资源、音视频资源以及由其形成的数字化产品等，通过集中控制，对外形成统一的版权运营服务，对内形成集团统一管理、资源共享、内容复用的管理体系，逐步实现出版内容资源"一次加工，多次利用"的最终目标。

具体可以归纳为以下几点：

1. 实现出版社存量内容资源的数字化，满足集团及下辖出版社数字内容资源的采集、标引加工、检索、营销与运营等数字化转型业务的需求，为选题策划、数字出版、知识服务等业务提供支撑。

2. 建立集团层面统一的出版内容资源管理平台，对出版内容资源进行集中管理，实现集团对各出版社出版内容资源的整体管控，准确掌握集团内容资源基本情况。

3. 建立统一的技术标准体系，对相关出版内容资源实现格式规范，统一管理，方便资源的检索、重构与共享。

4. 为版权运营提供真实可信的数据来源，帮助出版社充分挖掘内容资源价值，促进内容资源版权管理的精细化。

5. 根据业务需要，进行内容资源的组织、整合和分配，形成新的产品，促进内容资源的增值和再利用，有效提升内容资源利用效率。

6. 通过资源形成产品后的收益分成，促进资源在各单位之间的共享。

二、出版内容资源整合的主体

出版内容资源整合主体是指围绕既定的目标，按照一定的规则和程序，参与出版内容资源整合活动的组织的总称，是整个活动的推动者。

目前出版内容资源整合主体主要有行业管理机构、出版单位以及信息技术公司等三类，不同的主体在整合活动中的主要职能存在较大差异，它们共同促成了整合活动的顺利开展和整合目标的实现。中共中央宣传部（国家新闻出版署）及地方省委宣传部（省新闻出版局）、各行业协会等行业管理机构起着统筹全局的作用，主要负责制定出版内容资源整合相关政策法规、行业标准，管理和引导其他整合主体开展整合实践、提供资金支持等；各出版集团及图书、期刊、报纸等出版单位是整合活动的具体组织实施者，主要负责选取适合整合的资源并进行数字化、制定相关技术标准、参与整合的全过程、建立并维护内容资源管理平台等；相关信息技术公司主要是提供数字化技术、平台搭建技术等技术支持。

三、出版内容资源整合的对象

出版内容资源整合对象是指以整合目标为依据，在整合活动中被整合的出版内容资源这一客体，是整合活动的核心内容。

出版产业属于内容产业，内容资源是出版产业价值的源头。内容资源是出版单位体现品牌价值的主要载体，是出版社最具有保留价值并能不断创造新价值的最核心的资产之一。内容资源管理系统建设和管理的是出版集团所辖各出版单位的各种出版内容资源，当前出版单位的主要资源是书、报、刊等核心资源，围绕这些核心资源的还有其他与之相关的资源，包括各种文档、图片、视频、音频、数字产品等。

四、出版内容资源整合策略

融合发展下，出版单位要想在激烈的市场竞争中胜出，很重要的一个决定因素在于对优质内容资源的占有、加工和整合，如何使出版内容资源配置和产品生产更趋于合理化、规模化和个性化，满足海量内容与多样化、个性化的内容需求。这也是思考融合发展下出版内容资源整合策略的出发点，据此提出以下几种整合策略：

（一）以集团内传统出版内容资源作为基础

集团内出版社在几十年的发展历程中积累了非常丰富的内容资源，尤其在某个或某几个相关专业领域内占据着垄断地位或至少占据明显优势，拥有大量的优质内容资源，这也是出版社众多传统业务的基石和核心竞争力。通过数字技术的转换，将传统的出版内容资源转换成数字形态的内容资源，作为内容资源库的基础，较为方便地解决了内容来源、聚集与更新的问题。

（二）以行业内同类出版内容资源作为补充

积极与行业内的其他出版单位展开深度的业务合作，通过置换、购买等方式，打通出版内容资源的生产、采集和分发环节，对于自身有用的同类出版内容资源进行整合与集中，扩大企业的内容资源规模，弥补自身存在的不足，进一步强化相关领域的优势地位。一方面提高了企业在行业中的竞争力和影响力；另一方面也利于实现内容资源的优化配置，优势互补，更好地做到集约化和规模化，不断满足市场的海量化需求，为用户提供更加优质的服务。

（三）以跨界整合内容资源作为拓展

与网络文学、影视、动漫、游戏等其他行业主体建立战略合作，以投资、授权、合作分成等方式，拓展内容资源的获取途径，对内容资源进行多维度以及深层次的整合。通过与文化产业其他主体的广泛合作，进行内容资源的正向输出和反向输入，进一步整合内容资源，深度发掘内容资源的价值，助推出版行业的融合发展。

（四）以满足用户的需求作为方向

融合发展趋势下，内容资源市场的竞争异常激烈。为提高市场适应度，出版内容资源整合应该以优质内容为基础，遵循"用户需求"的理念，突出专业化优势，对现有的内容资源进一步拆分成碎片化、颗粒化的内容片段，再根据市场实际需求进行重组和重构，满足多样化、个性化的用户内容需求。

五、出版内容资源管理的思路

（一）集团主导，集中管控

出版内容资源管理是一项涉及面广、技术和资金密集型的系统工程，为确保系统发挥整体效益，必须在集团统一管控的模式下，各出版单位统筹规划，协同工作，共同发展。集团及所属出版单位按照总体目标和整体规划，落实和分解自身任务。集团统筹内容资源管理工作，各出版单位根据集团要求需将出版内容数字化后的相关信息和文件上传到集团的内容资源管理系统，由集团统一管理。并且以需求为导向，以应用促发展，以实用为准绳，以效益为目标，按照轻重缓急，在集团统一领导组织下，开展内容资源的整合、开发、运营工作。

（二）统一标准，资源共享

内容资源管理系统成功应用和效益最大化的重要条件是相关基础标准的建立和统一。集团必须依托新闻出版内容资源加工规范、中国出版物在线信息交换标准（简称 CNONIX）、《中国标准关联标识符（ISLI）》等新闻出版行业标准，建立和形成适合企业自身发展需要的内容资源基础标准体系。这些标准的建立和执行，是集团内容资源管理避免重复投资、加速信息流通、实现资源授权共享、取得最大效益的基本前提和基础。

从集团内容资源管理和发展的需要出发，在统一标准的基础上，把集团公司及所属出版单位的信息互联互通和资源授权共享作为一条基本要求逐步落实。可以从两方面入手：一是集团内相关人员可以看到集团内各出版单位出版内容资源的基本信息，实现信息互通；二是通过权限控制，可以授权集团内相关人员访问这些内容资源。这样一来，各出版单位的有关人员不仅可以及时了解到集团内各兄弟单位的出版动态，还可以直接访问相应数字内容资源，实现了内容资源的高度共享和利用，从而提高内容资源的使用效益，调动企业内容资源增值利用的积极性，实现集团内容资源授权互动共享和高效的开发协同运作，不断为内容资源创造新的价值空间。

（三）关联标引，全程管理

利用 ISLI 编码、自动化标引工具等，对内容资源进行唯一标识，并打上多维标签以及建立资源间的关联关系，通过具有大数据处理能力的平台有效地管理起来，更好地传输、加工、分析和应用，完成内容资源的查询、聚集、整合等的一系列过程。围绕内容资源本身建立起一个可靠的全流程管理，保证内容资源在使用过程中的一致性和可溯源。

（四）适应需求，强化支撑

不同的人员对于内容资源会有不同的需求。例如，对于管理人员，他们需要知道内容资源的数量、分布、元数据、使用情况等；对于业务人员，他们需要有合适的工具可以快速找到需要的内容资源并重构来满足业务需求；对于外部合作人员，他们需要在取得授权的情况下，方便地查找、取得资源，进行费用结算，完成交易；等等。因此，内容资源管理需要针对不同的人员需求提供相应的服务支撑手段。

六、出版内容资源管理模式构建

（一）梳理内容资源

出版单位通过十几年甚至几十年的长期积累，拥有了海量的内容资源。但是，如果这些内容资源的情况千差万别，有的没有保存好，或者是保存好了但是已经没有利用的价值了，或者保存好了也能再利用但是版权已经不在出版社手中了。因此，内容管理第一步就是梳理清楚内容资源的情况，然后分类收集。

（二）数字化转化

依据相关行业标准，制定集团统一的数字内容加工标准和存储标准；在理清情况的基础上，按照同一标准格式，对集团所属出版单位的各类优质出版内容资源进行数字化加工。

（三）内容资源管理平台

建设融资源采集、资源加工、资源存储、资源管理、资源发布于一体的数字化内容资源管理平台，完成资源入库，并与已有的出版发行 ERP 系统等信息化系统无缝对接。

（四）开发利用

整合现有内容资源，实现对不同数字资源的有效管理，为新产品研发提供强大的资源保障，为运营服务提供有力的支撑。充分挖掘和利用资源价值，巩固并提升核心优势，拓展提供增值服务的多种衍生产品，拓展产业链，达到优质资源的传播最大化、价值最大化。

第二节　出版内容资源管理平台建设

一、平台概述

本系统以集团下属各单位现有的传统纸质图书的相关文件为目标，以结构化、非结构化数据为主，包括音频、视频和图片等资源，利用先进的数字加工技术，进行采集、整理、加工、分解、标引，以精细化的组合复用，适配于不同形态的产品和展示方式。

本平台包括两个层面：集团层和出版社层；有三个功能模块：资源采集子系统、资源管理子系统、资源发布子系统。集团层和出版社层整体功能模块一致，但是操作有差异，集团资源管理、版权管理不支持新建、编辑功能，仅采集各出版社的相关资源，进行推送和撤销。

（一）资源采集子系统

主要用于收集和加工数据文件。可以对主要的排版文件的数据文件进行收集管理，如 Word、方正书版、InDesign 等，同时将各种文档格式，如 PDF、Word、CHM、TXT、PPT 等进行统一的分类保存。支持断点续传等上传基本功能。本系统主要的功能包括：

数据采集。采购基于 CNONIX 标准的数据录入、采集、整理、分析、符合性测试的软件工具，开展出版端系统改造与数据规范化采集示范；搭建出版、发行数据交换小型试验系统，实现出版与发行环节的数据交换。可以实现单个或批量的数据导入，支持不同格式的数据文件、排版文件导入、上传；可以批量导入符合国际标准的 DOCBOOK、XML 格式数据。

在资源导入时即要按内容的原始形态［例如图书、图片（封面、插图）等］对数据文件进行标识，以便于检索、追溯和管理。可以对书版文件中的插图进行自动抽取，并标引出书版文件中的图注信息，最终存储在资源库中。

数据加工。数字加工系统是数字出版平台项目中数字资源的数据标准化的加工制作系统，能够对整理和加工的各种数据资源（图书、报纸、期刊、图片、动漫、音频、视频、游戏等）的各种形式的文件进行标准化处理。支持对音视频文件的基本信息进行采集、统计整理，并对音视频文件格式标引，使之与电子书各层次文件关联或者独立成为有音视频元数据的文件。多媒体编辑器集成各类数字资源，主要实现对多媒体数字产品的编辑和整合、媒体资源存储与共享、可视化编辑、元数据标引、规范验证、会话管理、认证鉴权等内容。提供结构化加工工具，包括图书资源打包工具和结构化引擎、标注工具和工作流插件。提供条目编辑器，该条目编辑器为 Word 插件（不含 Word 软件），对 Word 文档中的百科知识、学术论文等条目资源进行碎片化加工处理，并按照统一的条目分类体系和标引体系进行属性标引，形成结构化 XML 数据入库存储。提供敏感词管理包括敏感词、相似词的维护管理和敏感词过滤服务。对于导入的资源和产品能够进行敏感词在线检查和标记，提示编辑确认。为了更好地检索数字资源，系统需实现相似词汇的管理，允许自定义相似词汇，这样在通过关键字检索相关素材时，系统可以自动检索出相似词汇结果。

（二）资源管理子系统

本系统主要用于统一、规范、有效、科学地管理数据资源（包括原始数据资料和加工处理过的数据资源），这是系统的核心部分，本系统既要包含一个管理系统，同时要包含数据资源库（底层库）。本系统要对不同类型的资源信息等进行管理，对不同的应用以及不同应用的用户或者角色进行定义、管理，根据需求以及相应的权限提供查询、检索、上传、下载等功能，对各个应用的订单以及相应应用权限、用户或者角色权限的行为提供支持，并统计和监管。通过数据管理系统、版权信息管理系统等进行统一的内容整理、推送。在符合国际数据存储标准、提供充分的数据安全性、访问便捷性和业务扩展性的同时，对其不同的业务平台提供资源产品的发布支持，实现数字资源和各项目的数据交换服务。本系统主要的功能包括：

数字资源内容管理。包含资源管理系统管理基础平台和各类资源库的管理。资源管理基础管理平台主要是包括用户配置和权限管理、存储设备管理、分类体系和元数据标引体系管理、文档库及文档类型管理、业务流程管理、系统日志管理及在线用户监控。资源库按照实际需求进行搭建，可能需要搭建的资源库主要包括：图书资源库、图书版权库、图片资源库、期刊资源库、电子音像产品库、音频资源库、视频资源库、（知识）条目库、课件库、教案库、活动信息库、合同管理数据库。

检索系统。可以对入库的资源进行搜索和查询，提供多种搜索和查询方式，如按时间、分类、标引词等，并提供多维度的展现方式。根据检索方式的不同又分为统一检索、高级检索、全文检索、专业检索等子功能。

统计系统。可以对数据资源进行统计，按不同的维度、工作进展程度、使用情况等进行统计，提供多种统计方式及展现方式。支持导出到 Excel 表格。

权限管理。可以对本系统的不同人员、用户（如资源录入专员、资源审核专员、出库管理员等）进行角色定义和信息、权限管理，使用者的系统使用行为应能做到审核和追踪。根据不同的需要，可以设置不同的组，并对用户进行组的设置；或者根据用户的情况，进行权限设置。可以对设置权限后的组或用户进行管理与维护。

日志管理。能够记录访问系统各类用户执行的全部业务操作日志以及与第三方系统交互的操作日志；支持对业务操作的查询。管理用户可按时间、操作类型、用户账户、角色、相关资源等信息查询满足条件的用户操作日志。

还包括一般平台管理的通用功能，如单点登录、退出、业务流程控制、使用情况记录、消息管理、数据库管理、系统配置表管理等。

（三）资源发布子系统

本系统主要的功能包括：

检索功能。产品应提供对内容管理平台所涵盖内容的搜索功能，并支持与企业级搜索集成。系统应提供简单搜索模式和高级搜索模式。对于文档内容用户应该可以进行全文检索、元数据检索、组合检索。检索结果可以保存，供日后快速查找。可以在检索结果内进行二次检索。用户可以自定义检索界面包含哪些元数据字段。搜索结果可以展示多种视图，包括列表视图、缩略图视图，用户可以自定义显示视图。系统默认返回当前文档版本的搜索结果，也可指定全部版本。执行全文检索时，提供对返回文档的符合度的排列。搜索是可以跨文件夹和分布式存储库进行的。支持按照用户权限的设定，对用户显示不同的搜索结果。

资源的浏览。用户通过资源检索，找到需要的资源并对其进行细览页的查看，还可以在线浏览。

资源的统计。资源的统计是指系统中具有一定角色的用户登录后，可以查看系统中各种资源的加工统计情况，在进行加工的，已经发布的图书，还有资源打包流向的情况都可以通过统计的结果进行展示。

权限管理。可以对本系统的不同人员权限进行管理。根据不同的需要，可以设置不同的组，并对用户进行组的设置；或者根据用户的情况，进行权限设置。可以对设置权限后的组或用户进行管理与维护。不同权限的人对资源具有不同的访问、在线浏览、下载等使用访问控制。对于内部用户，根据其权限和级别，可以分别查看不同的资源，对于受限资源如果有需要下载或使用，需要提出申请，只有得到批准后，才能下载。具有一定权限的用户还可以对系统中的资源按统计结果展示。

二、平台系统架构

本平台采用 SaaS 化模式，由集团统一建设数据标准和集团资源管理系统，根据各社需求，为其开通资源管理子系统和分配分社管理员账号，所有系统均部署在云端。出版社在子系统中管理本社资源、标引版权、上传版权收益数据，集团系统采集各子系统的信息，得到全集团资源统计情况、版权经营情况信息。（见图1）

集团同时在统一全集团版权信息的基础上，对外进行版权服务，供合作商检索查询集团产品、申请合作等。

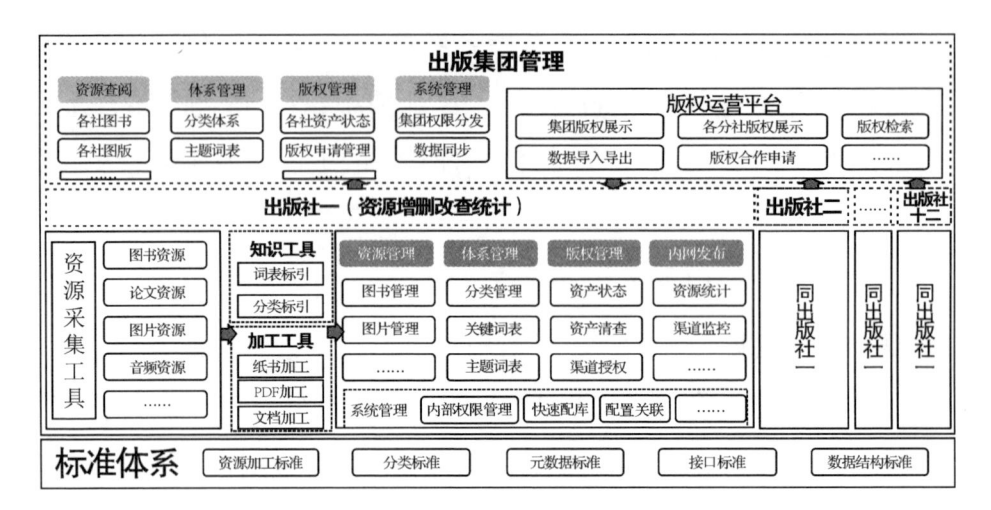

图1 出版集团资源管理云服务系统

三、平台实现方法

（一）资源采集加工模块实现

资源采集加工模块主要是遵循出版内容资源的数据标准以及结构化加工标准，对出版单位的各类内容资源进行标准化、规范化的收集和加工，是整个平台中最基础的子系统，它是出版内容资源管理的第一步。

本模块要求可以对主要的排版文件的数据文件进行收集管理，如Word、方正书版、InDesign等，同时将各种文档格式，如PDF、Word、CHM、TXT、PPT等进行统一的分类保存，支持断点续传等上传基本功能。

1. 成品素材资源采集

对于所需要的图书、图片、音视频、文档等资源进行采集，并存入到管理平台中。

平台为用户提供一种整理、采集、上传、管理资源文件的智能化的采集客户端，用户选择要进行采集成品或素材资源的数据文件，采集客户端就会通过 FTP 服务把资源上传到文件服务器，其中成品中的资源文件也可以作为素材存放在其他资源库中。

采集客户端提供在线工作模式和离线工作模式，主要功能如下：

自定义资源采集模板。根据出版社的资源类型各不相同，各种资源所包含的文件目录、文件类型也不尽相同，系统允许用户自定义配置采集资源模板。可以实现单个或批量的数据导入，支持不同格式的数据文件、排版文件的导入、上传。

相关资源入库后自动建立关联关系。图书、图片等资源入库后，相互建立关联关系，不再是各自孤立地管理起来。

支持离线采集、在线采集两种工作模式。采用 FTP 上传，局域网内大文件或大文件夹上传，速度达到 5Mb/s；采用类似 Windows 资源管理器操作界面，支持文件拖拽选择，拥有良好的易用性。

2. 资源标引

为了方便存储和检索，需要对数字资源进行属性标引，系统提供对不同的数字资源进行属性信息标引。

批量标引。如果多个数字资源具有相同的属性信息，可以进行批量标引，节省了单个标引的工作量。

复制标引属性。除了标引和批量标引，还提供了复制标引属性的功能，能将某个数字资源的标引属性复制到另一个数字资源上。

图书元数据标引信息。图书元数据信息包括书名、ISBN、作者、版别、版次、出版年月、开本、内容分类、类型分类等。

图片元数据标引信息。图片名、图片标题、图注、图片关键词、图片分类、图片属性（照片、绘图、地图、示意图、图表）、图片来源、大图小图的对应关系、图片格式（矢量、非矢量）、图片授权时间、图片授权类型（委托创作、有电子版权、无电子版权、无合同、社外资源）。

多媒体元数据标引信息。音频资源标引信息包括名称、分类、载体类型、文件大小、ISRC/ISBN、时长、配套图书、物料号、版权信息、出版时间、录音人等。

视频资源标引信息包括名称、分类、载体类型、文件大小、ISRC/ISBN、时长、配套图书、物料号、版权信息、出版/制作时间、封面、载体、制作人等。

碎片化文档标引加工。出版社有大量的文档资源，通过结构化加工生成的碎片化文档入库，并且保持与成品资源的关系。经过标引、审核、发布进行浏览、批量导出应用。碎片化文档的内部结构建立在自定义的 Schema 基础之上，该碎片化文档的 Schema 同时作用于碎片化文档管理、Word 结构化编辑。基于 XML 的碎片化文档内容结构标准，统一的存储、浏览、导出形式。同时支持自定义内容结构标签扩展，针对不同类型的资源采取不同的内容结构标签模板。通过 Word 条目编辑器加碎片化文档，也可以对资源管理系统中已有的碎片化文档进行结构化加工。结构化标引是对文档中的内容按照相应的结构进行标引。将相关的内容标引完成后，形成结构化内容的机构树。

3. 入库后资源审核

审核人员可以对标引完成提交审核的资源进行检查，检查通过后发布该资源。如果检查结果出现问题，则可以将资源进行回退到待标引状态下，并能查看回退原因，重新进行标引。已发布的资源如果有问题或错误，可以撤销发布到待审核状态下进行修改。编辑的操作将在系统中留有记录，记录可以导出。

同时，系统可设置标引—审核—发布流程的权限控制，编辑可依据其具体权限对数据资源进行添加、删除、修改、查寻、审核及批量操作。

4. 资源对象唯一标识

在内容资源管理上，出版资源管理子系统采用规范的数字对象唯一标识符实现对数字对象的管理，构建资源整合及互操作服务的基础。数字对象唯一标识能够基于实际应用需求，根据规则与 DOI、CDOI 进行对应，奠定数字资源全球化、国际化的发展基础。数字对象唯一标识符能够定制自定义编码语法规范，对前缀、后缀及其各个节点进行明确定义，并对唯一性、语法、特殊字符、可用字符、编码的使用和显示等内容进行定义。

每个资源入库后，系统都会生成一个唯一的编码，作为该资源的唯一标识，以后不管该资源用在哪里，都能够追溯到系统当中。唯一标识的统一编码将包括资源类型、宿主资源信息、资源版本信息等内容。通过唯一标识，当用户引用的内容有更新时，系统可及时提示用户，使得变化的内容在不同引用处同步更新。

在进行多渠道、多终端设备自适应动态发布的时候,通过唯一标识及动态管理链接,当系统将内容信息组装成数字产品时,所有内容间的引用链接将通过唯一标识被检验其有效性,确保所有重用内容的准确、有效、一致及为最新版本。

(二)资源管理模块实现

资源与管理模块用于统一、规范、有效、科学地管理数据资源(包括原始数据资料和加工处理过的数据资源),这是整个系统的基础核心部分。资源管理模块对采集、加工之后的资源进行入库流程管理及条理化、体系化的存储,并提供资源查询、检索、全文阅读以及附件审批下载、资源统计的立体化管理服务。资源管理模块可以根据资源类型进行管理,如图书、音频、视频、图片等,也可以根据数字产品形态进行管理,如电子书、有声书、视频课程等,具体可根据需要设置资源库。

1.资源存储管理

元数据管理。存放所有原始资料(排版文件、图书、文本、图片、音频、视频等资料)的元数据信息,是实现各种资料统一管理的基础。

图书资源管理。对于出版社现有的特色品种图书资源可以管理相关资源文件,包括封面、插图、排版文件、Word 文档、HTML 文档及 TXT 文档、电子书、有声书、合本 PDF、全文 XML 数据、PDF 数据等。管理图书详细信息包括该本图书的详细属性、目录、文前辅文、附录、新闻报道、编辑推荐内容等。按内容类别划分如下:

图书基本信息:基本信息、扩展信息、丛书简介、分类、关键词等。

图书精编信息：目录、前言、后记、简介、编辑推荐等。

图书宣传信息：封面、宣传页、书评、书讯、宣传记录等。

数字样书信息：排版文件、电子书文件。

图书数字化信息：图书扫描的图片文件（TIFF 格式）、图书文本 XML 文件、压缩后的图书 PDF 文件等。

图书附件资源：图书相关的附件资源。

图书的内容资源：章、节、目录内容。

图片资源管理。图片资源管理主要管理各类图片资源。图片又根据来源的不同，细分为封面库、插图库、素材图库和摄影图库。图片文档资源包括出版社内图书相关图片文件，包括封面设计文件（JPG、TIFF、EPS、PDF、INDD 等）、插图、直接数字化图片文件、照片文件。除采集上传外，图片库自动收取图书库、期刊库的封面、插图图片，并与图书、期刊建立关联关系。

多媒体资源管理。多媒体资源管理主要管理音频、视频、动画等资源。多媒体又根据资源的类型，细分为音频库、视频库等。操作和图书资源一样，但是多媒体多一个转码、抽取封面的功能，程序将上传的各类主流格式统一转换为 MP4 进行在线播放，如果没有上传封面，则会抽取第一帧作为封面。

文档资源管理。管理一些出版物相关文档内容或素材文档资源，提供基本数字资源元数据信息，包括资源唯一标识、资源名称、基本信息、标题、资源类型、资源分类、资源来源、资源用途、关键词等项；可以管理 PDF、Word、TXT、PPT 等各类文档内容，提供文档内容的在线浏览。同时提供灵活的自定义元数据描述项，可供用户根据需要自由定义。

知识条目资源管理。对于不同特色品种的图书资源，将不同图书中的条目或需要条目化的内容通过系统进行拆分，对条目的属性分类进行标引，最终存储在内容管理平台中进行应用。基于XML的条目内容结构标准，统一条目的存储、浏览、导出形式。同时支持自定义图书内容结构标签扩展，针对不同类型的图书采取不同的内容结构标签模板。

附件管理。数字资源的说明文档、排版文件或其他相关文档资源等可以作为附件上传到资源库进行管理。音视频资源文件可以上传相应的台本文件进行管理。如果上传的文件有问题，可以进行文件的替换。

设置关联。针对入库的数字资源，系统提供了可以和其他成品资源或素材资源手动建立关联关系。通过检索条件，检索不同类型的资源，找到需要设置关联的资源。用户选择一个或者多个资源，设置"添加ISLI关联"，建立资源之间的关联关系，生成内部ISLI编码。

2. 资源导出管理

资源导出功能可以对资源库中加工完成的数据进行批量导出，导出的格式为XML和附件的形式。导出该资源均为标准格式，可以直接适用于自建网站或第三方数据运营平台。

可通过设置导出模板，导出资源栏目中查询要导出的资源。通过提交导出申请进行审批，审批通过后方可导出相关资源内容。

系统支持的资源类型导出格式如下：

图书、多媒体、图片等导出 XML 或 Excel（图书属性信息）和附件的形式。

条目资源导出 XML、Word、TXT 的格式。其中 XML 格式支持结构化导出，如论著只导出标题和摘要等。知识条目支持导出 Word 格式，该 Word 格式的知识条目可以进行直接编辑使用。

元数据以 SqlServer、Excel 格式导出。

3. 版权管理

在资源管理中，可对资源的版权信息和版权合同文档进行管理。从该资源所在的库中标引相关的版权信息、上传版权合同文档。版权信息和版权合同保存在版权信息库中，同时自动建立与资源的关联关系。

系统支持对图书、图片、多媒体资源等加载权利信息和著作权登记信息，形成版权资产库。对版权资产库的版权资产的状态进行实时的查看和管理，确保版权资产库中的版权资产信息及时更新、描述准确。

版权管理提供对系统资源的版权信息的统一管理和维护，系统中的资源通过对版权对象加载权利信息和著作权登记信息，形成版权资产和资产库，以及资产对外授权产生的收益管理。整个模块分为资产管理、对外授权、第三方渠道、授权模板、收益明细、收益统计、收益映射规则七大功能。

资产管理。作者及其版权代理人对出版社的授权管理，使得存储的资源版权清晰，对外授权或版权快到期时能进行提醒。资产管理是版权管理的基础和重点。

对外授权。出版社对亚马逊、京东等第三方渠道进行授权，可按授权批次和资源的维度进行查看，授权时，会根据资产对应的授权信息进行风险提示。

第三方渠道。管理第三方渠道的信息，包含渠道名、联系人、联系方式、合作方式。

授权模板。主要管理作者授权以及对外授权模板，方便操作人员快速录入作者授权信息以及对外授权信息。

收益明细。分为原始明细和汇总明细。原始明细指出版社按合作渠道汇总每月或每季度渠道返回的收益信息；汇总明细指将不同渠道的收益明细按照统一的映射规则进行汇总。

收益统计。提供按收益概览、编辑、资源三个维度的统计，应对管理人员、运营人员和编辑等干系人的需求。

收益映射规则。设置不同渠道的收益明细和汇总明细之间的对应规则，以方便操作人员只要导入一次原始明细，系统将自动将其按规则导入到汇总明细中。

4. 资源统计

对于出版单位，库中资源的数量统计，资源的浏览、下载情况统计等统计信息非常重要。资源统计功能可以帮助用户对出版社目前的资源利用趋势、资源收集趋势等信息进行一个清晰直观的了解。通过资源数量统计功能对社内的各种资源有一个整体了解，通过浏览次数和资源下载情况的统计，可以了解大家感兴趣的内容，对资源的利用率有一个整体的把握。

对资源数量统计。以库为单位，统计每个库中的资源数量情况。按分类统计指定库中的资源数量情况。可以选择统计的时间段。

对资源浏览、下载情况进行统计。以库为单位，统计每个库中的资源浏览、下载情况。统计指定库中的资源下载情况。按分类统计资源下载数量和下载走势，可以根据结果分析哪些分类容易被使用，哪些分类正逐步走向畅销。

对资源下载用途统计。可以选择统计的时间段。以库为单位，统计每个库资源浏览、下载的排行统计。

5. 资源管理基础平台

系统提供对组织机构、人员、角色的管理。组织机构通过树形的方式进行展示，清晰表示出结构层次和人员关系，同时可以方便地对人员的名称、登录账号、邮箱、地址、角色、登录密码等进行修改。

系统根据业务情况，预置各种流程中所需的角色，角色名称可以根据具体情况进行定制化修改。角色和人员的关联关系通过列表展示，可以对人员进行角色授权和回收角色的操作。

用户管理。管理登录系统用户的登录账号、密码等基本信息。

用户组管理：所有的用户都归入相应的组或部门，一个用户可以归属于多个组。当用户权限发生变动时，只需要修改部门的权限设定即可。通过用户层次化管理和角色自定义，进行用户的统一管理。

角色管理：角色的设置按照整个系统的工作流程中的各个环节分配设定，系统根据工作职能分配给指定用户一个或多个角色，角色集的设定限制了用户对系统的使用范围，增加了系统的使用和管理上的安全性。

权限管理。设置不同用户登录资源管理系统的权限，通过组、角色、用户三个维度定义与配置出版资源访问权限。

角色权限：各种权限都是设置在角色上的，通过不同的角色来控制系统的使用。

平台级权限：系统提供系统级权限，分别是栏目权限、流程操作权限、分类权限。

应用级权限：基于资源管理平台开发的上层应用系统可以自主定义自己的权限设置功能。人员离职时，可将其权限回收，保留账号，这样既可以保障系统安全，离职人员不再能进入系统，同时又保留了其账号之前的行为记录，供一定时间内查询。

分类体系管理。支持对内容对象按照《中国图书分类法》等标准进行分类描述，提供分类导航。管理员通过操作标准分类类型管理、分类扩展属性管理、分类结构树进行管理。支持不低于四级子分类，分类支持排序，支持 XML 格式导入导出，允许编辑、新增。

日志管理。对系统本身的运行情况、用户操作情况、第三方系统交互情况进行全面监控、记录，形成日志。系统运行情况日志具体包括系统运行日志、系统安全日志、数据出入库日志、数据操作日志、系统管理员操作日志。用户操作日志包括用户登录日志、用户浏览或下载日志、用户其他操作日志等。管理员可对日志进行查询、导出等操作。

（三）资源发布模块实现

资源发布模块为用户提供了资源检索、浏览、下载等应用服务。

1. 资源浏览

系统提供资源检索结果的在线浏览，可在线浏览资源元数据信息及资源文件，并且资源展示呈网状关联关系，支持以某一资源为中心关联其他资源。图书、图片、期刊、音视频等内容可做到资源浏览并下载。

在线浏览格式支持 PDF、EPUB 等文件格式，MP3、MP4 等音视频格式以及 JPEG、JPG、PNG 等图片格式。

2. 资源检索

资源检索主要功能是为用户更快速更方便地检索到所需要的资源，平台提供跨库检索、简单检索、高级检索、分类检索等多种检索形式。

跨库检索：发布模块提供了跨库检索选项，从标题、作者、入库时间、关键词、书号（刊号）等共有属性对全库所有资源进行检索，找到用户需要的资源信息。

简单检索：除了跨库检索，用户还需要在某个栏目下具体地检索某一种资源，所以每个栏目的上方提供了简单检索框帮助用户快速查找某个资源。简单检索还支持模糊匹配、通配符匹配、在结果中检索等。其中参与简单检索的字段允许用户在系统配置的自定义属性界面进行配置。

高级检索：高级检索是为了帮助用户更加精确、快速地定位到某个资源，其中的高级检索项除了设置的默认检索字段外，在高级检索页面可以选择增加任意用户设置的允许高级检索的字段。

3. 资源导航

资源类别导航：导航分类内容及标准由内容管理系统中的资源分类决定，分别包括资源库的图书、文章、图片、多媒体、条目等，不同分类对应不同资源，也可根据业务分类或使用场景分类所有资源使用同一套分类导航体系。

热门导航：考虑到用户访问情况，可做热门排榜推荐，包括热门文章、热门图片、热门音视频等。

年代导航：由于不同的图书、文献、图片记载着不同年代的资源内容，系统支持以年代进行导航，例如以明、清等时代作为导航的条件。

第三节 出版内容资源管理愿景分析

一、技术难点分析

（一）云平台的构建

SaaS 模式的构建需要解决以下几个问题。多租户模式对应用的功能和性能有更高的要求；用户需求的获取是 SaaS 应用的基础，如何对用户需求进行有效的整合和挖掘，从而合理设置业务的灵活性；需要向用户提供方便快捷的数据存储、访问和下载服务，满足大规模并发访问的需求；需要随着业务的增长，在用户量和访问量持续上升的情况下，实现系统的可伸缩性，保持可接受的性能；需要具备分布式架构和多副本的容错机制，提高系统的可靠性；需要保持数据的空间独立性（物理独立）和结构独立性（逻辑独立）；在多用户并发访问的情况下保持业务与数据的一致性；在实现物理资源、基础设施、数据资源共享的同时，针对性能、安全性和其他方面的需要，实现资源的隔离性和独立性；需要支持多租户隔离、用户认证、数据加密等安全机制，以确保数据安全。

（二）元数据标引技术

为了能够准确记录和展示内容资源的属性信息，方便对内容资源的查询、检索和重组，需要对内容资源的自有属性、业务属性、语义属性等，采用 XML 语言对这些元数据按照相应的结构进行描述、标识。将相关的内容标引完成后，生成 XML 描述文档。标引信息的准确性、多维性，直接影响对内容资源的评价和利用。

（三）ISLI 标准的应用

ISLI 是国际标准关联标识符的简称，ISLI 标准提供了资源定位、标识、关联等功能，通过应用 ISLI 标识符编码嵌入技术为内容资源及资源之间的多种关联关系分配标识符，能够支撑资源的身份识别、管理、检索等应用。但是 ISLI 标准在内容资源管理中的应用还刚刚起步，还处在探索阶段，还缺乏成熟的可以借鉴的经验，还需要我们在实践当中加以完善。

（四）应用层的工具

单纯依靠人工处理海量的内容资源是不现实的，因此我们需要一系列应用层的工具。如文本、图片、音频、视频等各类非结构化数据的抽取、转换、整合工具；文本挖掘与语义标引工具；资源格式转换工具等。这些工具的适用与否直接影响我们对内容资源的管理效果。

二、推进障碍分析

（一）管理观念有待转变

很多出版单位受到管理能力和经验的限制，对内容资源管理的重要性和紧迫性认识不足，不够重视。领导层对内容资源管理的支持和认同是政府和舆论推动的，往往停留在表面和空头。对于内容资源的整合利用存在怀疑和恐惧心理，缺乏足够动力，没有建立相应的管理规范和制度，未建立长远的发展规划。

（二）资金投入不足

内容资源管理系统建设基础条件高、建设周期长、前期投入大，需要长期而巨大的资金、人力等资源投入。一方面，很多出版单位的主要精力和投入的侧重点依然放在传统图书出版领域，仅靠申请国家资金支持，实在捉襟见肘；另一方面，资金投入分散，难以形成规模效应，盈利模式模糊导致效益不佳，投入产出比严重失调。

（三）标准规范不一

目前，出版单位内容资源的标准化工作严重滞后。内容资源收集工作开展时间较短，相关制度不完善，大量内容分散在不同部门、不同企业，未能实现统一管理。集团的导向和协调作用发挥不充分，出版单位分别建立各自的内容资源加工标准，造成内部数据格式和标准不统一，信息不能互联互通，内容资源整合难度加大。

（四）版权控制不力

传统出版单位版权积累意识淡薄，通常只有纸质书的出版权，没有网络传播权以及改编权。即使拥有网络传播权和改编权，版权期也比较短，通常只有 3~5 年。相关的版权保护法规滞后，对内容版权界定不清，网络授权纠纷频现，导致内容资源运营成效不佳，直接影响到出版企业整合内容资源、拓展内容运营方式的积极性。

三、平台优势分析

SaaS 化模式降低了整体投入，免去了各出版社购买传统本地部署软件或者构建自己的本地部署软件的成本，还可以灵活根据自身业务需要扩大和缩减支出。同时，降低了系统部署和后续不断升级的难度，更好地满足企业的发展速度和业务变化的需要。

ISLI 标准的应用，有助于提高内容资源管理水平，使得平台能够对内容资源进行全流程、跨媒体、跨平台的跟踪管理，在资产管理、版权保护、产品营销、流通交易、用户管理等方面提供支持。将来，可以发挥各种 ISLI 应用标准编码的定位作用，实现对产品运营期间的追踪，在版权保护与版权资产管理、产品的流通交易、产品的营销、用户的管理等方面，从技术上为实现出版企业内容资源的资产化管理、知识化应用、全媒体融合出版奠定了基础。

由集团牵头，统一规划各社的资源管理系统与集团资源管理系统。和传统平台相比，该平台由集团统一规划，统一服务商提供，数据接口稳定性更好，数据采集标准、人员权限和机构设置上更规范，标准统一，管理效率更高，整合效果更好。

四、行业经典案例

1. 中原出版集团

（1）项目综述

该项目是中原出版集团出版数字化过程中奠定基础的重要项目。通过本项目主要完成建立统一的数字出版资源库，以内容资源作为核心，使整个运转过程围绕内容资源的创造、转化、保护、更新和增值进行。帮助出版企业实现出版资源管理的数字化、知识化、可管理、再利用的目标。

（2）系统结构

该项目采用模式是集团建设一套资源系统，给分社分配账号权限，各分社用账号登录系统上传本社资源，各分社通过账号套系隔离与权限设置，只能看见本分社相关资源，集团管理员可以看见全集团资源。

本次建设内容主要包括以下方面：

第一，数字内容投约稿系统（约稿和投稿平台）。图书作者上网在线投稿，编辑在线约稿，选取较好的作品与作者签订数字版权。为后续的在线出版服务及电商网站销售对接提供技术支撑。

通过建设数字内容投约稿系统，实现集团统一的对外投稿、约稿等专业服务，加强集团对下属各单位选题情况的及时了解和政策引导，实现面向作者、读者、集团和下属出版社人员的服务平台。

第二，数字内容资源管理系统。统一管理下属各个子出版社的数字出版资源，实现内容资源的收集、加工、整理、入库、标引、存储一体化。为后续的多元发布和跨介质出版提供数据支持。

通过建设数字内容资源管理系统，从集团层面集约化管理下属各出版社的数字成品资源，建立统一的内容资源库，实现内容资源的收集、加工、整理、入库存储和管理，为集团对数字资源的整合和优化提供服务。

2. 广东出版集团

（1）项目综述

系统建设的总目标是将积累的各类资源全部实现数字化，建立统一的内容资源管理平台，对出版资源实现格式规范，统一管理，方便资源的检索、重构与共享，并依据此内容做好运营，提高资源的传播效率，旨在打造一条基于互联网的资源数字化生产加工链、传播链。实现出版集团的资源采集、内容加工、营销运营等业务需求。

（2）系统结构

该集团采用通过数据接口对接各分社的 EPT 系统的模式，采集各分社资源，在这基础上，集体建设统一的资源管理系统。

（3）系统组成

数字资源收集与加工系统。实现对出版社的所有内容资源的信息进行采集和加工，对排版文件、影音文件、图片文件和其他出版资源数据文件进行收集和结构化处理。半自动实现资源内容结构化、碎片化加工和管理，支持人工调整的二次标引。支持方正书版、方正飞腾、Word、InDesign、蒙泰等多种格式的结构化处理。支持纸质资源扫描处理成 PDF 文件之后的结构化加工。支持 HTML、PDF、Word、EPUB、XML 等多种标准文档格式输出。

数字资源存储与管理系统。本子系统主要用于统一、规范、有效、科学地管理素材资源（包括数据文件和碎片化文档），这是系统的核心部分。本子系统要求能对资源实现内容、结构、样式的分离，同时三者之间既要紧密联系，还要保持相互独立性。本子系统的管理系统主要用于管理素材库，素材库是底层数据库。本系统只供有权限的人使用，不对外公开。

数字内容营销管理系统。数字内容营销管理系统是服务于广东省出版集团数字出版有限公司资源运营的需求而针对集团的运营体系和资源构成进行资源内容的有效管理，促使资源内容的有效管理和信息化，提升资源的利用能力。在数字内容营销管理系统中，其核心是对广东省出版集团数字出版有限公司资源的版权信息和版权合同文档进行管理。集团下属各出版单位可以通过授权的功能，将符合授权类型的内容资源向数字出版公司开放，同时也提供授权期限的管理。数字出版公司也能够对对外授权的记录信息进行管理，提供检索、报表和到期预警的功能。

数字运营平台。基于集团各出版单位的已有相关资源，实现内容的管理，并通过系统前端展现，满足集团及各出版单位人员对相关资源的日常管理、检索、下载、共享、存储、备份等在线管理与服务的需求。应包含电子书城、电子商务、CMS 发布、信息推送、同一用户认证等模块，根据发布形式不同分为 WEB 发布、移动发布等。

3. 湖北长江出版传媒集团

（1）项目综述

湖北长江传媒数字出版有限公司是国内最早的由出版集团设立的专业数字出版公司之一。公司致力于成为专业的数字内容服务提供商，建立数字内容服务产业链，为顾客提供多方面、多层次服务。公司立足于数字出版，为长江出版传媒集团下属8家出版社、24种报刊提供数字化服务，并基于长江出版传媒集团丰厚的出版资源，开展网络原创与数字版权运营、数字教育服务、移动应用开发、信息系统规划等业务。

内容资源库项目旨在通过资源采集加工系统将积累的各类资源实现数字化，建立统一的内容资源管理平台，对出版资源实现格式规范，统一管理，方便资源的检索、重构与共享。并依据数字内容做好运营，提高资源的传播效率，旨在打造一条基于互联网的资源数字化生产加工链、传播链。实现出版集团的资源采集、内容加工、资源检索、营销运营等业务需求。

（2）系统结构

该项目采用的是集团建设一套资源系统，给分社分配账号权限，各分社用账号登录系统上传本社资源，各分社通过账号套系隔离与权限设置，只能看见本分社相关资源，集团管理员可以看见全集团资源。

（3）系统组成

资源加工、管理平台。基于集团各出版单位的已有图书、期刊及其相关资源，自主采集、加工、入库、存储、发布等，实现图书内容的管理，并通过系统前端展现，满足集团及各出版单位人员对相关资源的日常管理、检索、下载、共享、存储、备份等在线管理与服务的需求。

图书资源规范化管理（一书一档）。管理图书的所有资源文件，包括 PDF 文件、排版文件、封面、插图、配套课件，在图书与其资源间建立相关性，从图书可以查找到其相应的封面、插图、音频、视频等资源信息。同时为每种资源建立独立资源库，实现资源分类管理。

实现机构权限分级管理，工作流程化。图书资源库可以灵活地设置用户权限，简单、灵活地自定义工作流程，实现各出版社之间或者各出版社内部不同角色对资源进行权限的控制，实现对内容加工、审核、发布的流程化管理。

实现内容的碎片化，便于检索与阅读。通过图书后台自主加工、标引，实现内容的碎片化入库，并通过前台平台展示，提供包括快速检索、全文检索、跨库检索、高级组合检索等多种检索方式，实现图书的快速检索和在线阅读，并按照出版社要求导出需要的文档格式。

实现不同资源格式类型的转换，以满足不同资源应用需求。提供资源转换工具和转换工作流程管理平台，帮助出版社顺利完成不同类型资源的转换工作。

数字运营平台。运营平台通过调用资源管理系统的数据接口，为用户提供在线阅读服务，为集团对外数字出版的拓展与应用提供数据及平台支撑，实现网络阅读、移动阅读等内容资源标准化发布。实现内容资源管理系统与已有系统或未来系统图书展示平台的对接；满足图书的在线预览、图书目录索引等功能；实现运营平台的电子商务管理，满足网络运营需求。

第五章
出版内容资源的重构与开发

本章重点讨论在融合发展的大背景下，出版内容资源在解构和重组的基础上进行多次开发、多元开发的可能性和路径，研究国内国际出版业关于内容资源重构与开发的探索与实践，以及基于陕西的内容资源现状，陕西省内出版发行行业的领军企业——陕西新华出版传媒集团"十四五"期间立足新发展阶段，贯彻新发展理念，构建新发展格局，如何实现对陕西丰富的文化资源以及已有的内容资源进行重构与开发。

第一节　内容资源的重构开发思路与问题

2014年8月，中央全面深化改革领导小组第四次会议审议通过了《关于推动传统媒体和新兴媒体融合发展的指导意见》；2015年4月，国家新闻出版广电总局印发《关于推动传统出版和新兴出版融合发展的指导意见》；2018 年 11 月，中央全面深化改革委员会第五次会议审议通过了《关于加强和改进出版工作的意见》。以上文件均对媒体融合、出版融合发展做出了重要部署和安排。尤其是《关于加强和改进出版工作的意见》作为当前及今后出版工作的指导性、纲领性文件，对推动出版融合发展提出了明确要求，各省也出台了相应落实举措。

一、内容资源重构开发的思路

主要思路是抓住数字化转型升级机遇，加强统筹规划，学习新技术，运用新思维，以优质内容为依托，深度挖掘传统纸质图书中有价值的内容，实现图书内容的一次出版、多次开发，推动优质内容资源融合传播。而且在实践层面，中央、部委、各省、高校和民营出版单位几年来也一直在加快出版融合发展步伐，积极探索出版融合的道路，取得了可观的成果。因此，我们文章中有关内容资源重构与开发的讨论，就必然也必须在出版融合发展的大背景下进行。

资源的重构与开发，是生产者根据市场规律，为最大化优化内容产品结构与效能，对已有信息要素的重新定向和组合。

出版内容资源的重构与开发，是出版单位、出版内容提供商根据图书、文化市场的发展规律，对已有图书、影音、（互联网）多媒体信息资源的再利用、再吸收、再加工与再盈利的过程。

互联网时代的到来，加速了融合发展的进程，"互联网+""出版+"已经造就新形势，创建新格局，数字技术的转型与升级打破了出版与其他文化行业的壁垒。出版市场将有更广阔的发展空间，同时，也意味着激烈的跨行业竞争格局的出现。出版内容资源的重构与开发，是图书市场发展的必然结果。

技术层面的不断更新，将消费者对文化层面的需求提升到了新的量级。传统文化要素的传播结构、非感官式的抽象呈现方式，削弱了其对新兴数字产品的竞争力，使传统出版格局处在一个不利的位置。然而，我们要看到的是，无论科技如何进步，文化产品的核心依旧是内容要素。网络上曾有这样一句话："技术只会越来越傻瓜，不会越来越复杂，只有内容这种有点玄的东西，反而需要我们格外动脑筋。"英国学者迈克尔·巴斯卡尔在《内容之王：出版业的颠覆与重生》一书中这样定位"内容"："在我们的生活中，内容无处不在。因为我们生活在一个信息时代，也可以说我们生活在一个内容时代。内容已经成了统治者：内容与环境和社交媒体在这场对关注度的争夺战中展开厮杀，并且再次称王。"因此，只有把内容摆在一个战略的高度，我们才能赢得未来的竞争。

在互联网浅文化传播过剩的今天，我们已经清楚地认识到，在新兴技术的影响之下，如何发掘和重构有意义的、优质的内容资源，使其更有效地产生传播力和市场效应，才是目前应该思考的关键。

传统出版具有大量的原生内容要素和长期的文化内容挖掘经验，根据内容的需求，利用长期的从业实战经验和文化挖掘能力，对内容进行解构与有机重组，将会使传统出版行业焕发新的动力。故而从出版单位的角度来说，对内容资源进行重构与开发，是未来出版行业发展的基础，同时，也是传统出版行业在新兴市场焕发光彩的关键。

二、内容资源的重构与开发的不足与差距

虽然我们已经意识到内容资源重构与开发的重要性，但是传统出版想要达到与新兴文化实现亦步亦趋的发展频率，仍有不小差距，仍存在诸多短板。传统出版行业的文化资源发掘方式根植于传统文化——这是一把双刃剑。一方面，这意味着传统出版行业能够对传统形式的文化要素进行深耕细作；另一方面，过于固化的发掘方式也限制了新技术对出版行业的推动和发展。这使得出版行业在新的发展格局之下难以变通，与市场中产生的新文化产品存在着不同维度的竞争弱势。

此处，我们可以将陕西新华出版集团作为地方出版集团的典型代表，从其旗下各出版社的实际案例中窥见地方出版单位在内容资源重构与开发中的短板与不足。

（一）培育品牌能力较弱

多年来，在陕西新华出版传媒集团的统筹谋划下，依据各出版社的基础和专业方向制定了不同的产品线发展规划。目前，集团旗下各出版社已在原有出版资源的基础上，形成了各自的产品特色，如陕西人民出版社主打红色文化、哲学社会科学类图书、"饕书客"系列市场化图书，陕西人民教育出版社"举一反三"奥数教辅类图书，未来出版社的"猫武士"、乐乐趣少儿立体书，陕西科学技术出版社的医学专著，陕西人民美术出版社的书法绘画类图书，三秦出

版社以《陕西金文集成》为代表的文物古籍图书，太白文艺出版社的"当代陕西文艺精品"系列，陕西旅游出版社的"人文陕西"系列，等等，均具有一定的市场口碑，但产品特色仍不鲜明，品牌价值尚未凸显，品牌矩阵没有形成，市场化程度不高，畅销长销品牌规模较小，具有很大的提升空间。

这种局面的出现，有传统出版单位人力、物力、财力资源配置不合理的原因，也有从上至下治理体系和治理能力的不足，更有传统出版单位各个层面观念认识上的差距。但我们从内容资源的重构与开发角度来说，各出版社策划研发新品种时，对其出版产品的延伸和后续的盈利模式缺乏考虑，对产品与消费者之间的联系纽带存在认识上的不足，导致"穷立新品，而不知培养"。这种状况在以往出版行业中是可行的，然而，当互联网和数字出版内容出现之后，在新兴自媒体内容无限扩张，跨界夺取资源的情形发生后，没有形成品牌影响力的传统出版产品，将无法拉动有效的关注效应，进而无法在特色书店、电商平台以及各类因新媒体应运而生的社群平台中占有显著的位置，从而使传统出版形成"无名、无势、无盈利、无动力"的局面。

（二）优秀存量资源流失严重

传统出版业是我国目前文化产业的基础，也将是未来我国文化产业发展的支柱型产业，全国文化企业30强中有将近一半席位被出版发行企业占据。出版企业是国家支持认可的宣传思想文化的主阵地，既是我国悠久历史文化的发掘者，也是现当代优秀文化的记录者，更是中华文明的传承者。

但是，目前许多传统出版单位存在着优秀存量资源流失的局面。

一是长期积累的优质选题资源的流失，如陕西出版内容资源中重要一极——一直在全国占据制高点的唐代历史文化研究的选题，近十多年来，由于缺乏维护和开发，已逐渐被中华书局、上海古籍，甚至河南、山西等地方出版社蚕食。二是优秀作者资源的流失。最典型的例子是陕西本土作家——号称"文学陕军"的代表人物们都把目光锁定在人民文学出版社、作家出版社等级别的出版社；学术出版领域非但诸多外省籍优秀学者、专家不再光顾陕西的出版社，省内诸多高校学者出版学术专著的出版社候选名单里陕西的出版社也寥寥无几。

这种局面的出现，一方面是因为陕西本土出版社无法为作者及内容提供者提供优质的服务和优厚的报酬，作者自然另谋高就。另一方面是因为管理维护不善和开发利用不足，无法保证作者的智力成果在市场上、社会上保持长久流通力和广泛的影响力。

长此以往，形成了新产品投入减少，存量资源不断丢失，生产、流通和盈利链条发生恶性循环。

（三）选题策划与开发能力不强

市场是反映供需关系的。与20世纪八九十年代呈现的文化市场不同，目前新的文化市场要求策划者具备较强的推广能力、较高的价值传播能力以及社会影响能力，这就对文化产品的选题策划者提出了更高的要求。然而，传统出版编辑对于出版信息的收集与加工，很多时候无法打破行业间的壁垒，对于新兴市场的融合趋势以及科学技术进入文化行业的现象不敏感；对于出版产品的投资方式与新的盈利模式缺乏学习和了解，使出版社所生产的产品在内容上传播力不足；在开发方式上单打独斗，无法形成规模效应；在盈利模式上过于保守，无法与强烈的消费需求和体验式消费习惯匹配。

这种状况重点反映出企业和人的问题。出版单位在编辑人才队伍引进、培养和培训工作上有所欠缺，也折射出传统出版单位编辑人才队伍自身在认知和工作习惯上的惰性。当然，这种惰性是多种原因造成的，既有企业管理层面体制机制的因素，也有传统出版单位对教育类产品的过度依赖，等等。诚然，选题策划和开发能力不强的问题不仅仅是陕西的问题，也是全行业的问题，但选题策划和开发能力要不断激发和鼓励，要学习和实践，要试错和纠错是毋庸置疑的。近年来，出版行业内"首席编辑制""策划编辑制"等鼓励激励机制广泛应用，把策划编辑和文字编辑区分开来，根据个人能力和职业追求培养和任用，可能是一种有益的尝试。

（四）内容资源的深度开发效果不佳

除了企业和个人的能力问题，新技术带来的市场变革所催生的新格局，是市场与科技发展的必然结果，在如此趋势之下，解构重组，对资源进行新的开发成为必然趋势。

所谓内容资源的深度开发，主要应针对这样几点：其一，找准市场立足点，从读者需求角度切入；其二，从单一产品出发，进行进一步开发衍生产品，实现产品价值的延伸拓展和多元化、多极化，充分发挥其品牌价值；第三，借助新媒体新媒介，扩大产品影响力，占领渠道，形成垄断优势。

目前，综观陕西出版，尚未见哪个出版社能完全做到以上三点。

一元内容、多元开发的案例也有，但目前看仍未做到把产品价值发挥到极致。例如，荣获中国出版政府奖的《中国蜀道》、获得国家出版基金资助的《丝绸之路中国段文化遗产研究》等，正在进行多元开发的尝试。《影像丝路》工程就是把丝绸之路中国段文化遗产的内容资源用图片的方式展示出来，进而研发影像丝路共享资源平台，借助多媒体终端扩大丝绸之路的影响力，但技术手段和传播手段仍有待优化，丝绸之路的内容与影视、旅游等产业的结合以及更广层面的延伸尚未实现。

受新冠肺炎疫情影响，2020年出版发行行业普遍与网络直播平台牵手，陕西新华出版传媒集团在借助新媒体手段拓展影响力方面，尝试开展直播带货评比活动，借此宣传推广新产品，以此锻炼编辑、发行人员运用新媒体的能力。其中，陕西人民出版社直播在线人数最高达到20万，陕西人民教育出版社教辅系列图书直播带货表现也不俗，未来出版社邀请直播界大咖带货，在一段时间内引发了关注，扩大了影响。但由于图书产品的特殊性，直播带货对整个出版业的适用程度和有效性仍存争议，新的尝试未必能给出版社带来实际效益。

究其原因，主要是因为目前陕西的出版社对于创新文化资源的开发方式还停留在较浅的层面上，对其盈利模式没有进行较为深入的思考。同时，编辑对于跨文化、跨行业后的新兴市场格局并没有进行深入的研究和认知，或者说怯于尝试新事物，导致出版社的图书产品与新兴市场的匹配度仍然存在着问题。

第二节　内容资源重构与开发的路径与方法

出版单位肩负传承文明、传播文化的使命职责，面对传统出版与新兴出版融合发展的大背景和大趋势，无论前路是否艰难坎坷，是否有改革的阵痛，都必须勇敢面对，勇于创新。出版内容资源开发就是出版内容资源开发主体对出版内容资源客体发掘其价值与效用的行为过程，开发的目的在于满足出版内容需求。湖南师范大学吴亮芳博士在《融合发展下出版内容资源开发的要求与策略》一文中对融合发展背景下出版内容资源的要求进行了分析，提出了内容资源开发的策略。她认为出版融合的核心内容无外乎两个方面，即内容融合和渠道融合，"出版内容资源开发的要求突出表现为如何满足海量内容与多样化、个性化的内容需求，这也是思考融合发展下出版内容资源开发策略的核心依据。"在这个前提下，吴亮芳博士提出了全媒体开发、用户参与开发、合作开发、大数据式开发等四种开发策略。我们认为，她对融合背景下内容资源开发的前提和目标的分析、判断是非常精准的，即满足海量内容与多样化、个性化的内容需求。四种开发策略也适应当前出版行业从业单位和从业人员的发展需求。那么，结合陕西文化资源的现状以及陕西出版单位的发展现状，我们应该在融合发展背景下，以满足多样化、个性化内容需求为目标，以解决人民群众日益增长的精神文化需求与不平衡不充分的发展之间的矛盾为使命，探索和实践符合地方出版单位实际的内容资源重构与开发的路径与方法。综合上文有关分析，应从以下几个方面探讨：

一、注重品牌培育

"酒香不怕巷子深"这句名谚，用在出版领域恐怕未必适合。出版内容这个"酒香"要"冲"出巷子，品牌是关键。原因在于品牌具有识别、安全、信息浓缩、契约和附加价值的功能，引导消费者选择是品牌的重要价值。迈克尔·巴斯卡尔对"品牌"一词有这样的解释："品牌是人为主动构建的。它们围绕人们的身份、象征和行为，以及产品的用途和人们想象中的用途而对自身进行打造。"[1]当前不少出版单位在做大做强自身品牌的同时也在自我裂变出新的出版品牌，如知名的企鹅兰登集团旗下有270多个品牌。庞大的、专业分工明细的品牌群一方面在出版单位精准服务用户上各品牌各擅其长，另一方面各品牌相互呼应，为出版单位整体品牌添砖加瓦。

近年来，国内很多知名出版单位品牌建设风生水起，各大出版社建立了一批出版品牌，进行品牌延伸发展，为读者在文化层面上进行品牌价值传递，获得社会效益与经济效益双丰收。如广东人民出版社的"万有引力"、上海文艺出版社的"艺文志"、浙江文艺出版社的"可以文化"、外语教学与研究出版社的"互文"、北京联合出版公司的"低音"等。还有的出版社裂变出多个出版品牌，如中信

---

[1] 迈克尔·巴斯卡尔.内容之王：出版业的颠覆与重生[M].北京：机械工业出版社，2017：110-111.

出版集团在财经、社科、文学、生活、少儿五个方面形成了品牌矩阵。广西师范大学出版社集团已经形成了大众出版、教育出版、学术出版"三驾马车"并驱，"魔法象""神秘岛""国富论"等品牌矩阵共生的格局。

故而，发掘品牌文化、培育出版品牌是传统出版当前和未来发展的核心方向。基于陕西雄厚独特的文化资源与底蕴，陕西出版应继续大力发掘陕西文化资源精髓，着力培育形成与文化资源量级相匹配的陕版图书品牌，讲好陕西故事，传播好陕西声音，使传统的陕西文化与新兴的媒体平台和受众的文化需求相融合，使陕西深厚的文化底蕴能够因图书品牌扩大影响，增加其受众范围。

至于陕西出版的品牌建设如何破局，后面章节将进行深入探讨，此处不加赘述，这里仅提出几点思路：品牌培育内容资源深度开发是基础，创新是品牌孵化的原动力，品牌裂变是自我发展的需要，创造条件、改变机制是品牌培育的关键，形成品牌矩阵是区域内容资源开发成功的表现。

二、有序整合存量资源与优化产品结构

传统出版依托已有内容资源，这既是它的优势也是当前的劣势，因为传统出版的特性导致长期以来大量优秀的出版内容无法进行再生、重构和更新，进而导致其束之高阁，无法被发现，最终变成劣质资源或流失殆尽。在新的形势之下，任何一种内容资源都应该根据其市场条件被整合与重构，故而，建立有序的存量整合体系，优化资源结构，使已有存量资源与新兴资源能够快速融合，进而产生更具市场竞争力的新产品。

以陕西新华出版传媒集团为例，目前集团旗下各出版社拥有的秦汉唐历史文化、红色文化、特色旅游文化、"三航"科技等内容资源可谓"家底"丰厚。下一步，要解决的主要问题是以市场为导向，以满足读者需求为目标，有序整合此类资源，使其褪去"传统"的外衣，穿上"创新性转化"的新装，与互联网、大数据、新媒体相融合，进而产生1+1>2的效应。

传统出版产品的劣势在于传统出版产品结构的落后性。这导致生产者接受市场信息的能力相对落后，其产品的结构往往存在于内容制作者的精神规划之中，少有比较市场数据的可能。

在新的市场要求下，优化产品结构成了首要目标。优化产品结构，关键是要与数据和市场发展脉络相结合。以陕西新华出版传媒集团旗下各出版社为例，出版社的经营压力、编辑部门的考核需要和编辑个人发展的需求，导致产品结构存在着诸多不尽科学合理的

倾向，常常顾此失彼，难以兼顾产品结构的优化。

未来，各出版社应更加关注和分析市场需求，以编辑部或某个品牌为中心，通过数据分析、市场调查和用户画像确定出版方向，合理规划产品主线，砍削支线，单线勾连，集中力量打造市场热点，最后织成图书网络，编辑、设计、印制、营销、宣传、发行全流程联动形成新的市场合力，进而使原有产品焕发生机，从而提高竞争力。

三、实施深度开发，扩大资源效能

传统出版文化产品因技术力量的滞后性，只能对文化内容进行一次加工或浅层加工，一般遵循的是传统的加工规律，不符合目前新的市场发展需求。

未来，出版社应加大深度开发的力度。深度开发，主要是根据市场大数据原则，分析用户需求和使用规律，沿着文化发展的脉络，对已有产品进行二次、三次的深层次开发。与衍生产品不同，产品的深度开发是纵向性开发，其表征主要体现为用户体验深度的加剧，用户体验效果的延伸，增大附加值，从而使出版社的产品具有持久的盈利能力。

以陕西出版社为例，目前各社的出版产品以图书产品为主，影音产品为辅，然而影音产品停留在表现力的浅层阶段，各出版社应根据大数据原则增加影音产品的内容表现力和吸引力，增加互动性，通过用户的反馈对已有产品进行加工和重组，在不同平台进行投放，从而覆盖全网，覆盖各类终端。另外，应设置反馈渠道，根据各产品的个性化反馈进行动态加工，从而使原生产品在投放之后依然具有深度开发的空间，产生动态纵向性收益。

技术的优势导致新兴文化产品总是快于传统产品先到达消费者的手上。然而尤其应该注意的是，传统出版单位对于产品的宣传能力不足，导致产品进入市场之后的影响效力不够，盈利能力不强，因而聚集资源的能力也较为欠缺。

以陕西为例，目前各出版社虽然有很多精品图书，然而其投入市场之后影响力总是有限，一般经历一个周期，即三五年之后就销声匿迹，产品本身无法被再利用，形成二次收益，从而使产品在中长期存在大量损耗和低收益的表现。

未来，各出版社应在充分利用技术的同时专注于强化优秀内容的宣传，关注产品进入市场后的影响力，注意其与同类产品、同范围文化内容的影响关系，通过对各种影响因子的分析，对资源进行深层的宣传和推广，进而扩大原内容的资源效能，从而产生更大的社会效益和经济效益。当然，扩大内容资源效能，也可以借助第三方机构和平台，这样既能减少编辑和营销人员的工作量，也能提高效率。

四、加强跨领域合作

跨行业、跨领域的合作在出版行业并不罕见，我们认为内容资源重构与开发如果能走出本行业、本领域，拓宽视野，寻求合作，则更可为出版业繁荣发展赋能、助力。

例如，人民邮电出版社是历史悠久的中央出版社，凭借着多年积累的优势资源与华为公司、北京航空航天大学、旅游卫视、中青旅集团、邮政公司等各媒介、各行业、各领域机构签署战略合作协议，搭建内容资源共享平台，探索开发旅游、摄影、高校教材、技术支持等产品和服务，取得积极成果。其他地方出版集团也在跨领域合作方面做了诸多尝试，有的已经初成规模，取得实实在在的效益，这些都值得我们借鉴学习。

陕西新华出版传媒集团近年来也在寻求合作方面做了一些尝试，但总体步伐较慢，思路不广，效果未显。未来，陕西新华出版传媒集团应当根植陕西丰富的文化资源，探索内容资源价值最大化的新路径。如，基于陕西文物考古丛书项目的开发与陕西省文物局加强合作；基于"三航"科技丛书项目的开发与省内航空航天航海研究机构建立联系；基于"文学陕军"新力量挖掘与塑造，与省作协、省文联等机构达成合作；基于秦岭自然资源保护与开发，与陕西省林业局及其附属机构积极对接；基于"走出去"和农业科技资源开发，与西安外国语大学和西北农林科技大学等高等院校合作；基于做好"大教育"服务，借助腾讯、华为、阿里等头部互联网科技企业的力量；基于"新华+旅游"的产业融合设想，与陕西旅游集团等企业合作开展研学旅行项目；等等。

第六章 出版内容资源的开发策略

内容资源是出版社生存发展的基本条件，更是各大出版社竞争的核心价值。近年来，随着出版业国际化竞争格局的形成、出版企业的转企改制、书业进入买方市场，以及新技术对传统出版业的强烈挑战，各出版社形成了"内容为王"的观念，对优质内容的抢夺几乎进入了白热化阶段。面对充分竞争，找准自身定位，拓宽眼界，全面开发优质出版内容资源，成为各出版社关注的焦点。

对出版内容资源的开发，应立足于出版社所处区域，立足于出版社长期以来积淀的基础作者资源、市场资源、专业优势和自身的投入实力。

第一节 依托区域文化资源开发产品

由于历史传承、地理环境与自然条件不同，各地区的文化背景产生了差异，从而形成各自不同的文化特征。这些文化特征具有地域性、时代性和继承性，且为本区域所独有。对于作为文化基础产业和主要传播行业的出版业来说，区域文化提供了最基本的可开发的文化资源。

一、理清区域文化资源优势

区域文化资源是生活在本区域内的民众在长期的共同生活中逐渐形成的，它的形成得到了民众的一致认同，具有很强的稳定性。不同的区域文化各有特色，共同构成了社会的多元文化。

区域文化作为一种文化软实力，是区域精神的体现，具有丰富多元的文化价值。区域文化的发掘，对"讲好中国故事，传播好中国声音，阐释好中国特色，提高国家文化软实力"具有重要意义。出版物作为承载精神文化的载体，是发掘和弘扬区域文化的重要方式。出版社承担着发掘、整理区域文化的使命，是优秀区域文化的甄别者与推广者。对于出版业的从业人员来说，区域文化中所包含的历史、文化、名人、风物、名胜、民俗、方言、文学、艺术、科技、教育、宗教等，独具价值与特色，为出版业提供了独特的内容资源。

对于出版业从业人员来说，理清本地区域文化资源的优势，对具有出版价值的内容进行创造性地开发和创新性地利用，从而获得独具市场竞争性的产品，这是一种天然的优势。

二、聚焦区域重点文化资源的开发

悠久的历史传统和深厚的文化积淀，使得中国成为区域文化资源的大国。丰富的区域文化资源为开发区域文化产品、形成区域文化产业提供了得天独厚的条件，但犹如丰富的矿产资源仅为工业发展提供基本原料一样，作为基础性资料的文化资源也无法自行转化为文化产品，必须借助于区域文化资源开发产业的挖掘、开采、利用，区域文化资源才能转化为文化产品，成为产业资源。

区域文化资源的开发是指为提高区域文化资源的利用率和转化率所进行的文化生产活动，开发的实质是在区域文化中挖掘重点、优秀、独特的文化资源，以附加性的劳动，创造出全新的产品，该产品应能赋予区域文化资源以新的价值。

区域文化资源可分为两类，一类为物质性的文化资源，一类为精神性的文化资源。前者具有实体，如历史文化遗存、文献典籍等，后者则以非物质化的形态存在，如民间传说、地方性绝活、历史文化传统等。无论是物质性的文化资源还是精神性的文化资源，都可随着时代的演变、研究的不断深入，不断发掘出新的内涵，成为新的文化资源亮点，从而产生新的价值。

对出版业从业人员来说，对区域文化资源进行系统、全面、扎实的研究，梳理区域历史、整合区域文化资源、打造新型区域文化，聚焦区域重点文化资源的开发，出版区域文化类图书，这是出版业的文化使命，同时也是出版产业新的价值增长点。

三、培育区域文化资源品牌

中华历史源远流长，自然地理环境丰富多样，在不同的地域上生活的人，千百年来造就了具有不同特质的区域文化，因此区域文化资源具有独特性；而中国数千年来的大一统状况，又使得不同的区域文化在漫长时间和广阔地域上相互碰撞、激发，彼此影响、同化，形成了区域文化的丰厚性。独特且丰厚的区域文化资源，为出版机构的选题策划提供了灵感来源与深入挖掘的空间。

位于某一特定地域的出版机构，浸润于特定的区域文化之中，在择取区域文化资源进行选题策划，形成具有价值的文化产品方面，拥有丰富的出版经验和资源积累，因此在策划选题时对选题的出版价值有较好的预判，对选题内容和出版角度都有较好的把握。借助于既有的经验与资源，在激烈的出版竞争中，以区域文化为切入点，是立足局部、突破空间限制、打造区域文化资源品牌的有效手段。

与全国性出版资源的充分竞争不同，区域文化资源的竞争相对较小。在区域文化资源品牌建立方面，地方出版机构占有较大的优势。地方出版机构可找准自身定位，立足区域文化资源，以整合弘扬地方文化，众中择优，精雕细琢，以全新的思路解读区域文化中的核心内容，以符合市场及读者需求的形式展现区域文化中的独特之处。以小博大，在完成文化使命的同时，培育区域文化资源品牌。

近年来，借助于各种国家级、省级图书基金项目，地方出版机构在培育区域文化资源品牌方面进行了诸多实践探索，已经涌现了众多对区域文化资源进行多角度、创新性整合的出版品牌。以陕版图书为例，中国共产党在延安13年，形成了延安精神，积累了局部执政经验。以红色文化为研究入口，陕西人民出版社策划出版了《红色档案》、《延安时期局部执政经验研究》、"西北革命根据地研究"丛书等众多红色图书，形成了在全国颇有影响的红色书系。作为十三朝古都，陕西积累了丰富的历史文化资源，《西安鼓乐大典》《中国蜀道》《关中地区出土西周金文整理与研究》等图书，以地域文化为点，共同塑造了陕版图书的地域文化图书品牌。

第二节　依托作者资源开发产品

经过多年的发展，出版业已经成为完整成熟的产业。编辑、作者、印装、营销、发行等各个环节，在出版的大系统中各司其职，共同协作，开发产品，塑造品牌。

在产品的开发过程中，编辑是关键因素和灵魂人物，不仅统筹规划出版流程中的各个环节，而且要有独到的眼光、高超的鉴别能力，能在大量的选题资源中挑选出具有文化价值、出版价值和传播价值的产品。但除极少数身兼作者之职的编辑外，很少有编辑能自我实现构想。编辑的策划需要作者来完成，一个图书产品面世后，最受关注、在品牌效应中作用最为明显的就是作者。

一位有影响力的作者，本身就自带流量。莫言、贾平凹、J. K. 罗琳、苏童、易中天等头部作者，备受市场关注，且拥有庞大的粉丝群。他们的新作，出版机构几乎无须进行营销，轻而易举就能售出数十万册。在一定意义上，拥有头部作者的数量越多，出版社的品牌价值就越大。只有拥有一支稳定的、高水平的作者队伍，出版单位才有可能出精品、出效益，才有可能开发出具有品牌价值的产品。

既然作者在开发产品中具有如此重要的作用，对出版机构来说，维系已有作者、培养潜力作者、在本区域发掘长期作者、利用现代网络技术开发作者，甚至引入海外优秀作者资源，都是形成本出版机构作者群、实现编辑策划、完成产品开发的重要方式。

一、维系已有作者资源

在我国，以纸质图书开发为主业的传统出版仍在当今的出版业中占据主导地位。传统出版机构大多稳定存在了数十年，因此积累了大量的优质版权和作者资源，这种积累在一定程度上帮助传统出版业抵抗着网络的猛烈冲击。

对出版机构来说，作者的重要性不言而喻。如何维系出版机构长期以来积累的优质作者资源呢？首先，编辑应尊重作者，以诚待人。所谓尊重作者，除了礼节上的尊重外，最重要的是尊重作者的作品。在修改作品时，尊重作者的思想与行文方式。作品出版后，应及时向作者反馈读者意见和市场反响，充当好作者和读者之间的媒介。其次，要以专业水准优化作品。编辑应以自身的素养及专业功底履行编辑职责，对作品所进行的编辑工作能够提升作品的格调与层次，对图书的设计装帧能够贴合市场需求。再次，对于长期与本出版单位合作的作者，出版单位还应设立"年度优秀作者奖""作者成就奖"等奖项，对其进行一定的奖励，以此增强作者与出版单位之间的黏性。

二、注重潜力作者的培育与开发

作者队伍的构建与优化，是保证优质图书出版的前提及必要条件。对于出版机构而言，除维系长期以来积累的优质作者资源外，还应不断充实作者队伍，建立层次结构和年龄结构合理的作者团队，以更好地满足不同层面读者的需求，提升品牌图书的市场占有率。这就要求出版机构注重潜力作者的培育与开发。

所谓潜力作者，从选题角度而言，是指具备专业背景，适合进行特定选题创作的作者；从市场角度而言，则是指具有一定的创作能力，但知名度不高的普通作者。优秀的编辑对自己所策划的选题涉及的专业范围及市场需求了然于胸，对潜力作者的专业特点和专业水平了如指掌，能够根据选题择取合适的潜力作者，同样能够根据潜力作者策划合适的选题。

培养开发潜力作者的渠道很多。科研单位、高等院校堪称潜力作者的蓄水池，出版机构应为编辑提供与作者接触的机会及平台；学术会议汇聚学术精英，他们的专业知识全面、系统、尖端，编辑应积极参加学术会议，主动与潜力作者建立联系。此外，老作者介绍新作者，通过大量阅读掌握作者动态，等等，都是扩大潜力作者队伍的有效途径。

三、重视区域作者的培育与开发

区域作者群是不容忽视的作者群落，往往以某一个或几个核心作家为中心形成。如20世纪50年代的"山药蛋派"，就是以赵树理为核心的山西作家群；还有以王安忆、金宇澄、任晓雯等为代表的海派作者群；以贾平凹、路遥、陈忠实等为代表的陕西作者群；等等。在共同区域成长起来的作者，其作品都有与区域文化相一致的独特形态。作者受区域文化影响而成长,其作品反过来又塑造了区域文化的面貌。

编辑应当重视培育与开发区域作者。首先,对区域文化资源的开发,单靠编辑的力量难以实现,而区域作者对区域文化的熟悉程度远超编辑。在选题开发阶段,区域作者的参与,会使有关区域文化的选题定位更为精准;实现区域文化资源的开发,也离不开区域作者的创作;区域作者的创作,能保证选题的完成度。

区域作者大多为地方名人,对于编辑来说,与地方高校和地方文化单位建立密切联系,是培育和开发区域作者的最佳途径。

四、利用现代网络平台开发作者

互联网和新媒体技术改变了读者的媒介使用方式,给传统出版业带来了巨大的冲击,网络阅读后来居上,大大分流了读者的注意力资源,使纸媒阅读占比明显下降。但互联网是一个开放的平台,它在分流读者的同时,从大的方面来说,促使传统出版机构调整管理模式、经营方式和传播策略,逐渐适应并拥抱互联网时代;从细节的方面来说,使得传统出版的各个环节,从选题策划、组稿、推广到发行,都可借助网络进行,便利性大大增强。

在图书出版流程中,编辑完成选题策划后,紧接着就需要寻找合适的作者,完成选题,实现编辑理念。在前互联网时代,由于时空间隔,编辑与作者处于"两处茫茫皆不见"的状态,即使通过各种方式取得联系,编辑也很难了解作者的专业能力及创作水准是否能完成选题。但在互联网时代,网络成为编辑与作者共同使用的平台。网络的开放性，使得大量的创作爱好者跨越门槛，成为"写作者"。他们的水平固然良莠不齐，但出色的创作者仍然会在网络耀眼显现，成为编辑竞相追逐的热门作家。近年来许多超级畅销书都来自网络，唐家三少、当年明月、南派三叔、马伯庸等网络作家也成为作家富豪榜上的新贵。

对于编辑来说，超级流量作家难得。但文化产品追求个性化，只要努力搜寻，现代网络平台堪称作者的宝库。这是因为，除了网络作家外，传统作家和普通写作者亦会在网站发布作品，利用网络平台扩展自身的影响度，聚集读者群。可以说，只要持续关注微博、B 站、知乎、豆瓣等网络平台，编辑有很大的概率完成策划的选题。

五、引进海外优秀作者资源

随着全球化的不断发展，我国与其他国家之间的文化、生活方式、价值观念等在不断地交流、碰撞、融合。作为文化载体的图书，也随着这种交流被引进国内；图书的引进，反过来又促进了文化的交融。近年来，随着大量图书的引进，众多海外作者逐渐被国内普通读者所熟悉，成为在国内具有号召力的优秀作者资源。

海外优秀作者的作品在所在国出版，且已获得了良好的市场口碑，对于版权引进方来说，市场风险大大降低。因此，海外优秀作者的作品往往会引发激烈的版权竞争。如读者熟悉的国外作者马尔克斯、东野圭吾、J. K. 罗琳的作品，引进国内时都曾引发广泛关注，这在一定程度上更增加了作品的关注度，使得作品在上市销售时，无需营销或仅需较少营销就可取得较好的销售成绩。各年度的诺贝尔文学奖在揭晓前也会引发众多关注，即使是国内读者较为陌生的作者，如托卡尔丘克（波兰作家，2018年度诺贝尔文学奖获得者）、彼得·汉德克（奥地利作家，2019年度诺贝尔文学奖获得者），其作品引进国内，都可获得较好的销售业绩。

引进海外优秀的作者资源，对编辑工作提出了新的要求。除了图书编辑所必须具有的市场敏感性和编辑实操能力外，语言的要求必不可少。只有精通某种语言，编辑才有可能通过海外资料判断作者的市场价值和作品引进后的市场前景，进而根据版权归属，与出版社、作者本人或版权经纪人沟通。如此，便催生了一种新型的编辑人才——版权编辑。版权编辑除了语言能力和精准的判断力外，还需了解国际版权贸易的相关知识，能避免版权引进过程中产生的法律纠纷。

对于语言能力相对较弱的编辑来说，要引进海外优秀作者的作品，需借助版权代理公司。优秀的版权代理公司，其网站会定期推出各大书展及各海外出版社出版的新书、优秀作者的新作，编辑可通过版权代理公司，对作品提出报价，取得图书版权，并在国内翻译出版。

第三节　依托市场资源开发产品

出版机构承担着文化积累和文明传承的重任，优秀出版物反映了我国及海外政治、经济、科技、文化、教育等各个领域的研究成果，在传承文明、弘扬时代精神、提升文化软实力方面起着不可估量的作用。从这个方面来说，出版机构必须以高度的责任感和使命感承担起文化传播的社会责任。但出版机构同时也是市场经营主体，必须合理追求经济利益。按照市场经济社会发展的规律，出版机构追求合理的经济利益，与文化传承的崇高使命并不冲突，出版机构完全可以将二者统一起来，树立市场意识，依托市场资源，开发出符合市场需求的文化产品。

一、搞好市场调研，以需定产

所谓市场调研，是指市场调查与研究。个人或组织针对特定的问题，系统地搜集、记录、整理、分析及研究各类市场信息，总结调研结果，为市场行为提供参考，这种工作便是市场调研。在社会经济文化迅速发展的大环境下，读者的消费观念不断更新，对精神文化产品的需求不断增加，出现了需求多样化的趋势。由于图书出版业以读者需求为导向，读者需求多样化，表现在图书市场上，就是呼应读者需求，出版热点不断更换。对于出版机构和图书编辑来说，搞好市场调研，把握读者需求的产生及其规律，了解读者的购买行为等，对于图书出版意义重大。

出版机构进行市场调研，按读者需求来策划选题，以保证图书出版后能吸引目标读者的注意，满足目标读者的需求，获得良好的市场效益；编辑以调研结果来制作图书，拟定推广语；营销人员以市场调研结果精准营销，促进图书的铺货与销售。这就是所谓的"以需定产"，即以市场调研了解市场需求，以市场需求确定图书生产。

对于传统出版机构来说，搞好市场调研，以需定产，是解决图书出版决策困难，摆脱传统的经验式管理惯性的有效方法。借助于市场调研，建立图书的策划、制作、印制、营销的科学运作机制，是出版机构管理科学化、精细化的过程，也是出版社经营管理水平不断提升的过程。对于编辑来说，投身市场，积极调研，了解国内外文化教育动态、人们关注的热点等问题，并把握国内外图书的出版状况，才能正确推测市场，策划出有市场价值的图书。

二、以实体书店确定产品开发

互联网技术的发展，对图书行业是一把双刃剑。一方面，互联网上的海量内容，分流了读者的注意力，对纸质图书市场造成了较大的冲击；另一方面，对于传统出版业来说，网络也提供了技术上的支持，出版工作中的策划选题，择取作者、设计师，营销与发行，都可借助于互联网进行。单就图书发行来说，传统的发行渠道无外乎国有新华书店与民营书店，但随着互联网技术的发展，新媒体平台一个个涌现，发行渠道不断拓宽，如今的图书销售，实体书店已不占优势，网络销售、社群营销成为主流。

由于店面租金、装潢、水电及人力成本较高，在网络书店等的冲击下，实体书店举步维艰。近年来，传统上那种大型的新华书店已不是很常见，取而代之的是小而美的个性书店、品牌连锁书店等，这些书店一方面为城市提供公共文化服务，让城市更有书香味，另一方面产生了新功能，成为所在区域的休闲、消费目的地。

实体书店内摆放着大量的纸质图书，这种摆放显示了经营者的择书品味，但经营者的品味其实来自读者的选择，因此，实体书店最显眼的位置通常都是畅销图书。编辑应养成定期前往实体书店进行调研的习惯，一方面浏览图书，分析一本书何以畅销，其内容、形式、推广语有何特点，竞争出版社有什么出版动向，另一方面关注书店内的读者，了解不同学科、不同层次的读者的购买趋向，研判读者的年龄情况、消费潜力、职业状况、文化程度、阅读喜好等，以此提升选题判断力，以便更精准地开发产品。

三、以网络书店确定产品开发

网络书店是随着电子商务的兴起而发展起来的。与实体书店销售印刷完成的出版物相比，网络书店更像是图书与消费者间的中介，它所展示的是图书的周边信息，而非真正的图书。与实体书店相比，网络书店具有以下优势：其一，藏书丰富。网络书店以数据化的形式展现图书，其所能展现的图书数量远超任何一家大型的实体书店。这一特点使得图书的"长尾"变得特别长，再生僻冷门的图书都可在网络上找到。对出版机构来说，延长了图书的销售生命。其二，购买便捷。读者可以打开电脑或者手机，足不出户地选择自己喜爱的图书，随时下单购买。其三，方便检索。网上书店方便读者查询，读者甚至无需输入完整信息，仅输入关键词，就可找到所需的图书。其四，价格低廉。由于没有太多的店面及仓储压力，网络书店可以降低成本，让利给读者。与实体书店动辄八折甚至全价销售图书相比，网络书店常常可以买到五折甚至更低折扣的图书，这中间的差价，正是网络书店最大的销售优势所在。

网络书店所提供的图书信息极为详尽。除了图书的封面、内容简介、目录、作者介绍等信息外，图书的销售情况展示得也非常清晰，编辑可以查到图书在某一段时间段内具体的销售数字。据此，编辑可推测出该图书与同类其他图书相比，具有何种优缺点。自己策划同类图书时，应吸取哪些经验教训。同时，网络书店也会在图书条目下展示读者评价，编辑可以根据读者评价，判断如何在现有市场同类书中寻找选题亮点，弥补现有选题的不足。此外，各大网络书店，如当当、京东、博库等，会提供各种图书榜单，除了按时间排列的周榜、月榜、年度好书榜外，还有按照图书品类排列的各类小榜单，编辑可以以之为参考，策划选题，开发新的产品。

第四节 依托专业优势开发产品

出版是专业性很强的行业。从从业人员的角度来说，随着出版机构的分工日益细密，机构的管理与运营，图书策划、设计、印制、营销等方面的知识迅速更新，都需要具有专门知识和能力的人才支持。就单一的出版机构来说，每一个出版机构都有自己的专业优势。较小的出版机构，一般会专注于开发某一类图书；综合性的大型出版机构，出版的图书覆盖方方面面，但总有一些品类的图书是其优势所在。总体来说，出版机构发挥自身专业优势开发产品是其发展的基本方向。以目前我国每年新出版图书 50 余万种的体量，出版机构只有依靠自身专业优势，积累属于自己的出版特色，才有可能在行业中立足。

一、依照出版机构专业分工开发产品

出版专业分工是新中国成立初期确立的一项原则，是计划体制下确立的"技术分类—专业分工—行业分系统"的文化管理架构的一部分。这种分工，从出版流程上，将出版与印刷、发行分开独立经营，将出版社分为编、印、发等部门，形成一个完整的产业链；按读者对象和图书类别，将出版社分为少儿社、青年社、科技社、教育社、古籍社、文学社等专业出版社，鼓励精专，以避免重复建设和资源浪费。

出版社的专业分工延续数十年，各出版社已形成了自己的出版特色，积累了大量的专业产品，形成了良好的专业口碑，也会聚了一大批优秀的作者，这些优良的资源是一种无形资产，是出版社的立社之本。在图书市场上，提到古籍读物，读者自然就会选择中华书局、上海古籍出版社等著名的古籍社出版的图书；而提到工具书，读者当然会选择商务印书馆和上海辞书出版社出版的产品；电子工业出版社、清华大学出版社、人民邮电出版社形成了自己在电子出版物、信息技术出版物方面的优势；外研社则在外语图书出版方面形成了自己的特色。

依照专业分工开发产品，并非要求出版社墨守计划经济时代的专业分工，而是强调各出版社立足传统的积淀和已有的优势，树立专业意识、培养专业特色，练就"看家绝活"，从市场认可度较高的品类着手开发，形成鲜明的出版特色，走专业出版的道路，在激烈的市场竞争中赢得自己的份额。

二、在最熟悉的领域开发产品

社会蓬勃发展，科技日新月异，各学科的交叉与联系越来越紧密，催生了许多新的学科门类，充实丰富了出版资源。但弱水三千，出版机构只能立足自己的专业，在熟悉的领域开发选题。从图书市场的情况来看，很多出版机构都形成了自己独具特色的书系。这些书系或者艺术性高、科学性强、思想性好，或者有趣，或者有料，位列同类图书之首，因此获得了良好的社会评价和经济效益。

从人力资源配置角度来说，出版机构人员有限，任何一家出版机构都不可能涵盖传统出版和新兴出版的全部领域，市场总是存在供应缺口和产品空白区。出版机构所能做到的，就是着力于自己最熟悉的领域，深耕细做，以"拳头产品"带动全产业链的其他产品，建立品牌，占据市场份额。

所谓"拳头产品"，就是各出版机构汇聚全部资源，有步骤地开发、培育而成的品牌性图书。出版社应围绕"拳头产品"配置编辑、高端作者、营销团队、发行团队，吸引特定读者，再竭力挖掘"拳头产品"的深度，拓展边界，以"拳头产品"为点，逐次铺开。编辑在这样的操作中，全神贯注，实时追踪同类书市场状况，及时对现有产品线进行更新、完善和补充，精益求精，提高产品线的社会认可度。这样长期操作，编辑也会成为专家，在自己熟悉的领域内游刃有余。

图书市场的热点随时都在变化，常有出版机构不断追逐市场热点。《哈利·波特》大热，就去出版奇幻小说；《明朝那些事儿》红起来，就去跟风做通俗历史读物。这种跟风的做法，不但使得图书市场同质化现象严重，对于出版机构来说，盲目进入不熟悉的领域，编辑、作者、营销、发行无一跟得上，舍长取短，追求短期利润，最终将会影响出版机构的经营发展。因此，致力于熟悉领域开发产品，精准服务特定读者，提高自己的核心竞争力，是出版机构开发产品时所应坚持的原则。

三、追求产品开发的规模效益

所谓规模效益，是指生产者聚集资源，大量生产、大量流通，使得产品的长期平均费用（单位成本）下降，经济效益提升。在市场竞争充分的情况下，要实现产品开发的规模效益，出版机构首先要做的是尽可能多地增加产品线。

出版机构应从专业领域和最熟悉的领域入手，长期专注于固定的产品市场或同类产品市场。把市场信息搞透，熟悉竞争对手、产品类型、定价策略等。掌握最优秀的作者群，了解读者特点、渠道特点等，掌握与市场对应的专业化知识，塑造专家型编辑人才。在此基础上，通过初步开发，形成基本产品线。再以基本产品线为起点，研究市场，充分利用已经建设完成的编辑、作者、营销、发行团队，不断拓展高质量的产品线或产品群。出版机构应尽可能多地创造产品线，并做好后期的维护、拓展与推广，向纵深领域做深、做透，不断拓展产品线的覆盖面及影响力，如此才能形成产品开发的规模效益。

此外，出版机构还应努力提升图书的单品效益。所谓单品效益，即单一图书品种所能带来的效益。单品效益与图书的印数密切相关。一本图书的重印率高，说明出版机构投入的单位成本较低，而获得的利润较大。在此意义上，重印率高的图书对出版机构意义重大，它不但能为出版机构带来可观的经济效益，还能带来品牌效应，带来资本聚集和人才聚集，又反过来促进出版机构出版的规模效益。可以说，一个出版机构拥有的重印图书数量愈多，图书的重印率愈高，出版机构的规模效益就愈好。

第五节　依托投入实力开发产品

出版机构必须通过资源投入与营销努力持续提升自身的影响力。所谓的资源投入，一方面指资金的投入。出版产业链的上游——内容提供，中游——图书策划、出版，下游——发行，每一个环节都需要有大量的资金投入，如此才能抢占资源，获得竞争优势。另一方面，出版机构也应提升产品的自主开发能力，建立良好的投入产出机制，调整产品的开发节奏，使产品生产投放符合市场的规律，以使投入的资金获得良好的市场回报。

一、重视产品的自主开发

产品的自主开发能力，是指出版机构面对激烈的竞争，敏锐地感知市场状况，自主开发符合市场需求的选题的能力。重视产品的自主开发，意味着出版机构不再满足于"来稿加工"这种简单劳动，而是主动出击，寻觅市场空白点，以自我的判断策划选题，择取作者。如此形成的产品更有市场竞争力，更容易塑造出版机构的图书品牌。

要自主开发产品，首先要培养编辑队伍。自主开发产品是创造性的劳动，其行为主体是编辑。因此，考虑自主开发产品，应首先考虑本机构编辑人员的知识结构与业务素质。出版机构不能要求编辑超越自身的专业能力去开发产品，也不能不考虑人员配置的现状去设计未来的发展道路。对于现有人员，出版机构应通过培训增长其才干，在实践中培养具有产品开发能力的编辑；若想要加快产品的自主开发力度，出版机构则应打破常规，在更大范围内选拔人才，引进人才。

对于编辑自主开发的产品，要进行选题论证。因为选题一旦确定，出版机构就要投入相当的资金运行。若选题脱离市场，销售前景差，则很容易造成资金风险。在选题论证时，编辑应提交市场调查报告，列举出选题的特点、同类书状况、作者的选择以及营销计划等。参与论证选题者应对选题进行充分的讨论，如此便能避免盲目开发选题与盲目投资，降低市场风险。

自主开发产品形成出版规模，绝非一日之功，出版机构不能将开发产品的希望寄托在一两个编辑身上，而是需要在领导或骨干编辑的带领下，或在项目组、编辑部的组织框架下，有计划、有步骤地开发产品。

二、形成产品开发的投入产出机制

出版业的产品开发投入,指出版机构生产图书所耗用的物质资料和使用的劳动力,产出则指销售图书所取得的效益。出版机构的投入产出机制也就是出版机构投入的回报机制。企业以盈利为第一目标,但出版机构是特殊的企业,它既承担着文化传承的责任,是党的舆论阵地,具有较强的意识形态属性,又是创造财富的机构,是市场经济中的经营主体。因此,出版机构产品开发的投入产出机制,必须同时考虑社会效益和经济效益两个方面。图书作为一种特殊的精神产品,有一定的特殊性,其社会效益和经济效益有时会产生背离,在二者产生矛盾时,应该毫不犹豫地将前者放在首位。

我国出版业虽然改制时间较短,但市场观念已深入人心,在保证社会效益的同时追求经济效益,已经成为出版人的共识。要保证经济效益,必须建立良好的投入产出机制。

首先,从组织上来说,出版社应减少决策层次,建立扁平化的管理机构,以便对市场的非线性变化做出迅速有效的反应,保证产品从市场中来,到市场中去,获取最大的经济效益。

其次,对经过论证开发的选题,出版社应勇于投入,不去计较一时的得失。在图书品牌确立的过程中,应形成一个原则:构建品牌时,要允许投入大而产出小;但品牌构建完成后,则应投入小而产出大。具有品牌意义的图书,首版可以投入大而产出小,效益要通过加印来完成。

再次,在互联网时代,出版社应注意自身角色的转变,要将自己从原来单一的纸质图书的提供者，转变为内容生产者及内容版权代理者。将纸质图书的内容转变为电子书、影视作品、周边产品，或出让版权，实现多渠道盈利，实现低投入高产出的经营模式。

三、把握产品开发的节奏

在激烈竞争的市场经济环境中，出版机构要生存和发展，必须保持管理的高效率。管理的高效率，来自现代化的生产经营理念和科学化的管理手段。在产品开发方面，应以科学化和精细化的管理手段把控开发节奏，以使图书整体出版符合出版机构的经营大局、单本图书的出版符合科学化的运作程序与市场需求。

按照图书生产的特点，设定严格的控制流程，使得图书生产按照既定节奏科学进行。图书生产主要分为编、印、发三个程序。在编辑阶段，应按期召开选题会，编辑在选题会上应以充分的市场调研为依据，对自己策划的选题，择取的作者，拟采用的装帧形式、营销手段进行充分的论述。选题会上应对选题进行严格论证，反复讨论，最后确定是否由出版社投资生产；图书付印前，编辑应与印制人员对成本、定价、印数等进行精确审核；图书入库后，编辑应配合发行人员设计营销方案，进行充分营销。发行人员应及时反馈市场情况，决定是否加印。

生产流程的控制能保证产品开发按节奏进行，控制标准越精细，越能保证编、印、发三环节紧密衔接，保证图书按照市场需求及时供给。

图书市场并非一成不变，就单本图书而言，不同性质的图书，有不同的上市节点。少儿类图书，六一儿童节是最佳上市节点；教辅类图书，寒暑假是最佳上市节点；情人节适合推广温情的两性关系读物；新书最好在上半年上市，以便参加4月23日的阅读日活动和618图书大促销活动。配合市场节奏开发产品，促进产品销售，要求编辑与营销发行人员密切沟通，形成科学的生产与反馈机制。

第七章
基于出版内容资源的品牌创新与维护

第一节　基于内容资源创建出版品牌

品牌，是指产品制造商和生产商的产品、服务或其他优于竞争对手的优势能为目标受众带去同等或高于竞争对手的价值，常通过名称、标记、符号、图案或这些因素的组合来呈现。品牌是生产者和消费者共同的追求，是企业的识别标志、精神象征及价值理念的集中体现，反映了企业产品的优异品质以及企业和消费者之间的一种信任，折射着消费者所期望产品具有的价值和质量，代表着企业良好的形象，是企业竞争力和可持续发展能力的重要保障，是壮大企业整体实力的有效途径。

出版品牌是出版机构在营销或传播出版物的过程中逐渐树立起来的独特的价值标识，体现着出版机构图书产品的特色，展露出版机构的文化内涵，凝聚着其质量管理理念，是出版机构极其重要的无形资产，也是出版机构企业文化和企业形象的集中体现。目前，国内图书市场的竞争模式正逐步从产品竞争、质量竞争、服务竞争演变为出版品牌的竞争。在这种形势下，出版品牌的创建对于出版机构优化出版结构、提升出版物质量具有重要的推动作用。

一、创建出版品牌的意义

创建出版品牌有助于出版机构获得竞争优势。出版品牌通常具有较高的辨识度、良好的产品水准和广泛的影响力，产品的附加值大，这些要素可有效帮助出版社优化产品结构，提高其产品在图书市场的份额，增强目标受众在图书基础使用价值以外对相关产品的认同感。品牌是出版机构不可或缺的无形资产，是其核心的竞争力。注重出版品牌的创建能够打造所开发的出版物产品在读者心目中独一无二的气质，以使读者对相关产品产生较高的信任度，满足他们高层次的精神领域的需求，进而使出版机构能够引领读者群体对文化价值的追求，不断形成有效的竞争优势。在日渐激烈的图书市场竞争环境中，可以说，品牌体现着出版机构的生命力，生命力旺盛，则出版机构既能持续吸引优秀的作者资源，也能在下游发行环节、营销渠道内占据有利地位，畅行无阻。因此，从现实意义上来看，品牌建设是出版机构赢得竞争优势、实现可持续发展的迫切需要。

创建出版品牌可以推动出版机构持续发展壮大。品牌是一种突出的文化表征，是出版社的鲜明特质，体现着出版机构管理者和成员的价值追求，与大众以及专业领域对该机构所推出的出版产品的认可度有很大关系。出版品牌形象良好，则会向广大读者传递品牌自身的价值观，提升其社会影响力，增加市场利润，还能帮助出版机构与更多优秀编辑、作家展开合作，这些优质资源与出版条件的获取，以及高效出版平台的搭建，是出版机构持续发展壮大的必由之路。在此过程中，出版机构形成的难以复制的管理模式和出版运作流程，便是一种领先于同类企业的专业竞争力。可见，出版机构只有树立起品牌建设观念，借助品牌影响力打造出版物精品力作，才有可能在激烈的竞争中站稳脚跟，进而巩固和扩大原有品牌的优势，推动出版机构规模的扩张和提质增效目标的实现。

创建出版品牌可增强读者对出版机构的依赖程度。目前，出版物市场的同质化现象越来越严重，辨识度高、口碑好的出版品牌的优势也更加凸显。拥有这样品牌的出版机构推出的图书产品，很容易在同类型题材的出版物中脱颖而出，因为品牌可以帮助读者识别出版物的品质、水准、来源。齐美尔信任理论指出，人们的互动是社会的开始，当前时代，社会互动的主要形式就是交换，离开信任则交换无法进行，而品牌的重要作用之一就是使消费者产生信任。出版品牌有着类似于信仰的超验因素，可以刺激读者的感官，将品牌相关产品的特点有效呈现给读者，强化读者的印象，并增加记忆点。这样一是能快速让读者对图书形成好感，可使其购书的决策成本降低，二是读者阅读时会获得良好的体验，消费的风险成本也可以降低，长此以往，读者就会对该出版品牌形成依赖性消费习惯。广大读者对商务印书馆、中华书局、三联书店、上海译文、后浪、果麦等出版机构出版图书的偏好和消费依赖，可以充分说明这一点。

创建出版品牌有助于出版机构扩大市场份额。目前，我国图书供给侧的产量远远大于销售量，出版机构要打破僵局，提高竞争力，扩大市场份额，创建和培育出版品牌、吸纳优质资源是一个有效的途径。以童书出版市场为例，这一市场需求旺盛，头部效应十分明显，不少已经有影响力的出版品牌稳固占据着童书市场的销售主阵地。面对这种情况，中信出版集团打造了一个独立的少儿出版平台，并借助这个平台孵化出"小中信"这个"有趣、有识、有品"的童书品牌。小中信推出的系列图书品种中，仅《疯狂动物城》一种销量就超过150万册，为中信出版社扩大了市场份额。

二、整合优质资源，推动各类出版品牌形态的创建

出版过程是一个十分复杂的系统工程，环节多，包括编辑、印刷、发行等，与之有关联的有编辑人员、作者、出版机构等多个主体。在出版物市场中，出版过程涉及的各个环节和主体都必须参与竞争，逐渐在竞争环境里塑造品牌。出版机构要找准所要创建的品牌的方向，就必须要依仗自身既有优势资源，在这些板块上精耕细作，充实产品线集群，集中力量打造品牌项目、营销环节、服务品质、编辑力量等各类品牌形态。

创建作者品牌。作者是出版的核心要素，优秀的作者有着强大的号召力，是图书品质的有力保障，是出版品牌对读者无声的承诺。出版机构应该着重挖掘与整合以下两类作者资源：一是已经成为"金字招牌"的作者，另外一种是某领域或某个行业中知名度高、具有一定认可度的作者。持续开发这两类作者，便能够逐步建立起出版机构的作者品牌。

创建编辑品牌。编辑在作者和读者之间起着桥梁作用，是出版机构的核心力量。优秀的编辑在选题的发掘、完善，图书的呈现方式方面起着决定性作用。一旦编辑的个人能力获得作者认可，便可吸引和留住越来越多优质的作者资源；在图书的质量提升、营销推广方面有成熟技能和经验的编辑，可以增加读者对出版机构的忠诚度。可见，编辑品牌的创建能够有力地促进出版品牌的打造和维护。

创建发行品牌。在互联网时代，社交媒体、大数据、云计算为出版机构发行品牌的建设提供了新的路径。除传统新华书店和民营发行渠道等传统销售渠道之外，不少出版机构建立了自营的独立销售点或阅读体验基地，如中信出版社的机场、写字楼书店等。还有些通过自媒体，如微店、社群号、直播号等展开图书营销和读者服务。这些新的营销模式都能够快速推进发行品牌的建立。

创建图书品牌。图书是出版机构的核心产品，一般情况下，出版机构可打造的图书品牌分单本图书品牌、系列图书品牌和特色图书板块品牌。有影响力的单本图书品牌如《新华字典》《辞海》等，因为质量高、读者认可，所以几十年长销不衰；系列图书品牌应依据出版机构的优势和特色打造，例如译林出版社的外国经典文学丛书和商务印书馆的"汉译世界学术名著丛书"等；特色图书板块品牌要求出版机构长期积累，不断实践，在某个图书板块形成集聚性特色，如高教出版社的高校教材板块图书品牌等。出版机构一旦拥有了知名的图书品牌，便容易在市场竞争中赢得先机。

创建出版社品牌。这是对出版机构品牌建设更高层次的要求。因为出版社品牌是上述四类出版品牌集合效应的升华。出版社品牌一旦形成，便代表着出版机构的特色、图书质量、市场信任度和形象等，能产生很大的影响力。比如，商务印书馆、三联书店、广西师范大学出版社等有口皆碑的出版社品牌，都是以品牌建设为引领的高质量发展典范。

三、找准方向，开发服务于出版品牌的产品

对于出版机构而言，出版品牌的创建只是起点，品牌雏形形成后，如何确定适合品牌发展的出版方向、针对目标读者开发出版产品十分关键。为此，出版机构首先应摸清自身在图书市场中的定位及既有优势，确立品牌建设的切入点和重点领域，坚守某一类型、某一方向或者某一系列。在机构内部，对出版优势领域做细化分割，用以大带小、以一带多的方式推动品牌的矩阵式发展。

具体而言，就是出版机构应该基于自己的品牌"萌芽"，推动实现出版物从"好产品"到"品牌产品"的转化。所以，好产品面世之后，接下来就应该打造产品集群，扩大市场影响，形成产品体系，细化品牌战略，调整品牌方向，建设品牌文化，以实现品牌萌芽的可持续成长与发展壮大。

毋庸置疑，出版品牌的发展壮大首先需要优质图书产品的支撑，脱离图书产品不可能塑造出版品牌。以后浪出版公司为例，其成立初期就十分注重图书产品特质，策划出版的《秘密花园》等畅销图书获得了销量和品质的双赢，也初步奠定了其出版品牌的基础。此

后多年，后浪公司不断在图书市场深耕，持续打造综合实力，树立业界口碑，构建起稳定多元的图书产品结构。不过因为始终缺乏头部作者和热门图书，品牌效用未能有效发挥，在图书市场处于中游位置。针对这种状况，2015年，后浪公司开始在图书品牌建设和扩张方面发力，先是深入挖掘已占有的优质资源，并以此为基础探寻新的增长方向，在同类型中寻找差异化，在差异化中实现精品化。在挖掘已有优质资源方面，后浪公司围绕有一定影响力的历史类图书子品牌"汗青堂"，从选题定位、作者层次、内容品质、设计方案、营销推广等方面展开更加精细化的深度运营，为该品牌注入新的能量和生机，使品牌效应更加凸显。"汗青堂"出版的《棉花帝国》等几十种图书成为头部畅销书。而后，后浪公司又借势开创新的品牌阵地，打造图像小说这一新型品牌模块，为此专门创建"后浪漫"品牌。该品牌策划的图书产品占据了我国译介图像小说80%的市场份额，成为行业标杆和引领者。借助于这些子品牌的成功，后浪公司形成了新的品牌矩阵，公司也一跃成为图书市场中的头部机构。

由此可见，图书产品是出版品牌成长的基础要素，想要让品牌的效应持续产生作用，一定要不断地推出精品。因此，出版机构必须从编辑力量、装帧形式、作者资源等方面全面发力，充分调动各种要素服务于出版品牌综合实力的提升。

第二节　出版品牌的开发

出版品牌并不是一个固化的概念，有着广泛的外延。品牌的开发需要深度挖掘内容资源的多种可能性，打造完整并具有生命力的产品链，方能让品牌不断焕发出活力，从而形成具有黏性的读者群体，真正将读者变为品牌的用户。

一、出版品牌的延伸

出版品牌打造完成后，必须充分利用品牌的价值并将其最大化，形成品牌效应的辐射网。打造品牌辐射网需要一定规模产品的支撑。图书品种的延伸，是出版品牌开发的基础。但图书品种规模的扩大并非简单粗暴地增量，必须有明确的编辑思路贯串始终。战略先行，方能事半功倍。

在新兴媒体的冲击下，"个性化需求"和"分散的注意力"成为文化产业受众群体的显著特征。国内图书市场读者群体总体量在不断扩大，但读者画像却越来越精细。读者年龄、性别、圈层关键词等都是图书品牌定位的考量因素。有了明确和精准的品牌定位，品牌图书的开发就有了方向和基准。

编辑必须将品牌意识渗透于出版的全流程。在选题策划阶段，就要以明确的品牌定位去筛选、构思图书选题，必须考虑选题所针对的读者、作者的选择、书稿的类型、图书装帧设计风格等。只有紧扣品牌的定位进行选题开发，才能形成整体调性鲜明、内容形态各异的产品链，才能满足所服务的读者群体的阅读需求，增强读者对出版品牌的心理认同。

开发系列图书是图书品牌扩大品种规模的重要途径之一。系列图书通常投入成本高、出版周期长，但相应地，成功的系列图书往往会形成产品之间强大的拉动效应以及持续性的影响力。系列图书的开发首先要有长远的眼光，在出版方向的选定上，内容资源和作者群是必需的两大要素。丰富的内容资源能够提供可持续开发的选题品种，优秀而稳固的作者团队则是系列图书品质的重要保证。以"饕书客"品牌"日本经典之美"书系为例，该书系依托于日本文学史上的经典名家作品，开发了《雪日》《春天七日》《春琴抄》《惜别》《山月记》《歌行灯》等图书，正是借助了日本文学史上数量众多的优秀作品和作家资源，才得以持续出版20余种图书，获得了稳固的读者群和一定的品牌认知度。

出版品牌的核心产品是图书，图书的本质是内容。一个品牌的核心产品代表着品牌的调性和基本面貌，因此核心产品打造的重中之重是内容。出版品牌的成功离不开核心产品，一个成功的核心产品不仅可以成为一条产品链的轴心，还可以在短时间内让出版品牌的认知度和影响力爆炸式增长。如"后浪"的《秘密花园》，"果麦"的《诗经》，"一页"的《三岛由纪夫》等，都在出版品牌的塑造中起到了核心作用。

如今的图书市场几经互联网新兴媒体的冲击，大众形成了碎片化的阅读习惯，短视频方兴未艾，挤占着传统阅读的空间，但庞大的受众群体也在不同媒介的渗入中逐渐分层。大众的阅读从满足知识需求逐渐向满足审美需求过渡，因而对图书的内容有了不同的要求。因此，出版品牌核心产品的内容要有独特性，这对编辑的编辑力提出了更高的要求。以"乐府文化"品牌的《中国故事》为例，该书文本由一名小学语文老师历时十年整理，再经大量学生读者试听、试读，反复修改推敲成书。在高质量的文本基础上，编辑将故事划分为"中国人的日常""神话传说""追寻幸福的道路"三个维度，借由此书推出了"构造中国人的心灵世界"的概念，极大引发了读者的情感共鸣，使得原本针对青少年读者群体的图书，同时俘获了成年读者的心。

注意力经济时代，如何从浩如烟海的竞品中脱颖而出，这是每一个产品问世之初需面对的问题。出版品牌的核心产品营销应最大限度地发掘其价值，找准营销方向后再一以贯之地执行。具体体现在宣传文本提炼、新媒体内容组织发布、获取销售渠道优质推广资源、策划开展相关活动等方方面面。如"后浪"《秘密花园》的营销，使用了新浪微博等社交媒体，推广"涂色减压"方式，又以众多"大触"（绘画水平高的画手）在其社交媒体账号上发布涂色作品，通过自身流量带动了大众涂色《秘密花园》风潮，这一信号又反馈至各类图书销售平台，平台给予该书重要展示位置、重点推送等资源倾斜，从而让该书成为现象级的爆款图书。

品牌延伸不是无限的，有其宽度和长度的上限。尤其是注意力经济时代，大众焦点往往转瞬即逝，舆论风向亦瞬息万变，出版机构对市场的发展要具备前瞻性和预见性，根据品牌以及市场的现实状况，了解品牌延伸的限度，随时调整延伸策略，积极寻找新的增长点。

二、出版品牌的深度开发

与一般商品相比，出版物既是物质产品又是精神产品。内容是其重要的产品属性，这决定了出版品牌开发的模式。中国图书市场每年的新书品种可达 50 余万种，而图书的消费模式与一般产品消费模式差异巨大，一个读者购买一本书可以反复阅读，但单本图书不会出现大规模重复购买的情况，因此出版品牌的开发和运营主要依托于新品种的驱动。

编辑的策划是出版物品牌开发的灵魂。编辑在策划选题时，就要将品牌深度开发的意识贯串始终。优秀的策划不仅可以充分发掘选题的潜力，实现图书社会效益、经济效益的最大化，还能大幅提升出版机构的认知度，增加其市场话语权，从而提高一系列产品的影响力，形成出版品牌运营的良性循环。

以"甲骨文"品牌为例，该品牌在选题策划过程中，无论在选题调性、装帧设计还是书名提炼、推广文案撰写上都凸显了品牌的统一特质。该机构出版的作品，如《撒马尔罕的金桃》《普法战争：1870—1871 年德国对法国的征服》《中古中国门阀大族的消亡》等，将众多原本曲高和寡的小众选题，如串珠一般串联起来，积累了庞大而忠实的品牌读者群体，形成了强有力的品牌效应。

新媒体的兴起曾被认为会对传统出版物，尤其是纸质图书造成致命的冲击。但事实表明，虽然新媒体的蓬勃发展极大丰富了大众获取消息的渠道，但传统出版物并未被碎片化的即时消息或海量的短视频所取代。在新媒体浪潮的席卷之下，出版业反而焕发出生机。当前，读者的需求是出版品牌开发的方向，出版机构应充分利用不同类型媒体的优势，将传统出版的优质内容资源通过媒体融合的方式，进行多元、立体的开发，以满足读者日益多元的阅读需求。只有打通产业链，才能形成出版品牌的竞争力。

三、出版品牌的效能扩张

现代出版物不仅能够满足读者深层次的阅读需要，还是联结出版机构、编辑、作者和读者的纽带。出版品牌的深度开发应立足于这一点，不断提升内容服务质量，充分发挥品牌的市场价值，实现出版品牌效能的最大化。

数字技术的发展让出版业有了构建新商业模式的可能。数字化出版与传统纸质出版互为补充，依托纸质出版的内容，贴合移动互联网时代的生产方式，为读者提供更深层次的知识服务和多元化的阅读体验，同时满足社交媒体语境下读者渴望对阅读内容进行交互式讨论、评价的需求。如"微信读书"APP所提供的划线、评论、分享等功能，可以让同一本书的不同读者跨越时间与空间的限制，针对书中任意一段内容展开讨论、进行评价和标记。越来越多的出版机构都选择了"纸电同步"的出版方式，提供听书、精读课程、作者导读等丰富多样的内容服务，引导读者在纸质图书之外为衍生内容服务付费。

同时，数字化出版平台也凭借其技术优势，在为读者提供服务的同时，通过数据抓取、用户分析，让出版机构更为精准地了解其读者群体，搭建起出版者与读者之间多维度的联系网络，从而提升出版品牌的效能。

出版社还应树立"跨界"思想，打造 IP 品牌。"IP"是 Intellectual Property（知识产权）的英文缩写，可以理解为注意力经济时代，具有高关注度、大流量的知识产权。IP 的受众群体是跨圈层的，出版品牌若要打造 IP，实现品牌效能突破性的扩张，需要有大胆的"跨界"思想。出版机构应通过现有品牌资源，联合其他行业，共享内容、渠道创造某一产品多种形态的效益，实现"轮次收益"。如英国 J. K. 罗琳创作的"哈利·波特"系列小说，虽然最初以纸质图书出版获得了成功，但最终，它不仅在全球拥有数以亿计的读者，同时也拥有同等量级的影迷、游戏玩家、主题公园的游客、周边产品的用户。"哈利·波特"所代表的品牌价值已远远超过了纸质图书所涵盖的范围。

出版品牌 IP 的概念不限于图书的形态，出版机构、作者、画手，都是出版 IP 的开发方向。互联网时代打通了将能够引发关注的因素变为实质效能的通路。"浦睿文化"的"紫金陈刑侦推理"IP、"果麦"的"戴建业中国传统文化"IP 等都在出版跨界 IP 运营方向取得了成果。

出版业长期以来受制于形态的固化，随着时代的发展，媒体平台、行业渠道不断融合发展，出版业也逐渐打破了纸质图书的单一形态，出版品牌的效能以多样化的形式呈现出来。以"图书"为中心概念，开发多种形态的文化产品，是实现品牌效能扩张的重要途径之一。图书受产品特性所限，其产业规模也有限，但图书市场之外的文娱市场却极为广阔。时尚、教育、影视、游戏等领域都有巨大的开发潜力。图书品牌"一页"以其出版的日本经典文学作品文库本、日本文化系列图书为核心概念，开发了"文豪野鸭"系列手账、刺青贴、口罩等周边产品，受到广大年轻读者，尤其是时尚文化爱好者的青睐，让图书品牌"一页"进入大众视野。随后又根据一本诗集，开发了"保卫诗歌"帆布袋，被顶级时尚杂志《GQ》所关注并报道。借助大众关注度高的时尚媒体，"一页"迅速积累了大量忠实的读者，品牌效能覆盖了出版界和时尚界，实现了出版品牌的"出圈"。

第三节　重视品牌资源的著作权积累

一、重视著作权管理，避免版权纠纷

版权或著作权是指基于文学、艺术和科学作品依法产生的权利。如果出版机构出版的图书存在版权瑕疵或法律风险，那么不论它的内容多么经典，装帧设计多么独特，受众面如何广，它的价值都将无法体现，甚至可能给出版机构带来巨大的负面影响。因此，严格界定和管理著作权，对出版机构来说，是打造精品力作的基本前提和重要保障。

著作权界定和管理通常包括以下几方面内容：一是明确对方所拥有的权利内容和范围，这样才不会侵犯他人的权利；二是要明确

自己所拥有的权利，做好防范，以免权利受到侵犯，同时恰当地行使权利；三是重视与著作权相关的各类合同的签署，并正确履行合同。可具体从以下三点着手：

其一，做好出版物版权情况的调查。

在对拟出版作品进行调查时，应解决以下问题：这是一部什么作品，需界定其是独著、合著还是汇编作品；作品的权利人是谁，要弄清著作权人、作者署名等细节；版权处于何种法律状态，是否存有瑕疵，是否有法律风险？对于一般图书，以上问题通常可以很快得到确认，对涉及众多作者，著作权情况比较复杂的大型图书，这一调查环节必不可少。但要完全掌握以上细节，可能会耗费很大精力，此种情况下，出版机构可以请专业机构介入，列出调查清单，逐项查明，在此基础上，合理、准确地评估作品和权利人，预先化解后续出版流程不必要的风险。

其二，签订清晰有效的著作权合同。

著作权合同一般是指著作权人（可能是作者，也可能是著作权的继受者）与出版机构之间就作品出版的相关事宜所达成的协议。著作权合同在明确各方权利义务、规范出版行为、防范风险等方面都起着十分重要的作用。比较常见的著作权合同有专有出版合同、委托合同以及版权贸易合同等。

对著作权人来说，通过著作权合同授权出版机构出版其作品，出版机构支付给其合理的报酬，在未征得其同意的情况下，出版机构不可将所获权利转让给他人，从而保障了著作权人的人身权和财产权；对出版机构而言，著作权合同能够保障其在一定时限内拥有作品的专有出版权或者其他权利，在法律层面确保这些权利的独一性，其他人不得侵犯。可见，著作权合同通过对各方权利义务进行清晰的约定，使各方权利有所保障，有利于减少纠纷，提高合作效率。

需要特别注意的是，在当前数字化多媒体迅速发展的状况下，出版机构与著作权人之间的合作已经不限于出版纸质图书。所以，著作权合同的条款就必须具有一定前瞻性，以避免因技术进步造成的未经授权的新型使用方式所带来的侵权风险。

其三，严格按照合同条款履行义务。

签订著作权合同后，必须严格按照合同条款正确地履行义务，否则，也有可能引发著作权纠纷。正确履行合同的关键之处，对于出版机构来说，主要有三点：在约定的时限内按约定条款完成出版义务，并确保各项信息（书名、文章名、作者名、著录方式等）完备正确；如果合同中对稿酬进行了约定，那还需要在约定期限内以恰当的方式支付相应的稿酬；未取得授权，不得超出合同条款规定行使权利，比如合同中如果没有约定信息网络传播权，出版机构就不得把出版物的相关内容通过网络进行传播。

二、维系重要作品，积累著作权资源

作品是出版机构生存与发展的基石。一部具有影响力作品的出版，往往是树立图书品牌、积累著作权的契机。出版机构对于具有市场潜力和出版价值的优秀作品的开发，不能仅仅局限于成功签约，需要有多面的审视角度和更开阔的视野格局，为单一作品进行充分的赋能，综合运营其各项著作权，如此才能持续性发展，以点带面，形成品牌效应。在这方面，博集天卷旗下的童书品牌"小博集"与"凯叔讲故事"APP 的出版合作堪称著作权开发的典型成功案例。

"小博集"在品牌成立之初就与"凯叔讲故事"APP 合作，对其热播音频节目《凯叔讲西游记》进行文字化改造，并且出版成系列图书《凯叔西游记》。该系列图书不仅吸引了原"凯叔讲故事"APP 大量听众的关注，作为音频节目的文字著作权开发产品，又增添了大量的插图、典故、成语、诗词和西游记词条等内容，发挥了文字图书知识性强、可反复品读的特殊优势，也因有优质的音频脚本基础，而让该书非常容易被少年儿童所接受、喜爱。《凯叔西游记》目前仍是各个电商平台、线下书店童书的热销产品。而"小博集"也以该产品为契机，又后续开发了《凯叔三国演义》《凯叔封神演义》等产品，打开了品牌认知度，也为其在青少年国学、名作名家经典等方向的产品线开发奠定了极好的基础。

在当今文化产业"融媒体""IP 化"发展的大趋势下，出版机构也应与时俱进，积极扩展思路，在选题策划阶段充分发挥编辑力，将作品不同形式的著作权开发列为重要的思考方向。在考量某一作品的出版价值时，要充分考虑其影视化、游戏化、有声化以及文创周边开发的可能性。如《庆余年》《琅琊榜》《三体》等作品除了成功地影视化，在广播剧、漫画、动画等方向都有了极具关注度的衍生作品。《斗罗大陆》除了多种版本的实体书之外，手游产品一经上线也自带了"情怀"优势，吸引了大量玩家。因此，出版机构应积极关注交集领域的动态，尽可能地争取到作品各个形态的著作权，积累图书品牌资源，为后续图书产品的开发打好基础。

争取到了重点作品的各种著作权后，出版机构需建立完善的运营机制，打开通路，才能维系好作品，真正开发出作品价值，取得作者的信任，从而建立长久的合作关系，形成良性循环。以陕西出版为例，陕西多家出版社已与西部国家版权交易中心建立联系。出版方发挥其选题策划、作者资源、编辑加工的优势，西部国家版权交易中心则依托与各大影视平台、制作公司的合作网络，搭建桥梁、成为枢纽，为陕西本土作家作品以及弘扬陕西地方特色文化作品的影视化、文创开发进行积极的探索和资源储备。

当然，运营著作权必须本着合作共赢的基本原则，不可只顾眼前利益涸泽而渔。阅文集团的"合同风波"事件，不仅伤害了作者的权益，也为企业带来了极为负面的影响。

三、寻找潜力作者，积累著作权资源

作者是著作权的权利主体，对于出版机构来说，签约作者越多，意味着拥有的著作权资源越多。目前在行业内占据重要地位的出版机构，都以拥有重磅作者为号召。如人民文学出版社、作家出版社、新经典文化股份有限公司等，长期深耕于文学作品出版领域，故拥有最多的文学类作者。其强大的作家团队，一方面塑造了出版品牌形象，另一方面也对其他作者构成吸引力，源源不断加入的作者成为其品牌发展的保证。对于出版机构来说，寻找潜力作者，积累更多的著作权资源，是关系到未来发展的重要问题，各机构都为此投入了大量的人力与财力。对优质作者的竞争，已经达到了白热化的地步。新经典曾一掷千金，购入马尔克斯作品的简体中文版权，受到行

业内瞩目。可以说，对于著名作者的争夺，已经形成了某种垄断，后起的出版机构，除非有更强的竞争力与财务投入，否则很难打破垄断。后起的出版机构，只能从潜力作者入手进行培育，逐步积累更多的著作权资源。

出版机构应明确自身的出版方向。随着时代的发展，行业分工越来越细密，新的出版热点不断涌现，已经不存在完全意义上的综合出版机构。出版机构或重社会科学，或重文学作品，或重专业出版，或偏向少儿，或偏向"三农"，林林总总，各有偏向。只有明确自己所擅长的出版方向，才能有的放矢，关注行业动态，寻找潜力作者。立足于自身的出版方向，根据市场情况策划选题，以选题为基础，寻找合适的作者，是出版机构寻找潜力作者最常用的方式。这种方式获得的作者，与编辑的契合度最好，对出版机构的忠诚度最高，最容易成为出版机构的长期作者。网络科技的发展，为创作者提供了自我展现的平台，也为出版机构提供了海量的信息来源。网络写手常常并非专业作家，但其思维灵活，善于抓市场热点，投合读者阅读需求，故其作品的市场性反倒高于专业作家。超级畅销书《明朝那些事儿》的作者当年明月、《盗墓笔记》的作者南派三叔、《长安十二时辰》的作者马伯庸，都崛起于网络，这样的潜力作者，在小有名气之时，即被出版机构网罗，其作品也成为一时的文化现象。对于大量的网络作者及其作品，出版机构的编辑要磨炼自己慧眼识珠的能力，去粗取精，力求择取优质潜力作者，丰富出版机构的著作权资源。

关注海外版权，是寻找潜力作者的另一方向。海外作者，往往在本国已具有相当知名度，其作品也经过本国市场的考验。但由于语言壁垒的存在，在中国国内尚不为人所知。具有一定语言优势和教育背景的编辑，可从购买版权入手，获取潜力作者的优质作品，积累良好的著作权资源。近年来，很多出版机构已经做出了榜样。如读客文化引进的《北欧众神》，其作者尼尔·盖曼在英语世界已经相当知名，但在国内知名度并不高。读客文化在《北欧众神》引进获得口碑后，又推出《烟与镜》《高能预警》等尼尔·盖曼的其他作品，均获得了不俗的销售业绩。

发掘潜力作者，只是积累著作权资源的第一步。要维系、积累著作权资源，出版机构还有诸多工作要持续推进，关于这一点，第六章中多有提及，不再赘述。

第八章 出版内容资源与精品出版

第一节 精品出版的概念及理论探析

综观人类出版史，精品出版一直是出版的潮流和大势所趋。党的十七届六中全会指出："创作生产更多无愧于历史、无愧于时代、无愧于人民的优秀作品，是文化繁荣发展的重要标志。"在社会主义文化大发展大繁荣的今天，人民群众对精品的需求日益多元和迫切，编辑出版行业人员应该牢记使命，将精品出版的理念贯串于出版活动的始终，向广大读者奉献更多的精品力作，以先进文化引领和促进社会的进步与发展。

一、精品的概念和内涵

（一）精品的定义

按照《现代汉语词典》和《辞海》的解释，"精品"是指物质中最纯粹的部分。如精良的物品，上乘的作品。精品出版物，通常的理解是去粗取精，大浪淘沙，经过时间检验、读者检验而沉淀下来的出版物。这些出版物能够传承优秀文化，弘扬时代精神，体现国家水准，群众喜闻乐见。①

（二）精品的界定标准

通常按照两个标准分类。一个标准是图书的规模，精品既可以是集大成的鸿篇巨制，如清乾隆时期由纪昀（纪晓岚）主编的《四库全书》，规模之大，前无古人；现当代有中华书局出版的《中华民国史》，洋洋7000余万字，卷帙颇丰。精品也可以是短小精悍的单册图书，如20世纪30年代由艾思奇编著的《大众哲学》和近十多年来于丹编著的《于丹〈论语〉心得》等，都受到读者的广泛好评。另一个标准是图书的功效，既有传承文化、填补空白的学术精品，也有读者口口相传、不胫而走的大众化精品。而在现实中，人们往往按出版物的体量和学术价值判定精品，存在一定的片面性。原新闻出版广电总局副局长吴尚之曾说："精品力作，不一定要搞大制作、大工程，是不是精品，关键是看内容水准，而不是作品的大小。"所以界定精品主要看其内容水准，无论社会科学，还是自然科学，无论学术作品，还是普及性出版物，是否具有原创性，是判定精品的根本标准。

（三）当前精品出版的主要方向

不同时代的精品，都有其特定的内涵和鲜明的时代特征。原国家新闻出版广电总局副局长邬书林指出，出版业要在六个方面做好

---

① 周百义.出版企业实施精品战略的若干策略［J］.出版发行研究，2012（5）.

精品出版工作。第一，精心规划一批阐述社会主义核心价值体系的出版物，占领思想和理论制高点，占领文化制高点。要总结庆祝改革开放以来主题出版的经验，能够把中国道路、中国模式讲清楚。第二，精心规划一批反映我国经济发展成就并能推动经济社会进步发展的重要出版物，把出版内容跟经济发展结合起来，大力拓展新的出版内容。第三，精心规划一批跟踪世界科技前沿的精品出版物，开拓国际市场。第四，精心规划一批服务于我国教育工作的精品力作，为人才培养和科教兴国服务。第五，精心规划一批满足人民精神文化需求的精品力作，用文学艺术等形式净化人们的心灵。第六，精心规划一批推动中华文化走向世界的出版精品，通过出版物能够真正讲好中国故事，建立鼓励外国人介绍中国的有效机制。

二、精品出版的理论初探

中国出版业转型已历 20 余载，取得了巨大成就，出版业企业化进程提速，产业规模大幅提升，产品数量日益丰富，中国成为全球当之无愧的出版大国。然而在发展过程中也暴露出许多亟待解决的问题：出版主业活力不足，教辅材料泛滥，图书品种不断增多，但真正有学术含量、文化价值、创新精神的作品太少；重复出版、跟风现象、注重实用而缺少文化含量的同质化图书大量充斥市场。[①]这些问题的根源便在于冲破了计划经济桎梏的出版业，还没有形成一套能够正确指导出版业实践的理论。而脱胎于精品出版战略的精品出版理论，正是为了弥补这一不足而具有了存在的价值。

---

① 崔元和.警惕中国出版的误区[J].编辑之友，2009(8).

（一）精品出版理论概述

精品出版理论反映了人们对于"文化精粹"的推崇和极端信赖。从美学角度看，最美的东西往往最符合客观发展规律和对人最有价值。而所谓"文化精粹"，也就是一种效力最大化的知识集合体，这种集合体是对无限丰富的信息的一种凝练和萃取，是对社会平稳进步、行业良性发展及人民思想道德素质和科学文化水平的快速促进。

精品出版理论可以简单归纳为：在尊重编辑出版规律的前提下最大限度发挥编辑出版人员主观能动性，推崇和追求文化精粹，鼓励内容创新和制度创新的出版观念和操作方法。这个定义反映了精品出版理论的实质：是理念和方法的统一；点明了核心——创新；体现了目的——推崇和追求文化精粹，鼓励内容创新和制度创新，通过提供更多读者乐意、社会满意、市场中意的好产品，达到提高社会文明程度的目标；表明了主体——编辑出版人员；提出了路径——尊重编辑出版规律，最大限度发挥主观能动性。

（二）精品出版理论的基本观点

精品出版理论的提出是为了修正和完善出版业现有做法，是一种具有极强接纳性的理论体系。精品出版的理论本质是内容创新和制度创新的高度统一。内容创新是精品出版理论的核心，制度创新则有助于保证和推动内容创新。

1. 精品出版理论是社会、出版社和读者三者合理协商所产生的最优结果的反映。当今社会，物质文明的极大丰富刺激和促进了广大人民群众日益增长的精神文化需求，出版社作为市场经济条件下文化产业市场的主体，势必要生产出更多能够满足受众需求的产品，以赚取利润进行扩大再生产。社会和读者对出版社的要求使得出版社不能仅仅作为一个赚钱的工具，而是要不断开发有利于读者身心健康和社会良性进步的文化产品。出版社内部也有传承文明的使命感和强烈愿望。这样一来，读者的需要、出版社的使命和社会的需求，三者在动态中达成一致，精品出版理论因此得以脱胎。

2. 精品出版理论是贯串出版活动始末的理念和操作方法，涵盖精品出版意识和精品出版方法。完整、系统、全面，这是精品出版理论不同于其他一些理论和研究之处。精品出版理论应该也可以贯彻于整个出版活动。在每一家成功的出版社、每一部优秀作品的出版和每一批兢兢业业的编辑出版从业人员的身上，我们都能够看到精品出版理论的影子。从出版社整体战略规划到单个项目的选题策划，从组稿到审读，从编辑到校对，从装帧设计到纸张选用，精品出版的理念和操作方法应该且必须得到提倡和发扬。

3. 精品出版理论不仅要反映人类文明精粹和各种社会思潮，同时还要弘扬社会文明的目标和主流价值观。每一个从事编辑出版的人都能体会到书籍中所蕴含的改变社会进程和人类命运的力量。以往许多理论的不足之处就在于，只注重如何满足读者的需求，忽视了社会中其他的声音（这些声音很有可能是十分明智的），也忽视了对读者和社会的引导，这样做的直接后果就是出版产品种类单一，低水平同质化严重，出版市场虚假繁荣，文化格调和质量下滑，优秀文化逐步丧失。为了扭转这种不良局面，我们需要在精品出版理论的指引下，在实际业务工作中提升自己敏锐的观察力和文化选择能力，汇集人类文明精粹，反映当下社会思潮，打造多元化的出版文化市场。出版行业除了要完成传承人类文明的使命之外，还应发挥自己强大的舆论导向功能，在日益多元的文化中，为政府和公众指明前进的道路，更加主动地参与到社会精神文明的建设中来。

4. 精品出版理论之所以能够贯彻下去，是因为作为社会文明传承的有效载体——出版企业，因其社会责任和编辑人员的职业担当，也有实现自身社会价值的强烈主观愿望以及全社会对其的客观监督和期许。

（三）践行精品出版理论的必要性

1. 精品出版理论有助于克服以往编辑出版实践的误区，为出版企业的良性发展指明道路。在以往的编辑出版实践中，由于缺乏一套行之有效的指导理论，出版工作常常陷入"重数量，轻质量；重效率，轻公益；重迎合，轻引导；重策划，轻审读"等误区。精品出版理论秉承推进社会发展和构建精神文明的理念，以"人本位""书本位"的原则来指导战略方向、选题策划、资源配置、编辑、校对、装帧设计、深度开发，从而成为一套完整的图书制作与加工系统。

2. 精品出版理论是对旧有体制的冲击、改革与创新。出版体制改革一直是这些年贯串中国出版行业发展的主线，通过改革解放和发展生产力，释放产业活力，壮大出版产业。精品出版理论鼓励挑战和创新，从思想观念、技术制度、产业发展方面对编辑出版机构和从业人员提出新的要求。如今，以产权改革为主要内容的出版体制改革进展顺利，可以预见的是下一步改革，将围绕调整生产关系、优化产品结构、推动产业升级等内容展开。这将对出版物的内容和品质提出较高的要求，也是对出版社能力的一种衡量和挑战。能否在下一次改革的浪潮中站稳脚跟，关键就是看能否积极秉承和践行精品出版理论。

3. 践行精品出版理论是出版行业振兴和保护自身的最有效方法。首先，秉承精品出版理论，从思想上和行动上贯彻精品出版理念和操作方法，这样生产出来的产品就会明显区别于其他粗制滥造的出版物，如果说质量是产品的生命，那么这种精品出版孕育出来的图书一经面市就拥有了蓬勃的生命力，就可以在市场上长盛不衰，出版行业也得以兴旺发达。其次，产品特色是各个出版企业相互区别的重要标志，同样地，精品出版理论指导下开发的产品，被深深地打上了母社的烙印，这正是品牌战略的原初思想和操作方法。再次，中国特色社会主义法律体系不断完善，为我国社会主义市场经济的良性发展奠定了法律基础，同时也规范了出版企业的行业行为，秉承精品出版理论的出版社将生产出一系列高质量的、不可替代和复制的产品，从而有效地避免图书产品同质化的尴尬和法律纠纷。最后，从人才培养的视野来看，精品出版理论强调制度创新，重视操作流程，是一套简便通俗的理念和行为方法，实践中会通过项目引领很大程度降低人才培养的成本。此外，对先进文化的孜孜追求，"以人为本"的管理理念也会极大地激发广大编辑出版人员的职业理想、人生追求，从而避免了人才的流失。

第二节　国外出版业发展简介

一、国外出版业发展阶段

（一）工业出版时代

自 19 世纪开始，随着新技术如铅版印刷、铁版印刷、蒸汽机的运用，机器铸字和排字、复制插图的新方法等开始运用，图书产量显著增加，图书成本显著降低，西方的出版业开始进入现代时期[①]。这一时期的出版活动，有着深深的工业时代烙印，出版物形式以纸质图书为主，强调机器印刷的生产属性，出版企业主要依靠垄断资源和政策保护获利，市场化程度普遍较低。

（二）电子出版时代

20 世纪 40 年代，随着电子计算机的诞生，计算机编辑排版技术开始广泛应用，出版业进入电子出版时代。20 世纪 80 年代中后期，由于信息存储技术的发展，出版物形式更加丰富多彩，如磁带、磁盘、CD-ROM 等，出版业迈进了全新的无纸印刷时代。

（三）互联网出版时代

20 世纪 90 年代中期，互联网的旋风席卷全球，出版业开启了网络时代。随着互联网、移动互联网的广泛应用，出版业在内容、形

---

① 《大不列颠百科全书》把出版分为四个时期，一是古代世界(1450 年以前)、二是印刷术的传播(1450—1550 年)、三是繁荣的图书业(1550—1800 年)、四是现代图书出版业(19 世纪到现在)。

式、平台、技术、渠道、手段等方面不断变革。

（四）云端出版时代

近年来，随着云计算、智能物联网等技术的广泛应用，图书出版业的生态环境也在悄然改变。通俗地讲，"云"就是专业内容的大数据聚合，"端"就是移动终端和智能终端等各种端口。在未来的图书出版行业，大数据的存储、交易、生产、分析以及数据产品的增值将进入图书的文字创作、编辑排版、生产制作、市场销售等各个环节。未来数据产品的生产和增值，直接交易数据可能会成为一种趋势。

二、国外出版业发展的现状及特征

美、英、法、德、俄、日等出版强国垄断着世界上70%以上的出版物及版权贸易，并通过强大的经济基础和政治、文化影响力，制定相关贸易和知识产权保护规则，输出其文化和意识形态，其出版业发展呈现出以下特征：

（一）市场化程度高

第一，出版生产要素的市场化程度高。包括人才市场、资本市场、技术市场等出版生产要素的市场发育成熟，各市场间以价值为纽带，对出版资源优化配置，发挥基础性作用。

第二，出版业产品的市场化程度高。出版单位一般有两种市场策略：一是适应市场，读者需要什么书，时代需要什么书，社会需要什么书，出版社要去适应；二是培育市场，图书作为一种特殊商品，有一定的导向作用，出版社主动出什么书提供给读者，实际上就是刺激消费、引导读者、培育市场。适应市场是被动行为，培育市场是主动行为。就整个市场化进程而言，开始阶段往往是以适应市场为主，接下来是适应市场和培育市场并重，最终的高境界应该是以培育市场为主。

第三，出版物市场的发育程度高。出版物市场布局已经形成以市场为导向，并建成具有信息服务功能、决算功能、储运功能的跨地区、跨行业的国家统一的大市场。图书市场发育程度问题，不只是发行企业自身经营管理的问题，更是市场的各种要素如何按照市场规则运作的问题。比如日本出版业，批发商利益分割清楚，与出版社的结算折扣确定为60%，大出版社让利1%，基本无大变化。日本的图书市场比较规范，一方面是行业协会的作用，另一方面和大公司的大规模、稳定性的经营对市场的左右有关。30家大出版社和东贩、日贩两大批发公司在图书市场形成稳定的运作。虽然有些小的出版社为自身利益暗中给高折扣，但无法影响图书市场整体。

第四，出版业主体市场的成熟程度高。在市场经济条件下，西方出版业的经济结构是多种经济成分共同发展的多元化的经济结构。通过股票上市进行融资是很多大型公司经常采用的模式。一些跨国、跨媒体、跨行业的公司，有时会根据业务的需要在不同的洲、不同的国家分别上市，如我们熟知的里德-艾尔斯维尔、皮尔逊。多元化的经济结构，使出版单位的代表性更为广泛，管理与决策程序更加平衡和高效，对自身在产业链和价值链的定位与布局更加准确、灵活。

第五，市场规则和市场秩序的完善程度好。西方国家政府通常不干预出版社的出版活动，各家出版社自主制定自己的出版与发行政策。如美国，新闻署是联邦政府的新闻与文化机构，该署文化中心、智能教育与文化事务部负责促进与发展美国出版业的工作，对有助于促进美国图书出口的项目予以资助。

（二）组织结构优化

首先，编辑功能被强化。20世纪60年代以前，西方出版业还是出版商的世纪，西方传统的出版业是家族式的出版商行业。它使书店的功能和印刷厂的功能相结合，商业活动和工业活动相结合。随着公司制成为现代企业的主要组织形式，西方的出版业在体制和内部结构方面发生了革命性的变化。编辑部的出现和编辑功能的强化是一个重要表现。社会的发展带来了科技的飞速进步和教育的普及，并由此带动了文学艺术和学术成果的兴旺，现代出版企业的文化特性也日益突出。因此，现代西方的大中型出版企业一般都设有编辑部。大型出版社设有若干编辑室，如日本最大的出版社讲谈社就设有20多个编辑局。

其次，发行的地位很重要。在西方出版业，发行被称为出版业的"生命线"。在内设机构中，大型出版企业一般都有发行部或发行公司，中型出版社一般设有营销部。营销部由销售经理和销售代表组成，是出版社的重要推销力量。销售代表的任务就是跑印数，专门从事本社新书的市场调查。市场调查不仅带来了可观的经济效益，还能够避免因印数不准造成的图书积压和无效库存。在图书市场日趋饱和、细分产品竞争白热化的环境下，畅通的多元发行渠道、精准的宣传投放能力、持续创新的营销策划能力已经成为各出版单位的核心竞争力，成为引导编辑力量的"指挥棒"。

（三）行业集中度高

在市场经济环境下，出版业的产业属性决定其必然通过各种市场手段追求经济利益最大化。通过扩大生产规模可以增加市场份额，可以带来成本的下降，而成本的下降又为进一步扩大市场份额创造条件，如此循环将导致产业向少数企业集中。在欧美出版发达国家，出版业的一个共同特征就是高度垄断，且行业的集中度高。其格局一般呈金字塔式，塔顶是为数不多的超级出版或销售寡头，中间是变数极高的中型出版社或书店，最下层是大量的小型出版社或书店。而从国际上来看，整个书业市场实际上也是操纵在几十家寡头公司手中。

三、国外出版业发展趋势

（一）注重品牌价值和国际交流，精品出版百花齐放

国外有名望的出版社，出书很严谨，在残酷的市场竞争中，不断打磨其优势资源，"以点带面"形成产品集群，并以此为基础进行多元立体开发，呈现出精品出版的特色、集约发展的态势。如英国不列颠百科全书出版公司的《不列颠百科全书》，有很高的国际声誉。英国牛津大学出版社出版的英语词典，在世界上独占鳌头。德国施普林格出版社收集世界最著名专家包括中国科学家与医学专家的研究成果，具有很高的价值。意大利与法国一些有名的出版公司出版的艺术作品，包括佛罗伦萨的古代艺术和卢浮宫收藏的杰作，出版物的质量居世界前列。日本集英社的漫画出版，在业界享有盛誉，许多系列已经连载数十年，版权销售十分可观，部分作品在游戏、影视改

编、文创衍生品等方面都取得了巨大成功。世界各国都非常重视图书出版交流，重要著作，世界许多国家都有译本。日本经济与文化发展迅速，这与其吸收外来文化有很大关系。外国出版了新的重要学术著作，日本很快就有译本出现。德国密切注视国外的研究成果，出版的图书，每 7 本中就有 1 本是翻译著作。

（二）出版企业国际化、垄断化、集团化趋势加深

在全球一体化发展趋势下，出版市场早已打破了国界，而资本的全球逐利性也推动着出版主体横向联合兼并、垄断扩张，纵向跨界重组、多元经营。综观目前世界上大出版集团的发展历史，无不是通过联合兼并发展壮大的。

德国贝塔斯曼集团是世界上媒体业排行第三的超级集团，在世界各地建立了分公司，在全世界拥有数百万会员。它通过兼并成为世界上最大的英语商业图书出版集团。培生集团是另一国际传媒巨头，在教育出版、商业出版、电视、商业信息等方面，处于国际领先地位。培生集团在创建公司后的 50 年里，收购了许多出版公司，其中培生教育出版集团是目前世界上最大的教育出版集团。汤姆森学习出版集团是世界上最大的学习和教育出版集团之一，在英国、西班牙、墨西哥、新加坡、澳大利亚、印度、韩国、菲律宾、泰国、日本和加拿大等国，以及我国台湾、香港都有分公司。经过短短的十几年的不断并购，汤姆森学习公司拥有 20 多个子公司。

新世纪的开始，国际出版兼并浪潮不但没有减弱，反而愈演愈烈。在出版业发达的欧美国家，都存在着一个或几个垄断出版集团。

（三）国际出版业教育化转型加速

在知识经济时代，技术对我们的生活有着深刻的影响，这种影响使经济转变为一种全球性的信息经济。技术增加了对教育和培训的需求，特别是成人（继续）教育。由此可见，教育市场十分巨大。

全球教育市场蕴含的巨大商机吸引了越来越多的国际大出版集团改变投资战略，向教育出版转移。国际著名的汤姆森学习出版集团为了改变投资战略，收购其他教育出版公司，卖掉了一些非教育类公司，进行规模较大的产业结构调整。世界出版巨头培生集团也在调整出版战略，通过不断的兼并和联合来强化其教育出版的优势。目前，培生教育出版集团是世界上最大的教育出版集团。

（四）科技创新不断颠覆、重构着国际出版业

第一，基于先进技术的商业模式创新正在颠覆原有的出版模式。基于互联网等先进技术的自出版模式、众筹模式等新兴出版模式将不断成熟。以大数据、智能机器人技术等为基础的智能出版、全自动出版模式将快速发展，并将使传统出版模式产生颠覆性革命。此外，语音转换、文字翻译等技术的成熟，也将催生具有颠覆性、全球性影响特征的全球出版模式。

第二，多媒体技术不断成熟，正在成为出版内容拓展的有力支撑。多媒体技术将不断成熟，并取得重大突破，文字、语音、图像等要素之间的转换将大大提速。多媒体技术在出版业得到深层次应用，出版产品将广泛拓展到广播、电视、音像、电影等多个形态，多媒体、跨媒体、全媒体、超媒体模式也将出现。

第三，先进技术正在孕育新的出版模式、出版载体和出版方式。

大数据技术广泛应用于出版业，创新出版业对信息和知识的搜集、储存、传播方式，带动出版产业体系的重构。

先进的科学技术不断催生新型出版产品，并为出版业创新商业模式奠定基础。未来的出版业将越来越依赖先进技术的支持，先进技术也将推动出版业更深层次的升级甚至革命。

第三节　国内优秀出版企业精品出版简析

一、国内优秀出版企业精品出版的背景

（一）我国出版业繁荣发展

中华人民共和国成立 70 年来，中国的出版业经历了沧桑巨变，规模、品种、数量实现了跨越式增长。图书出版从新中国成立初期每年出版 6000 余种，总印数不到 3 亿册，增长至目前年度新版及重印图书近 50 万种，总印数达到 83 亿册（张）。尤其是改革开放 40 年来，在党和政府的正确领导和大力支持下，我国图书出版业紧密围绕为人民服务、为社会主义服务的出版方针，坚持正确的舆论导向，弘扬时代发展主旋律，促进了文化积累和知识传播，满足了广大人民群众的文化需要。数据统计显示，1977 年至 2017 年间，我国出版社机构数量增长 4.3 倍，图书出版总品种数增长 33.2 倍，总印数增长 1.4 倍，总印张数增长 5 倍。可以说，改革开放激发了图书出版业空前的发展活力，我国图书出版结构、布局日趋合理，体制、机制不断创新，图书出版集团化进程加快，社会影响日益扩大，精品力作不

断涌现，综合实力明显增强，整体呈现出健康有序、蓬勃发展的繁荣景象。

（二）经典著作、精品力作不断涌现

出版业的繁荣和发展主要体现在一个时期内涌现出来并经过时间和空间的筛选、经过读者检验的精品力作。说到精品出版成就，不得不提到改革开放 40 年来，一大批具有很高理论思想价值的经典著作相继推出，大量具有很高学术价值和阅读价值的社科、科技、科普、文学、艺术、少儿等方面的精品图书层出迭现。

作为中国人自己的百科全书，历时 15 年编撰的《中国大百科全书》（第一版）（共 74 卷）于 1993 年全部出齐。该书由党中央、国务院高瞻远瞩决策，举全国之力编辑出版，为此还专门成立了一家出版社，即中国大百科全书出版社。这部巨型知识总汇工具书覆盖面广、内容完备、质量权威，囊括了哲学、社会科学、文学艺术、文化教育、自然科学、工程技术等 66 个学科领域，近 8 万个条目、5 万余幅插图，共计 1.26 亿字。2009 年，《中国大百科全书》（第二版）（共 32 卷）出版。《中国大百科全书》的出版结束了中国没有百科全书的历史。

优秀的社科出版物具有弘扬传统文化，促进传承发展，推动中华文明创造性转化、创新性发展的作用，同时也具有彰显时代特征，聚焦现实问题，反映当今社会政治、经济、科技、文化的全新面貌的鲜明特性。《中国大百科全书》只是体现各学科领域优秀出版物的一个典型，其他诸如《中国可持续发展总纲》《中国经济双重转型之路》《变革中国：市场经济的中国之路》《南京大屠杀全纪实》、

《付费：互联网知识经济的兴起》《中国美术全集》《中国书法史》《苦难辉煌》《甲午殇思》《文明之光》"北斗系统与应用出版工程"丛书、《载人航天出版工程》《当代药理学》等也是非常优秀的社科出版物。这些图书丰富了我国的社科出版，产生了深远的影响。

文学艺术类精品出版物紧扣时代脉搏，反映现实生活，回应人民心声，努力满足读者精神需求，出版成果丰硕。仅以小说为例，从改革开放初期《班主任》《伤痕》的出版发端，到《乔厂长上任记》《沉重的翅膀》《改革者》出版，再到《红高粱》《白鹿原》《平凡的世界》《尘埃落定》《生命船》《三体》等产生广泛影响。习近平总书记在文艺工作座谈会上发表重要讲话之后，《试飞英雄》《血梅花》《中关村笔记》《惊蛰》《曲终人在》《重庆之眼》《平原客》《攀登者》等优秀文学作品纷纷涌现。改革开放以来出版的文学作品在社会上的传播与影响，最典型的例子当数路遥的《平凡的世界》，这部1991年获得第三届茅盾文学奖的长篇小说，至今在图书市场销量不减，在广大读者中影响不减，在新中国文学史上的地位不减，由这部小说改编制作的话剧、电影、电视剧也仍拥有诸多拥趸，堪称经典。

我国原创儿童文学可谓力作迭涌，名家迭出。曹文轩创作的《草房子》《青铜葵花》创造了"十年百刷"的出版奇迹；张之路创作的《霹雳贝贝》《第三军团》等深受孩子们喜爱，其中十多部作品被拍成了儿童电影和电视剧；杨红樱创作的《淘气包马小跳》系列图书，开创了中国儿童文学畅销书品牌，成为国内唯一在销售册数和销售码洋上可以与"哈利·波特"系列一争高下的原创儿童文学作品，她创作的《笑猫日记》也累计销售超过 6000 万册，成为原创儿童文学的现象级作品；郑渊洁的"皮皮鲁总动员"系列一红几十年，影响了几代中国儿童。

优秀的作品也成就了作家，如莫言、张洁、陈忠实、贾平凹、路遥、苏童、冯骥才、铁凝、余华、麦家、刘慈欣、曹文轩、杨红樱等在国内外广受赞誉，其作品受到国内外读者的欢迎。

（三）体制机制改革深入推进，政策引导力度不减

出版事业是中国特色社会主义事业总体布局的重要组成部分，是意识形态的重要阵地，是积累和传承民族文化、进行文化积累和文化创新的重要载体，在巩固舆论阵地、传承中华文明、培育民族精神、提高公民素质、推动社会进步等方面具有基础性、战略性作用。党的十一届三中全会以来，特别是十三届四中全会以来，中共中央、国务院高度重视新闻出版工作，做出了一系列重大决策，为做好新闻出版工作指明了方向。

1. 体制机制改革引向深入

从 1979 年 12 月在长沙召开的全国出版工作座谈会到 1983 年中共中央、国务院做出《关于加强出版工作的决定》，出版单位由事业体制到实行企业管理，从单纯的生产型向生产经营型转变。

自 1990 年起，先后成立山东、四川、江西、广东等出版集团，到 2000 年 3 月，辽宁出版集团正式挂牌运营，与原行政管理机关彻底脱钩，成为第一家真正实现政企分开、政事分开，并获得国有资产授权经营的出版产业集团，以资产为纽带的出版企业集团化成为调整产业结构、实现集约化发展的主要途径。

2005年12月，按照中共中央、国务院《关于深化文化体制改革的若干意见》，改革扩大试点，逐步推开，2009年底，370多家地方和高校出版社完成转企改制。

2012年党的十八大和2013年党的十八届三中全会把文化体制改革作为"五位一体"全方位改革的重要内容，做出了新的部署。2014年2月28日，中央全面深化改革领导小组第二次会议审议通过《深化文化体制改革实施方案》，标志着新一轮文化体制改革进入全面实施阶段。2015年9月，中共中央办公厅、国务院办公厅印发《关于推动国有文化企业把社会效益放在首位，实现社会效益与经济效益相统一的指导意见》。2018年12月，中宣部印发《图书出版单位社会效益评价考核试行办法》。2019年3月，中共中央办公厅、国务院办公厅印发《关于加强和改进出版工作的意见》。一系列体制机制改革付诸实施，图书出版进入了创新发展的新时代。

截至2017年底，全国共有经国家新闻出版行政管理部门或省级新闻出版行政管理部门批准的图书出版集团40家，其中"三百亿"集团6家、"双百亿"集团2家、"百亿"集团4家。中国内地出版传媒上市公司43家中有三分之一为出版公司（14家）。

2. 政策扶持力度不减

一方面，减税降负力度持续加大。2018年4月，财政部、国家税务总局印发《关于调整增值税税率的通知》，明确原适用11%增值税税率的图书、报纸、杂志、音像制品、电子出版物，税率调整为10%。2018年6月，财政部、国家税务总局下发《关于延续宣传文化增值税优惠政策的通知》，确定自2018年1月起至2020年12月，对相关出版物、印刷、制作业务执行增值税不同比例的先征后退，免征图书批发、零售环节增值税。

2018年12月，国务院办公厅发布《关于印发文化体制改革中经营性文化事业单位转制为企业和进一步支持文化企业发展两个规定的通知》，进一步完善推动文化体制改革发展的一系列重要政策，例如经营性文化事业单位转制为企业后，五年内免征企业所得税。2018年12月31日之前已完成转制的企业，自2019年1月1日起可继续免征五年企业所得税。通过这些税收政策的优惠，从实际出发为出版企业减税降负，有力地提振了出版企业发展信心，也为出版企业提升竞争力注入了力量。

另一方面，财政支持也在稳步增长。2018年11月，中央全面深化改革委员会第五次会议审议通过了《关于加强县级融媒体中心建设的意见》《关于深化改革培育世界一流科技期刊的意见》《关于加强和改进出版工作的意见》等方案意见。同期，文化和旅游部、财政部发布了《关于在文化领域推广政府和社会资本合作模式的指导意见》，鼓励社会需求稳定、具有可经营性、能够实现按效付费、公共属性较强的文化项目采用PPP（即政府和社会资本合作）模式。地方政府也在积极扶持本地区的相关出版企业，山东、北京、浙江、甘肃、海南等地纷纷出台相关政策文件，以财政支持、资本运作、政策扶持等方式，加快推动出版融合机制建设、出版产业园区建设、实体书店扶持、传统文化传承等工作，或从全局谋划，或覆盖重点领域，或针对具体项目，积极为产业发展持续注入新动力。

2019年7月，教育部印发《关于进一步支持高校校园实体书店发展的指导意见》，要求各高校应至少有一所图书经营品种、规模与本校特点相适应的校园实体书店，没有的要尽快补建。

这些中央和地方的政策陆续推出，为出版产业带来了重大利好，也为出版产业未来加快发展奠定重要基础。

为支持出版事业、出版产业发展，中央和地方分别设立了"宣传文化发展专项资金"和国家新闻出版行政管理部门主导设立的国家出版基金、国家古籍整理出版专项资金、少数民族文字出版专项资金、国家科学技术学术著作出版基金等出版资金项目。以国家出版基金为例，经国务院批准设立，至 2018 年，国家出版基金设立 10 年，共遴选资助了 4100 多个优秀出版项目，投入资金 43 亿余元，资助对象覆盖全国 580 多家出版单位。截至目前，已有近 3000 多个项目推出成果，有 500 多项成果获得中国出版政府奖等国家级奖项。在推动精品力作出版、提高出版物整体质量、推动文化繁荣兴盛、增强中华文化软实力等方面，国家出版基金都发挥了重要的政策导向和示范引领作用，给中国出版业带来了动力与活力。

为了对优秀出版物和为发展、繁荣出版业做出重要贡献的单位、个人给予奖励，党委、政府和出版发行行业协会设立了一系列奖励机制，全国行业性奖项主要有中宣部精神文明建设"五个一工程"奖的"一部好的图书奖"及"中国出版政府奖""中华优秀出版物奖""韬奋出版奖"等国家级行业最高荣誉。除此之外，还有"全国新闻出版广播影视系统先进集体""全国新闻出版广播影视系统劳动模范""全国新闻出版广播影视系统先进工作者"等奖励。

为鼓励激励更多优秀出版物出版，中宣部、国家新闻出版署还组织开展了"三个一百"原创图书出版工程评选、主题出版重点出版物选题评选、向全国青少年推荐百种优秀出版物、向全国老年人推荐百种优秀出版物、"中国好书"等一系列重大出版活动。

（四）技术的发展催生出版业的质变

出版业的进步总是伴随着技术的革新与发展。20世纪80年代以来，在计算机的普及和以互联网为代表的新技术发展的双重推动下，中国出版界开始主动接受新理念、引进新技术，持续开展技术研发，并取得了巨大的成就，使中国的出版技术在最短的时间内与世界同步。从汉字激光照排技术的发明促使中国出版走出"铅与火"、走向"光与电"，到数码印刷机的发明引领按需出版的实现，从20世纪80年代初磁盘、光盘等的出现带来的电子出版，到互联网普及后网络出版的出现，乃至今天人们耳熟能详的云计算、物联网、虚拟现实、智能语音、机器写作等新兴技术在新闻出版领域的应用创新，数字化大背景下的中国当代社会，纸张早已不是承载知识信息的唯一载体，出版业也不再是少数人有幸参与、多数人望而却步的行业，甚至连出版业的编辑、营销等环节也在主动引入新技术，加强媒体融合。以优质出版物内容为基础的 IP 运营模式日趋普遍和成熟。《风声》《杜拉拉升职记》《狼图腾》等作品在出版和影视领域都取得了很好的成绩，图书热销、电影热卖，和电视剧、游戏，甚至服装领域的成功相辅相成，衍生出新的产业链。

二、国内优秀出版企业精品出版的实践

在政策和技术的双力驱动下，我国出版业正在实现"弯道超

车"，由"出版大国"向"出版强国"迈进。同样，图书出版，尤其是改革开放40年来精品出版的成就，从根本上得益于自上而下的出版改革推动和自下而上的出版实践探索。改革与实践的良性互动，推动了国内优秀出版企业精品出版走向新时代，迈上新台阶。这里我们所指的国内优秀出版企业，既包含以中国出版集团、中国科技出版传媒集团等及其附属出版社为代表的具有先天优势的"国家队"，还有以深耕地方资源、突出重围、彰显特色的上海世纪出版集团、中南出版传媒集团、浙江出版联合集团等为代表的"省队"，也有立足优势、独辟蹊径获得成功的以中信出版集团为代表的企业，更有以荣信、博集天卷、新经典等为代表的民营书业。他们是我国图书出版业的中坚力量，正是这些企业在精品出版方面的生动实践，创造了我们之前所提到的改革开放以来我国精品出版的辉煌成就。

在这里我们也要进一步重申精品出版在新时代的特殊内涵，我们认为应该有三个维度：一是"鸿篇巨制"传承中华文明；二是"大众精品"满足普通读者的精神文化需求；三是"传播中国声音"推动中华文化走出去。而对于国内优秀出版企业精品出版实践的分析也以三个维度为标准。

（一）"国家队"的优势

以中国出版集团、中国教育出版传媒集团、中国科技出版传媒集团、人民出版社、中央文献出版社、学习出版社、党建读物出版社等为代表的"国家队"凭借先天优势，集合国内外优渥的内容资源、强大的作者资源、丰富的人才资源和充沛的资金，在较短的时间创造了较为辉煌的出版成就。

1. 中国出版集团

中国出版集团是适应出版业改革发展的需要，经中共中央、国务院批准，于 2002 年成立的中央级出版机构，是中国最大的大众出版和专业出版集团，旗下汇聚了商务印书馆、中华书局、生活·读书·新知三联书店、人民文学出版社、人民音乐出版社、人民美术出版社、中国大百科全书出版社、新华书店总店、荣宝斋、中国图书进出口（集团）总公司、中国对外翻译有限公司等 38 家著名出版机构。实力雄厚的中国出版集团多少年来凭借着历史和现实造就的名社、名家、名作等先天优势，为繁荣我国出版业做出了巨大贡献。

旗下商务印书馆的《辞源》、《四部丛刊》、《万有文库》、《新华字典》、《现代汉语词典》、《牛津高阶英汉双解词典》、"汉译世界学术名著丛书"、"中华现代学术名著丛书"等代表性图书的出版为其赢得了国内外美誉，成为语言文字、工具书和教科文类出版物的权威。中华书局在新中国成立前就出版了《辞海》《四部备要》《古今图书集成》等具有深远影响的辞书和古籍类图书；1958 年后成为以出版古籍整理、学术著作图书为主的专业出版社，先后出版了《资治通鉴》《全唐诗》《甲骨文合集》《殷周金文集成》《中华大藏经》《汉语方言大词典》等一大批优秀图书；特别是历经二十年，组织全国上百位专家学者整理出版的"二十四史"及《清史稿》点校本，被公认是"新中国最伟大的古籍整理工程"。生活·读书·新知三联书店在知识界和广大读者中享有盛誉，被誉为"中国知识分子的精神家园"，《陈寅恪集》《钱钟书集》《金克木集》、"三联·哈佛燕京学术丛书"等经典著作，具有重要的思想文化价值和深广的社会影响力；《傅雷家书》《随想录》《我们仨》《目送》等文化类读物，畅销不衰，深受各界读者喜爱；"文化生活译丛""学术前沿""西学源流"等丛书和译著，在介绍外国优秀思想文化方面发挥了重要作用；《金庸作品集》《蔡志忠古典漫画》等大众读物，在读者中产生重要影响；近年推出的《邓小平时代》《中国经济改革二十讲》《中华文明的核心价值》等作品影响广泛，深受好评。

人民文学出版社作为国家级文学专业出版机构，现为我国规模最大、最具影响力的文学出版社，建社伊始就出版了《太阳照在桑乾河上》《暴风骤雨》《保卫延安》等一批深受读者喜爱的长篇小说，这也是新中国长篇小说之树上结出的第一批硕果；出版的《林海雪原》《青春之歌》《野火春风斗古城》《三家巷》《上海的早晨》《山乡巨变》《我们播种爱情》等优秀当代文学代表作品影响了几代中国文学爱好者；在现代文学方面，一批鲁迅作品的单行本及 10 卷本《鲁迅全集》率先面世，郭沫若、茅盾、巴金、叶圣陶、瞿秋白等现代作家的文集和优秀作品单行本接踵而至；《钢铁是怎样炼成的》等外国文学名著译著成为一代又一代青年的必读书；改革开放后，先后出版了《东方》《将军吟》《冬天里的春天》《芙蓉镇》《沉重的翅膀》《钟鼓楼》《第二个太阳》《白鹿原》《人间正道》《我是太阳》《尘埃落定》《突出重围》等一大批优秀长篇小说作品，反映生活的深度和广度都有新的突破，成为新时期文学创作走向成熟的重要标志之一；在原创长篇小说和纪实文学新作方面，连续推出了国内著名作家贾平凹的《古炉》《带灯》《老生》，王树增的《1911》，严歌苓的《妈阁是座城》，关仁山的《日头》，雪漠的《野狐岭》，迟子建的《群山之巅》

等，引领着国内原创文学的创作潮流，同时还推出了百岁老人杨绛先生的小说《洗澡之后》、黄永玉的长篇小说《无愁河的浪荡汉子·朱雀城》，不断为读者提供精品力作；先后将当代长篇小说魏巍的《地球的红飘带》、阿来的《尘埃落定》、张炜的《古船》、范稳的《水乳大地》、杨志军的《藏獒》、毕飞宇的《推拿》、艾米的《山楂树之恋》等输出到国外，尤其是《山楂树之恋》，先后输出到了英国、加拿大、法国、西班牙等十余个国家和地区，为中国文学走出去开山辟路。60多年来，人民文学出版社形成了以"名家、名作、名译、名注、名刊、名编"为支撑的著名文学图书品牌。"名家"，拥有众多由国内外著名作家和重要作家组成的作者资源；"名作"，致力于出版经典作品和优秀原创新作，一直引领着国内文学出版潮流；"名译"，出版的外国文学图书大多出自著名翻译家之手；"名注"，出版的古典文学图书大多由著名学者校注，并在不断重版过程中反复修订，品质可靠；"名刊"，拥有在当代文学界有重要影响的《当代》杂志和在中国现当代文学研究界有重要影响的《新文学史料》；"名编"，在发展过程中，造就了一大批出版家和著名编辑。

中国出版集团精品出版的实力已毋庸一一例证。综合而言，可以说中国出版集团在我国的国家级出版规划、国家级出版奖励、图书零售市场占有率、大众出版物销售收入、出版物进出口规模、版权贸易及输出规模等方面均占有最大份额，拥有最丰厚的出版和文化积累，最庞大的作者资源和读者群体，在中国具有最强大、最深远的文化影响力，这三大绝对优势奠定了中国出版集团在我国出版业中的地位。旗下各大出版机构各行其道，各显优势，用生动的实践诠释着最丰厚的出版和文化积累以及最强大、最深远的文化影响力。

2. 中国教育出版传媒集团

中国教育出版传媒集团旗下有中国教育出版传媒股份有限公司、人民教育出版社、高等教育出版社、语文出版社等单位，以各级各类教育出版物的研究、编写、编辑、出版、发行为主营业务。作为中国最大的教育出版集团，产品覆盖学前教育、基础教育、师范教育、职业教育、高等教育、成人教育、继续教育、民族教育、特殊教育、对外汉语教育等各级各类教育，累计为新中国 10 余亿学生提供逾 600 亿册教材。目前，中国每年 2 亿多学生使用中国教育出版传媒股份有限公司旗下的人民教育出版社有限公司、高等教育出版社有限公司和语文出版社有限公司出版的教材。义务教育教材、高中教育教材、高等教育教材、中等职业教育教材市场占有率持续雄踞行业之首，已经成为教材出版国家队、主力军，稳居教材出版行业龙头地位。

3. 中国科技出版传媒集团有限公司

中国科技出版传媒集团有限公司是我国最大的综合性科技出版机构，是国家三大出版传媒集团之一。中国科技出版传媒股份有限公司是中国科技出版传媒集团的核心企业，主要依托中国科学院和科学出版社——"科学家的出版社"的品牌优势，充分挖掘国内外优良出版资源，重视重大出版工程建设，形成了以科学（S）、技术（T）、医学（M）、教育（E）、人文社科（H）为主要出版领域的业务架构。旗下拥有科学出版社、龙门书局、国家科学评论、中国科学、科学世界、中国国家旅游等著名出版品牌。

科学出版社在出版科学基础理论研究、国家级重大基本资料等方面，具有业内公认的权威地位，图书市场占有率稳居第一。出版了《中国植物志》（80卷126册）、《中国动物志》（150余卷）、《中国孢子植物志》、"现代数学基础丛书"（172册）、《中华人民共和国地貌图集》等许多具有重要学术价值的经典著作，成为典藏首选；工程技术领域有"信息化与工业化两化融合研究与应用丛书""轨道交通科技攻关学术著作系列""岩石力学与工程研究著作丛书""材料科学与技术著作丛书""21世纪先进制造技术丛书"等一大批具有我国工业和工程特色的学术成果著作；在医学领域，形成了从基础医学到临床医学、预防医学以及药学和特种医学的覆盖现代医学各大门类的学术著作出版架构，不仅出版了"肝炎病毒·分子生物学丛书"、"协和手术要点难点及对策丛书"、"神经系统单基因病诊断学"、"临床症状鉴别诊断丛书"、"现代临床影像学丛书"、"临床医师诊疗丛书"、"今日临床丛书"、《现代骨科学》、《临床检验装备大全》、"数字卫生丛书"、"临床护理指南丛书"等系列专著和手册，而且在内科、外科、骨科、妇科、儿科、眼科、口腔科、皮肤科、神经科、影像/放射科以及药学、营养学、卫生学、法医学、检验、医药管理等各个门类都有精品力作。

4. 人民出版社

始建于1921年9月1日，重建于1950年12月1日，是党和国家政治读物出版社，也是我国第一家著名的哲学社会科学综合性出版社。毛泽东同志亲笔题写的"人民出版社"社名，成为国家和各省级人民出版社最为显著的形象标志。

人民出版社自建社以来，出版马克思主义经典著作，党和国家重要文献，党的路线、方针、政策的普及性读物，党史和党建论著，政治、哲学、经济、历史、法律、文化、国际问题等方面的一流学术著作，以及重要人物传记和哲学社会科学工具书及教材等。半个多世纪里，人民出版社先后出版图书2万多种，发行图书期刊30多亿册，成为名扬海内外的国家出版社，为共和国的出版事业做出了卓越贡献。

60多年来，人民出版社除了保证完成马克思主义经典著作以及党和国家的重要文献的出版任务之外，还自主开发了一大批宣传党和国家的大政方针的优秀读物。《世界通史》、《中国通史》、《中国学术通史》、《中国民俗史》、《哲学史家文库》、《中国哲学史新编》、《柏拉图全集》、《SARS：考核中国》、《乔木文丛》、《心灵超越与境界》、《胡绳全书》、《马克思主义史》（1—4卷）、《中国政治制度通史》、《思·史·诗——现象学和存在哲学研究》、《周恩来传》、《宋庆龄——二十世纪的伟大女性》等一大批学术精品著作奠定了人民出版社在哲学社会科学领域的重要地位，也成为各省人民出版社发展的典型范例。

（二）"省队"的突围

1. 上海世纪出版集团

上海世纪出版集团成立于1999年2月，是经中宣部、原新闻出版署批准成立的全国第一家出版集团和首批全国文化体制改革试点单位之一，是集书刊出版、印刷印务、新型实体书店、艺术品经营四大业务板块于一体的综合性大型出版传媒集团。上海世纪出版集团坚持"努力成为一代又一代中国人的文化脊梁"的精品出版理念，完成了很多重大项目，出版了一批精品力作，在国家重点出版项目和获得国家级出版奖项方面处于全国领先，社会效益始终居于全国前列，成为国内最具影响力的出版文化生产和内容提供企业之一。旗下上海文艺出版社、上海辞书出版社、少年儿童出版社等全国知名优秀出版社及其创造的精品出版成绩，是上海世纪出版集团实践其精品出版理念的典型代表，而这些出版社之所以能成为全国知名优秀出版社，都有其成功之道。

上海文艺出版社的成功之道在于通过出版"作家系列作品"方式，以诚信服务和良好营销留住优质版权。目前，上海文艺出版社已出版王安忆、苏童、格非、叶兆言、韩少功、刘醒龙、严歌苓、李洱、孙甘露等一线作家的系列作品。诺贝尔文学奖得主莫言30多年前与上海文艺社结缘时，还是初出茅庐的文学青年，但出版社认准"高密叙事"难以取代，哪怕期间编辑更替，双方仍长期保持密切关系。《蛙》刚面世时，纯文学读物的市场前景并不被看好，出版社顶住压力以8万册起印，除了常规推荐，还邀请70多位著名评论家展开作品研讨。上海出版人的诚意和坚守打动了莫言，他把《红高粱家族》《生死疲劳》等10余部小说的版权都放心交给出版社。除了留住有实力的一线作家，出版社能点对点关注崛起的新人新作，瞄准作家成长转型的每个契机来展开推广，为未来储备丰厚的作者资源。出版社内的文学图书编辑室圈定了50名新秀名单，定期交流，实时更新。

上海辞书出版社是中国最重要的工具书出版机构之一，其前身是成立于1958年8月的中华书局辞海编辑所，系我国首家工具书专业出版社。多年来，该出版社致力于做好《辞海》一部工具书的出版，业精于勤，《辞海》也成为上海辞书出版社标志性的图书。2016年，习近平总书记致信祝贺《大辞海》出版暨《辞海》第一版面世80周年，习近平在信中指出，《辞海》和《大辞海》是大型综合性词典，全面反映了人类文明优秀成果，系统展现了中华文明丰硕成就，为丰富人民精神世界、增强人民精神力量做出了积极贡献。希望大家坚定文化自信，坚持改革创新，打造传世精品，通过不断实施高质量的重大文化工程，为培育和践行社会主义核心价值观、增强国家文化软实力、建设社会主义文化强国做出新的更大的贡献。上海辞书出版社多年来一直秉承"一丝不苟、字斟句酌、作风严谨"的辞海精神，孜孜以求，精益求精，潜心研究，打造内涵深厚的传世精品。

少年儿童出版社的《十万个为什么》《三寄小读者》《上下五千年》《世界五千年》《英雄少年时》《小灵通漫游未来》《少年自然百科辞典》《中国古代神话》《365夜故事》《动脑筋爷爷》《小草的奋斗》《乱世少年》以及"少年自然科学丛书""少年科技活动丛书""外国儿童文学丛书"等，在国内外小读者中引起了强烈的反响。《在森林里》《鱼背上面汽车跑》《我们的故事》《小蝌蚪找妈妈》等7种图书在国外分别获"插图艺术银质奖""儿童书籍铜质奖""装帧设计铜质奖"和"野间儿童书画奖"。20世纪80年代以来，该社与国外出版机构进行合作出书。《宝船》《中国神话》《中国古代寓言》等，已先后译成英、法、日、泰等文字出版。

2. 湖南出版集团

湖南出版集团在2018年中南传媒图书市场占有率排名全国第

二，仅次于中国出版集团。近年获中宣部"五个一工程"奖、中国出版政府奖和中华优秀出版物奖数量位居全国前列，打造了《湖湘文库》、《延安文艺大系》、《历代辞赋总汇》、"走向世界丛书"等一批有集成意义的重点文化工程，推出了《正能量》《大清相国》等一批优秀畅销图书。旗下湖南文艺出版社《长津湖》《命运》等一批图书荣获中宣部"五个一工程"奖、中国出版政府奖、中华优秀出版物奖等奖项；出版了《历代辞赋总汇》《安塔拉传奇》《奥伊伦堡总谱》《新格罗夫音乐与音乐家辞典》等影响深远的大型书系和《大清相国》《青瓷》《红袖》《蓝色天堂》《曾国藩传》等大量优秀畅销书。湖南人民出版社《道德建设论》《今天我们怎样走群众路线》获中宣部"五个一工程"奖，《大中华文库》获国家图书奖荣誉奖，《中国军事史图集》获国家图书奖，《中国经济通史》获国家图书奖提名奖，《宏观经济学的产生和发展》获国家图书奖；进入21世纪后，出版了《恰同学少年》《三色门》《青春》《冥婚》《黑攻》等畅销小说。岳麓书社的"走向世界丛书"、《船山全书》、《曾国藩全集》、《左宗棠全集》、《魏源全集》等一大批既具全国性意义又富地方特色的名人著作集，在海内外产生了巨大影响，而唐浩明的长篇历史小说系列《曾国藩》《张之洞》《杨度》和《唐浩明评点曾国藩系列》（线装本），尤其是《朱镕基讲话实录》（线装本）的推出，又为岳麓书社树立了名人线装书的品牌，产生了良好的社会效益和经济效益。

3. 浙江出版联合集团

浙江是中国革命红船启航地、中国改革开放先行地和习近平新时代中国特色社会主义思想重要萌发地，"三地"优势为浙江立足本省做好精品出版提供了得天独厚的宝贵资源。

大型历史文献画册《路》，记录了老一辈中国共产党人为创建和建设新中国走过的艰难历程，是一部进行爱国主义、社会主义和革命传统教育的生动教材。该书获得第一届国家图书奖。浙江文艺出版社的《权力清单：三十六条》生动记录了浙江省宁海县在全国首创并积极推进村级小微权力清单制度的过程，成为"宁海经验"的首部文学解读。浙江人民出版社的《读懂"八八战略"》发行突破380万册；"'三读'丛书"共出版66辑，总发行近330万册；《红船精神问答》出版以来已发行3.3万余册……

浙江教育出版社1991年出版的《中国少年儿童百科全书》至今仍有很多拥趸。这部书由"一老四青"的编辑小组和500余人的作者阵容历时5年打造，包括《自然·环境》《科学·技术》《人类·社会》《文化·艺术》4卷，60个门类，5000余个条目，400多万字，5000多幅插图；丛书的精美、精致和精准迅速获得了市场的认可，连续畅销了20余年，总销量400多万套，总码洋7亿多元。随着移动互联网时代的到来，2015年，浙江教育出版社再次启动新版中少百科项目。新版书紧随时代需求，不再追求知识点的全面，而是要搭建少儿学科知识框架。该项目囊括视频、音频、H5等技术，将平面文字知识以多元的方式呈现给读者。

浙江人民出版社的《中华传世藏书》囊括了我国从先秦到晚清历代有传世价值的典籍690余种，共166册，约2亿字，是迄今第一套简体横排点校的大型中华古籍。浙江古籍出版社的"浙江文丛"从2010年启动至今已出版625册，丛书以整理出版浙江文献为主，对浙江人物、浙江历史、浙江风物等进行广泛发掘、深入研究，堪称浙江版的"四库全书"。

1979年浙江人民出版社出版了世界名著《飘》，甫一面市就在出版界甚至全社会引起轩然大波。《飘》是除北京、上海以外的地方出版社翻译出版的第一部外国文学名著，首版销售高达60万册，成为现象级图书，它的出版成为地方出版社从"地方化、通俗化、群众化"向"立足本省，面向全国"转变的标志。之后，浙江出版联合集团全面启动《之江新语》多语种翻译出版推广工程，计划推出英文版、西班牙文版、法文版、德文版、日文版等20个语种版本。其中，西班牙文版、西文古巴版均已发布，还将完成英文版、日文版、德文版等3个语言版本的翻译出版，同时启动法文、葡文、阿文等语种的翻译出版工作。

随着"一带一路"倡议的深入推进，世界想了解中国，中国也想向世界阐述中国立场，展现真实的自己。浙江出版联合集团在推进"一带一路"出版合作上，与马来西亚、印度等20多个丝路沿线国家出版界建立了合作关系。

4. 陕西新华出版传媒集团

陕西新华出版传媒集团有限责任公司是在原陕西出版传媒集团、陕西新华发行集团基础上组建成立的大型国有文化产业集团。在强手如林的省级出版企业中，陕西新华出版传媒集团依托陕西地方优势文化资源，充分发挥体制机制改革成效，致力于打造陕版精品图书品牌，这些年，在精品出版方面取得了不俗的成绩。集团先后荣获中宣部"五个一工程"奖、中国出版政府奖、中华优秀出版物奖，在国家级出版基金项目和重大出版活动中成绩突出，入选数量和出版质量均居于全国前列，出版的一系列精品力作受到广大读者、主管部门和业界同行的好评。

《陕西金文集成》《中国蜀道》《百年钟声——香港沉思录》《延安文艺档案》《太阳宫》等27种图书和电子音像出版物荣获中宣部"五个一工程"奖、中国出版政府奖、中华优秀出版物奖等国家级大奖。《红色档案——延安时期文献档案汇编》等近300余种图书和选题入选国家出版基金、"十二五""十三五"重点出版规划、经典中国国际出版工程、"三个一百"原创图书等国家级重大出版活动和基金项目，《一号文件》等200余种图书和选题入选陕西省重大文化精品项目、陕西出版资金、主旋律精品图书资助项目等省级出版基金项目。

在取得社会效益的同时，陕西新华出版传媒集团出版的《红色档案——延安时期文献档案汇编》《陕西金文集成》《延安文艺档案》《全唐五代诗》等大部头精品项目取得了较好的经济效益，《统万城》《航天育种简史》《高岗传》《西路军》《青木川》《梁家河》等社科、文艺类图书出版发行后，持续热销，销售量均在10万册以上，陕版精品图书的特色更加鲜明，口碑越来越好。尤其是《梁家河》的出版，创造了500万册以上的销售奇迹，在全国引起强烈反响。

各省地方优秀出版企业能在全国五百多家出版单位中脱颖而出，形成"突围"之势，一个重要因素是紧紧依托地方独有的优势资源，包括政治资源、文化资源、经济资源、科技资源、作者资源等。精品出版是内容资源、人才资源和其他物质资源的聚合裂变的结果，在充分发掘利用资源的基础上，各省优秀出版企业再辅之以体制机制的改革创新，探索、实践传统出版与新兴媒体结合的有效路径，乘国家文化产业扶持政策之势而为，则必将勇立潮头，保持健康可持续发展。

（三）中信出版集团成功的因素

中信出版社成立于1988年，隶属于中国中信集团有限公司，2008年改制为中信出版股份有限公司，2013年发展成为中信出版集团。中信出版提出"我们提供知识，以应对变化的世界"的理念，为转型中的中国社会提供思想和知识服务，引领和满足大众读者多样化的知识与文化需求。在不断的探索中，中信出版已经将业务范围从原有的图书音像、电子出版物的出版和传媒领域拓展到连锁书店、读者会员服务、教育培训、文化增值服务等领域。

目前中信出版共有32种图书获选国家级项目支持，6种图书获北京市专项资金奖励，13种图书获版权输出奖励计划奖励，6种图书获年度输出版优秀图书，4种图书获选海峡两岸出版交流30周年优秀版权图书，在全国图书零售市场排名保持在25名，其中财经类图书保持在前三名，是中国畅销书排行榜上榜最多的出版社，多次获得国家图书奖、全国畅销书奖、最有价值图书奖、最佳引进图书奖、读者最喜爱图书奖等，出版的一大批图书以最权威、高品质、有前瞻性、引领时尚的特点得到了广大读者的喜爱，具有广泛和深远的影响力，中信出版已经成为最有活力和影响力的出版品牌之一。《从绿到金》《沸腾十五年》《滚雪球》《中国的经济制度》《共和国记忆60年》《跌荡一百年》《货币战争》《谁动了我的奶酪》《基业长青》《从优秀到卓越》《从0到1》等图书的出版与传播产生了广泛的社会影响，造就了很多流行词。还有像"投资中国"系列，这是一套面向海外读者介绍中国经济发展的丛书，由《参与感》《阿里巴巴模式》《华为靠什么》《周鸿祎自述》《道路与梦想》《大道当然》等多本最具代表性的中国企业家传记类图书构成，从权威作者、热门话题、政策趋势等各个层面深刻而全面分析了中国经济发展的脉络与走向，为海外读者认识和理解中国企业以及中国经济的发展提供了最佳的入口。

中信出版还基于在版权引进领域的经验和客户资源，与国际市场接轨，将出版"走出去"作为一项长期的工作目标来执行。着力策划精品中国主题书系，引导国际社会全面客观地认识和理解中国，积极推进出版"走出去"工作。

中信出版构建了以图书出版为核心、线上基于移动阅读和音视频的全形态知识服务平台、线下基于交通枢纽和城市社区等高品质零售网络的文化新零售矩阵；致力于以优质内容和创意资源垂直整合文化、生活及教育等领域，打造以内容为核心的优质知识服务生态集群，建立以用户为中心的立体知识服务体系。中信出版因多年积累的内容策划能力、版权挖掘能力、市场营销能力、线上线下全覆盖的渠道而形成较强的品牌和团队优势，运营的模式不断创新，推进了数据化运营和订单式生产模式，确保了内容的高品质和运营的可持续性和增长性。

（四）民营书业的贡献

民营书业是我国出版业的重要组成部分，多年来，为丰富我国图书品种、繁荣出版物市场、拓展产业边际、促进媒体融合做出了巨大贡献。在这里我们选取民营书业中优秀企业的典型代表，如博集天卷、新经典、荣信教育（乐乐趣）三家企业，简要分析民营书业精品出版的实践和成就。

1. 博集天卷

中南博集天卷文化传媒有限公司是中南出版传媒集团股份有限公司与民营资本合资成立的混合所有制出版文化传媒企业，是中国民营书业的核心企业之一，汇集了很多优秀出版人才，在业内拥有极佳口碑及领军地位。目前拥有社科文艺、外国文学、历史文化、佛学宗教、青春言情、时尚读物等优秀产品线，且均建树不凡，成为引领出版风尚、激发销售热潮、打造明星作者的金字招牌，每年发货码洋跻身民营图书公司前列。

博集天卷策划并代理发行的许多品种，领风气之先，市场影响极大。其倾力打造的畅销书系列有：张嘉佳系列《云边有个小卖部》《从你的全世界路过》《让我留在你身边》；大冰系列《你坏》《小孩》《乖，摸摸头》《阿弥陀佛么么哒》《好吗好的》《我不》；郭敬明系列《幻城》《夏至未至》《悲伤逆流成河》《爵迹》《小时代》《梦里花落知多少》等；"彩虹书系"《红》《橙》《黄》《绿》；马伯庸系列《显微镜下的大明》《长安十二时辰》《三国机密》《龙与地下铁》《古董局中局》等，其中《长安十二时辰》成为2019年度畅销书中的现象级作品；蔡康永系列《蔡康永的情商课》《蔡康永的说话之道》《蔡康永的说话之道2》等；唐七系列《四幕戏》《三生三世十里桃花》《华胥引》《三生三世枕上书》《岁月是朵两生花》等；桐华系列《步步惊心》《云中歌》《大漠谣》《长相思》《那片星空，那片海》《散落星河的记忆》等；星云大师系列《舍得：星云大师的人生经营课》《世间最大的力量是忍耐》等；俞敏洪系列《愿你的青春不负梦想》《让成长带你穿透迷茫》等；朗达·拜恩系列《秘密》《力量》《魔力》；威尔·鲍温系列《不抱怨的世界》等。以上举例中的很多作家的很多作品都是图书出版当年，甚至连续几年保持国内相应类别图书畅销榜前几位，深受广大读者追捧。这些畅销书因其内容和题材的优质，经过影视剧、游戏的改编和制作后，又能引发新一轮的关注和热捧，以至于成为话题作品引起全社会热议。

博集天卷策划出版的著名作家经典著作系列还有：龙应台的《天长地久》，毕淑敏的《南极之南》《破冰北极点》《非洲三万里》《美洲小宇宙》《恰到好处的幸福》《人生终要有一场触及灵魂的旅行》，张德芬的《遇见未知的自己》《遇见心想事成的自己》《活出全新的自己》《重遇未知的自己》，亦舒的《我的前半生》《喜宝》《玫瑰的故事》《人淡如菊》《圆舞》《衷心笑》《承欢记》《悠悠我心》，张小娴的《后来我学会了爱自己》《谢谢你离开我》《请至少爱一个像男人的男人》《我这辈子有过你》《我终究是爱你的》，马克·李维的《偷影子的人》《倒悬的地平线》《伊斯坦布尔的假期》《假如这是真的》《你在哪里》《生命里最美好的春天》，周国平的《我们都是孤独的行路人》《每个人都是一个宇宙》，东野圭吾的《虚无的十字架》，斯蒂芬·金的《约翰的预言》《重生》《它》，王小波的《黄金时代》《白银时代》《青铜时代》《沉默的大多数》《爱你就像爱生命》，史铁生的《我与地坛》《病隙碎笔》，蒋勋的《写给大家的西方美术史》《美的沉思》《吴哥之美》《少年台湾》《舍得，舍不得》，等等，引领了一次又一次的出版潮流。

近年来，博集天卷发展迅速，保持了高速增长态势，已连续多年位居一般竞争领域图书的市场占有率前列。现已形成中南博集天卷、博集新媒、博集影业三大部分，分别在传统出版行业、新媒体、影视业三方面都取得了十分亮眼的成绩。三栖协同发展，使得集团化运作的博集天卷成为中国一流的内容生产、整合和发布平台。

2. 新经典

新经典文化股份有限公司是一家以内容创意为核心的文化企业，主要从事图书策划与发行、数字图书、图书零售以及影视剧策划等版权延伸业务。

新经典的内容团队拥有一批行业知名的资深编辑、版权专家和设计师等，拥有1400多位国内外知名签约作家，包括诺贝尔文学奖得主加西亚·马尔克斯、V.S.奈保尔、托妮·莫里森、川端康成、巴勃罗·聂鲁达、艾丽丝·门罗，以及村上春树、保罗·柯艾略、东野圭吾、A.S.拜厄特、李欧·李奥尼、谢尔·希尔弗斯坦、路遥、王小波、张爱玲、三毛、霍达、余华、麦家、周国平、庆山（安妮宝贝）、李娟等。推出了4000多部作品，拥有2亿人次以上的读者，其中《窗边的小豆豆》《平凡的世界》《可爱的鼠小弟》发行量已超过一千万册，《百年孤独》《活着》《解忧杂货店》《1Q84》《撒哈拉的故事》《倾城之恋》《爱心树》《牧羊少年奇幻之旅》《人民的名义》等一批作品畅销逾百万册。

"爱心树"是新经典旗下专注少儿图书的品牌，2003年"爱心树"怀着"让每一个孩子都成为爱书人"的梦想，率先系统地引进推出儿童绘本，开启中国少儿绘本的阅读热潮。《爱心树》《可爱的鼠小弟》《石头汤》《一粒种子的旅行》等一批绘本不仅成为排行榜中的常青树，并被全国众多小学、幼儿园选为必读读物；《窗边的小豆豆》已连续13年位居开卷中国畅销书年度排行榜前列，其中5年排名少儿类第1名，总销量超过1000万册。此外，新经典与北京出版集团合资成立的"十月文化"，与台湾皇冠出版集团、香港青马出版社合资成立的"青马文化"，与日本讲谈社合资成立的"飓风社"，也已成为国内图书策划领域的知名品牌。

新经典控股的法国知名出版社菲利普·毕吉耶（Editions Philippe Picquier）被誉为中国文学走向世界的桥头堡，曾出版莫言、余华、阎连科、王安忆、毕飞宇、曹文轩等一批中国作家的作品。新经典控股的美国知名童书出版社Kane Press，专注于出版生动有趣的少儿教育绘本，获得数十项美国大奖，并有100多部作品被翻译成中文、法文、西班牙文等16种语言在世界各地传播。2019年5月，新经典进一步收购美国Highlights集团旗下童书出版社Boyds Mills Press，致力于为儿童、青少年和所有童心未泯的读者创作优秀的图书。

新经典影业有限公司依托新经典庞大的版权资源，旨在将优质内容进行多层次的开发，如对梦枕貘的《阴阳师》、路遥的《人生》、张爱玲的《红玫瑰与白玫瑰》、井上靖的《敦煌》等多部畅销作品进行影视改编。

3. 荣信教育

荣信教育文化产业发展股份有限公司是中国幼儿"心智均衡教育"倡导者和这一理念的践行者。公司的主产品"乐乐趣"童书是中国立体互动、多媒体发声新型童书的市场开拓者和领军性品牌。

"乐乐趣"童书内容包罗万象，低幼认知、益智游戏、绘本阅读、科普阅读，涵盖了各个年龄段幼儿的阅读需求。形式上花样翻新，有立体书、翻翻书、洞洞书、触摸书、多媒体书、绘本等。全面系统地开发孩子的动手能力、思维能力、语言能力和创造智能，助力孩子养成温暖健全的精神品质和人格。从展示传统文化的《大闹天宫》《过年啦!》《中秋节》，到儿童科普读本《安全常识互动游戏书》《我们的身体》等，"乐乐趣"童书都对传统图书进行了富有创意的"立体"改造，并结合实体书店及网络电商等多元渠道，将原创图书远销台湾、香港、法国、新加坡等地区和国家。

2016年，公司原创经典立体书《大闹天宫》刚一亮相，就惊艳了童书界，入围第五届"丰子恺儿童图画书奖"，荣列国家新闻出版署向全国青少年推荐的百种优秀出版物，并与公司另外两本图书《我的情绪小怪兽》和《大揭秘最酷3D儿童立体百科》入选2017年第三届中国童书博览会"年度好书榜TOP80"。

民营书业对我国图书出版，尤其是精品出版的贡献显而易见，他们最显著特点是图书产品以内容策划为核心，以市场为导向，以迎合读者需求为终极目标，发挥民营资本的灵活性特点，集合强大的作者资源和优秀的策划团队，打造优势产品线，并着力于深度开发，拓展图书产品的边际效应，在版权、新媒体、影视剧、游戏等多个领域开花结果。国内优秀民营书企还有磨铁、读客、果麦文化等，均在图书、影视、新媒体等方面有所建树，而之所以选择上述三家民营书企为例，则是因为博集天卷的典型之处在于它是混合所有制出版文化传媒企业的佼佼者，新经典是民营图书企业的实力派，荣信教育及旗下"乐乐趣"童书品牌是经过精心耕耘，专注童书，成为我国最具影响力的立体互动童书品牌。

第四节　陕西主要文化资源与精品建设实践

雄厚的资源优势，是陕西文化大繁荣大发展的源头活水和坚实基础。立足当下，放眼未来，陕西出版人作为陕西文化繁荣发展的排头兵、践行者，理所应当肩负起开发利用陕西文化资源，助力陕西实现由文化资源大省变为文化产业强省的使命。

一、陕西出版内容资源

依据陕西文化资源特点，结合出版业近年来的实践，我们宜从红色文化资源、传统文化资源、人文地理资源、文物考古资源、航空航天科技资源、优秀作家资源、丝路文化资源、农业科技资源八个方面来实施精品出版战略。

（一）红色文化资源

陕西是全国红色文化资源最丰富的省份之一，不仅涵盖了中国革命的各个时期，而且数量多、分布广、影响大。

从数量讲，现有红色革命遗址2155个，其中革命遗址2051个，其他遗址104个，已确定为国家级爱国主义教育基地19个，省级爱国主义教育基地78个，涉及红色旅游的景区150多家。

从分布讲，红色文化资源遍布陕北、关中、陕南三大区域，包括以延安为典型代表的中国革命圣地，以照金、旬邑等为代表的西北革命根据地，以及以川陕交界区域为代表的陕南苏区。

从影响讲，陕西这片热土对中国革命走向胜利做出过特殊的贡献，具有独特的历史地位和深远的历史影响。

(二)传统文化资源

陕西是中华文明的重要发祥地之一，上古时为雍州所在，是炎帝故里及黄帝的葬地。西周初年，周成王以陕原为界，原西由召公管辖，后人遂称陕原以西为"陕西"。

周、秦、西汉、新朝、东汉、西晋、前赵、前秦、后秦、西魏、北周、隋、唐等 13 个王朝先后在陕西建都，时间长达 1100 多年，留下丰富的文化遗产。时至今日，这些优秀的传统文化资源依然有强大的吸引力和生命力，依然为全世界所瞩目。

(三)人文地理资源

陕西在自然区划上因秦岭—淮河一线而横跨北方与南方。全省纵跨黄河、长江两大流域，是新亚欧大陆桥和中国西北、西南、华北、华中之间的门户，周边与山西、河南、湖北、四川、甘肃、宁夏、内蒙古、重庆 8 个省市接壤，是国内邻接省区数量最多的省份，具有承东启西、连接西部的区位之便。在三秦大地这片古老的土地上，留下了许多历史文化遗迹，半坡遗址、兵马俑、法门寺、汉唐帝陵、西安城墙、秦直道、蜀道、茶马古道、秦岭、汉江、渭河等；还诞生了无数的华夏精英，历代出生于陕西的皇帝就有 48 位、宰相 127 个，其他仁人志士、民族栋梁更是不计其数；也孕育出了丰富多彩的民间文化，信天游、陕北剪纸、华阴老腔、关中花馍、汉调桄桄……老祖宗留下的这份丰厚的文化遗产，无疑会推动陕西出版业不断走向繁荣。

（四）文物考古资源

陕西是文物考古资源大省，全省共有各类文物点49 058处，其中世界文化遗产3项，全国重点文物保护单位235处，省级文物保护单位851处，总量位居全国前列。截至2017年底，在陕西省文物局登记备案的博物馆、纪念馆共281座，其中文物系统博物馆154家、国有行业博物馆51家、非国有博物馆76家。依据陕西省第一次全国可移动文物普查结果，陕西国有可移动文物收藏量3 009 455套，7 748 750件，总数位列全国第二。太多的文化考古资源等待我们深度开发，发挥其价值。

（五）航空航天科技资源

陕西凭借独特的区位优势，拥有全国仅有的两个以航空航天为特色的国家级经济技术开发区，成为国家战略性新兴产业聚集区。陕西航天经济技术开发区，又名西安国家民用航天产业基地，是陕西省、西安市政府联合中国航天科技集团公司建设的航天技术产业园区，也是西安建设国际化大都市的城市功能承载区。陕西航空经济技术开发区，又名西安阎良国家航空高技术产业基地，是国家发改委支持建设的国内首个国家级航空高技术产业基地。两大产业基地带动下的航空航天技术发展成就，代表了我国航空航天科研领域的最高水平，也成为我省取之不尽用之不竭的现代科技资源富矿。

（六）优秀作家资源

"文学陕军"是陕西优秀作家群体的代名词，反映了陕西文学在历史和当代所取得的辉煌成就，涌现了一大批文学大家、文化名人，甚至形成一种文化风气，为全国所独有。柳青、杜鹏程、陈忠实、路遥、贾平凹、高建群、冯积岐等耳熟能详的名字及其作品都曾在中国文坛掀起波澜，引起轰动。吴文莉、周瑄璞等一批中青年作家已经成为"文学陕军"的后继力量，他们都是陕西出版的宝贵财富。

（七）丝路文化资源

2013年9月，国家主席习近平在哈萨克斯坦纳扎尔巴耶夫大学演讲时提到："我的家乡中国陕西省，就位于古丝绸之路的起点。"他指出，2100多年前，中国汉代的张骞肩负和平友好使命，两次出访中亚，开启了中国同中亚各国友好交往的大门，开辟出一条横贯东西、连接欧亚的丝绸之路。大唐高僧玄奘历时19年，辗转中亚、西亚等国，行程5万余里赴天竺取经求法，传播了华夏文化，成为蜚声中外的丝路友好使者。由陕西开启的丝绸之路架起了东西方政治、经济、文化沟通的桥梁，丝绸之路沿线文化资源历久弥新，闪烁着诱人的光芒，吸引我们探索、研究。

（八）农业科技资源

陕西文化资源丰富还体现在它拥有我国第一个国家级农业高新技术产业示范区，即陕西杨凌农业高新技术产业示范区，又称"中国农科城"，是中国自由贸易试验区中唯一的农业特色鲜明的自贸片区，正在建设的农业科技创新城，是中国政府重点支持的四大科技展会之一"农高会"的举办地。陕西还是全国唯一的太空育种基地，方兴未艾的航天农业将从三秦大地走向世界。早在4000多年前，我国历史上最早的农官——后稷，就在这一带"教民稼穑，树艺五谷"，开创了中华农耕文明的先河。如今，杨凌肩负着引领西部地区现代农业发展的使命，雄厚的农业科技资源优势，将为我国从农业大国走向农业强国做出更大贡献。

二、陕西精品出版的实践与成果

近十年来，陕西出版的实力获得显著提升，陕版图书在全国的影响力逐渐扩大，来之不易的成就得益于坚定不移的精品发展战略，得益于行之有效的精品出版工作举措，得益于陕西出版人依托独特的资源优势孜孜不倦、接续奋斗，不断推进精品出版的伟大实践。可以说，陕西出版人为将陕西文化资源优势转化为文化产品优势和文化品牌优势做出了巨大的努力，也取得了丰硕的成果。回顾过去的工作，梳理着力挖掘利用的陕西文化资源的八个主要方面，更加坚定了做强精品出版、做优双效图书的决心和信心。

红色文化出版方面，既有弘扬"延安精神"的《红色档案——延安时期文献档案汇编》（60卷）、《延安赢天下》、《延安文艺座谈会纪实》、《延安缔造》、《延安时期党的文化建设研究》等，也有《西北革命根据地文献资料精编》、《西北革命根据地史》、《陕甘宁边区史纲》等专门针对西北革命根据地历史的研究性著作，更有《梁家河》、《根据地》、《延安文艺档案》（60卷）、《精神的力量：延安精神的时代价值》等文艺类作品。其中，《红色档案——延安时期文献档案汇编》（60卷）、《延安文艺档案》（60卷）因其创作团队的权威性、内容的真实性和丰富性深受广大读者和红色文化研究专家、学者的肯定和好评，获得国家出版基金资助，入选"十二五"重点出版规划，不仅产生了较大的社会效益，还创造了较好的经济效益，已销售300余套，销售码洋近2000万元。2018年5月出版的《梁家河》可以用16个字来概括，就是："导向正确、读者喜爱、社会关注、持续热销"，充分体现了社会效益和经济效益的高度统一，社会价值和经济价值的高度吻合。

传统文化出版方面，有《全唐五代诗》《诗说中国》《话说陕西》《关学文库》《十三经辞典》《西安鼓乐大典》《西安城墙》《中华优秀传统文化经典要义》《中国秦腔艺术百科全书》《陕西民间剪纸》等荣获国家级大奖或国家出版基金资助、传承中华文化精粹、传播中华文明成果的优秀作品。

人文地理出版方面，有《中国蜀道》《玄奘大传》《西北茶马古道》《大秦岭》《秦岭野生动物保护图鉴》等。

文物考古出版方面，《陕西金文集成》《赫赫宗周——陕西青铜文明巡礼》《出土文物与汉字文化》《考古陕西》《三秦瑰宝》《中国陵墓雕塑全集》《芮国金玉选粹——陕西韩城春秋宝藏》《石门汉魏十三品合集》《西安碑林名碑》等，其中，《陕西金文集成》不但荣获第四届中国出版政府奖，而且通过精准营销策略，实际销售1500余套，码洋达2000余万。

航空航天科技出版方面，有《问鼎太空》、"空间科学发展与展望丛书"、《航天育种简史》、《种子的奇幻之旅》等。其中"空间科学发展与展望丛书"荣获第四届中国出版政府奖图书奖，《航天育种简史》荣获2016年"中国好书"荣誉。

陕西优秀作家出版方面，出版了如陈忠实的《儿时的原》，高建群的《统万城》《生我之门》，叶广芩的《青木川》《太阳宫》《张家大哥》，吴文莉的《叶落大地》，陈彦的《装台》等优秀作品，为陕西出版赢得了诸多荣誉。

丝路文化出版方面，有《全球空间与"一带一路"研究》《丝绸之路中国段文化遗产研究》《丝绸之路大辞典》《和亲之路——从长安出发》《丝绸之路与中西文化交流》《长安：丝绸之路的起点》、"丝绸之魂大型文学系列丛书"等。

农业科技出版方面，有《中国果树科学与实践》《中国旱区农业可持续发展战略研究》《中国七药》等。

第五节 构建精品出版体系战略思考

精品出版本质上是一种文化理念、一种创新、一套操作制度系统。实施精品出版战略，就是要依据所拥有的资源优势，经过长期不懈的努力，营造精品出版的优良环境，逐步建立独具特色的内容资源系统、行之有效的操作制度系统、富有活力的人力资源系统、科学合理的产品决策及投入机制等。结合陕西新华出版传媒集团近年来的实践，宜从以下几个方面开展工作：

一、重视精品出版的战略规划

作为地方出版集团，精品出版规划的制订首先要与区域资源优势相结合，以陕西为例，历史文化、文艺作品、考古文献、红色文化、人文地理当是精品出版的重中之重。其次，要依据所辖出版单位的专业方向、作者资源、编辑力量、出版传统规划精品图书。规划的实施要持之以恒，矢志不移，不可能一蹴而就，更不能朝三暮四，只有经过长期不懈的努力和辛勤耕耘，才能形成规模，逐步扩大产品的社会影响力，形成自己的出版特色。

精品规划的制订要量力而行，循序渐进，要在确保生存的基础上树特色、求发展。具体讲就是要以国家基金项目和国家重大出版规划与活动为指针，干一个，抓一个，想一个，活水长流，源源不断。开发顺序上，应以资源优势明显、成熟度高的学术精品和普及型的原创大众化精品优先，通过"政府支持、市场认可"的路径，增强精品出版的活力和自信心。

精品出版规划制订还应与当期的出版能力相适应。其一，切忌贪大求多，超越自身实力。一味追求精品的数量和规模，不但无助于出版主业的发展，久而久之，还会使精品出版走入歧途。其二，精品出版应有阶段性侧重，与文化宣传的主旋律相协调，与产业发展及人才现状相匹配。

二、探究精品出版的科学路径与方法

（一）优化产品结构

优化产品结构是出版业永恒的主题。按照现代营销理论，明晰优化产品结构的内涵，明确地方出版集团优化产品结构的主要方向、路径及实现方式，构建优化产品结构的效益保障体系、人才培养与孵化机制及资本运营的良性驱动机制，是保证优化产品结构取得实效的根本与关键，也是地方出版集团做强出版主业、实现可持续发展的必由之路。

（二）实现资源优势向产品优势的转化

1. 文化资源具有公共性、静态性、稀缺性和排他性。

公共性指一般意义上，文化资源是人类文明进步的共有资源，但谁先行开发谁就具有先发优势。

静态性指文化资源优势不等于出版产品优势，如果不聚精会神去发现资源和倾心尽力去开发资源，要做强出版主业只会耽于空想，流于形式。

稀缺性指文化资源尤其是重大文化资源往往是举世无双，独一无二的。所以，尽快挖掘开发那些既是陕西的，又是中国的，甚至世界的重大文化资源，当是陕西出版界的重大历史使命。

排他性指文化资源一经开发，再加上合理地运用著作权保护手段，就形成了较强开发屏障，具有明确的排他性。

2. 加快实现资源优势向产品优势的转化，要从产品结构布局和产业发展高度对待资源开发，为进一步做强出版产业奠定基础，预留发展空间。

立意高远。 文化资源的开发要以传承文明、延续文脉为己任，要与时代的步伐相协调，要以提升文化软实力为目标。

机制保障。 重大文化资源的开发是一项专业性、学术性、创新性都很强的系统工程，必须从资金扶持、行业协作、人才支撑、鼓励激励等方面建立机制，提供保障，实现可持续发展。

市场推动。 既要重视将优秀的文化资源开发成重大出版精品，更应该重视精品的使用价值和传播效应，以确保资源优势向产品优势转化的顺利推进。

（三）逐步形成选题策划的科学方法

要依照区域文化资源的特色，结合现代营销理念，逐步摸索形成一套行之有效的选题策划的科学方法。

1.选题策划必须注重资源开发的文化价值及学术价值，许多重要文化资源都具有唯一性，开发过程中，产品定位、文献支撑、作者选择和学术规范等方面都必须精益求精，力求开发成果成为国家文化及学术层面的填补空白之作。

2.选题策划要凸显文化软实力，应顾及外国人阅读习惯，从中外文化交流角度，将优秀传统文化及现代前沿发展成果推向海外，讲好中国故事，为实现国家"走出去"战略贡献陕西的智慧和力量。

3.选题策划应最大限度地满足读者需求，尤其是文化资源的普及型开发必须按照大众读物营销需求理论，依据"明确选题方向，预测目标市场，确立选题定位，优化编写方案，精心市场策划"的营销步骤及科学方法，扎实开展工作，努力推出一系列市场欢迎、读者喜爱的优秀读物。

4.努力追求两个效益的统一。精品出版不但应高度重视社会效益，还应努力追求经济效益。一般意义上，区域重大文化资源的社会效益是不言而喻的，如何通过有效开发，提升和彰显其鲜活的文化价值，从而得到社会各界和广大读者的喜爱和认可，是保持精品出版的不竭动力，实现两个效益统一的根本。实际工作中，除了前期的质量提升，专业开发外，关键是后期的产品推广，精准营销。精准营销主要从这样几个方面着手：（1）通过专业学术机构推进产品销售；（2）运用政府资源推进产品销售；（3）利用馆配资源推进产品销售；（4）利用新兴媒体推进产品销售，包括媒体互动和网络销售两个方面；（5）利用实体书店推进产品销售。

总之，精品出版应倡导绿色开发，摒弃浪费资源制造一些束之高阁，由印厂到库房进而化为纸浆的所谓"大部头"产品，努力开发一系列立得起、受众广、传得远、留得住的精品力作。

三、建立作者资源系统

品牌的积累和围绕精品出版方向吸引一大批优秀的作者，是现代出版企业核心竞争力的根本所在。在出版业迅速发展的今天，属于稀缺资源的重要作者的竞争日益激烈，地方出版集团若想在精品出版方面有所建树，必须下大力气构建作者资源系统。

1. 彻底摒弃"等米下锅"的思想观念，树立"作者是上帝"的服务意识，主动出击，孜孜以求，努力培育和发现优秀作者。

2. 主动策划，通过项目发现作者，维系作者。一般来说，地方出版社要组到大牌作者自主创新的优秀稿件是非常困难的，而通过开发区域文化资源，自主策划重大精品项目，采取选题论证会等方式与有关专家交流研讨，从而发现和培育优秀作者，维系作者关系，壮大作者队伍，则会收到事半功倍的效果。

3. 深入挖潜区域作者资源。陕西高校云集，是优秀作者资源的富矿区。如何通过政策、服务及情感沟通减少重要作者的外流，确保他们的优秀作品为陕西出版增光添彩，是做好精品出版的关键所在。

4. 走出本地，面向全国选择优秀作者，主要是吸引并挖掘北京、上海及其他地区的优秀作者服务于陕西的出版业，促进陕西的精品出版迈上新的台阶。近年来，陕西新华出版传媒集团推出的《延安缔造》《百年钟声——香港沉思录》《高岗传》《绝秦书》等图书，以及一批入选国家出版基金的重大项目，均由外地作者编写，这些书出版后受到读者热烈欢迎，极大地提升了陕版图书的社会影响力。这一事实表明，跨越区域限制，以开阔的眼界去选择优秀的作者，既能弥补当地作者的一些缺陷，也会增强精品出版的活力。

5. 通过编辑队伍建设，促进作者队伍建设。出版行业的特殊性，决定了编辑的主观能动性对企业发展有着不可替代的作用，作者队伍的维护和建设，归根结底，主要依靠广大编辑人员的努力工作来完成，可以说编辑队伍的敬业意识和素质水平决定了出版企业作者资源的优劣。所以快速提升编辑队伍的敬业意识和素质水平，不仅是出版业发展的内在需求，也是建立和维护一支优秀的作者队伍的重要前提和基础。

四、营造精品出版的良好环境

（一）完善双效考核机制

双效考核体系建设对于国有文化企业来讲至关重要。根据中共中央办公厅、国务院办公厅《关于推动国有文化企业把社会效益放在首位、实现社会效益和经济效益相统一的指导意见》精神，以陕西新华出版传媒集团的实践为例，集团从2009年开始了双效考核，2015年又逐步将社会效益指标占比由30%调整到50%，此后，集团根据中央、省上有关政策要求和集团管理目标需要调整年度具体指标，以考核促经营和管理的成效显著。2019年，集团全面贯彻落实中宣部《图书出版单位社会效益评价考核试行办法》和《新华书店社会效益评价考核办法》，并结合省委宣传部对集团的考核体系，对考核办法进行了修订，将社会效益指标占比调整到55%。同时成立集团编辑委员会为社会效益考核提供重要决策意见和建议，并配套建设双效奖励激励制度，从而形成一套立足实际、服务发展、良性互动、相互配套的双效考核机制。

（二）弘扬工匠精神，奠定精品出版坚实基础

所谓"工匠精神"，就是一种追求极致的做事态度，一种对职业敬畏、对工作执着、对产品负责的优秀习惯，一种不断追求完美的人文情怀。

1. 要继承传统，坚守质量

近现代历史上很多颇有建树的编辑家、出版家，如邹韬奋、叶圣陶、夏丏尊、胡愈之、范用等人，对待出版工作精益求精、专注极致，始终保有对文化的礼敬与尊崇，对传统的坚持与守望，对思想的建设与创新，对变革的承担与分享。当今时代背景下，弘扬工匠精神，就是要传承好优秀的出版传统，在出版物质量提升方面体现坚守和担当。

2. 要注重创新，满足需求

当前，我国社会的主要矛盾已经转化为人民日益增长的美好生活需要和不平衡不充分的发展之间的矛盾，体现在出版行业就是人民日益增长的精神文化需求和不平衡不充分的行业发展之间的矛

盾。因此,"工匠精神+不断创新"将成为出版业应对需求升级的制胜法宝,凝结在产品上,就是要实施供给侧改革,让每一本书都呈现出新意,进而不断满足广大读者的需求。

3. 要提升能力,与时俱进

工匠精神是民族精神、中国文化、中国创造力的具体体现,是时代软实力的传承与发扬。在当今"互联网+"时代,工匠精神在出版业的回归,意味着既要夯实传统出版发展基础,还要适应和满足新的时代对出版行业更高的要求,怀着"内容为王""传播为纽带"的情怀,培养一大批既懂传统编辑出版,又能适应互联网、物联网、智能化时代的复合型全媒体编辑人才,实现由单一的传统出版业向全媒体产业发展的转型。

(三)推行以岗位管理为核心的策划编辑制度

目前,大多数出版单位事业属性仍然比较明显,尽管经历了10年左右的"事转企"改革,企业的活力依旧不足。精品出版强调"以人为本""以书为本",通过调整生产关系,解放生产力,从而推动精品的出版。因此,践行精品出版,不仅是实施精品出版战略的前提和保证,某种程度上也是出版改革的继续和深化。结合当前出版实际,以岗位管理为核心,体现整体性集约化操作方式,创新性现代化的出版理念和对资源优化配置功能的策划编辑制度,则是实现这一目标的抓手和最佳选择路径。

1. 策划编辑制是对出版单位现行管理制度的补充和完善,将为精品战略的实施营造良好的企业氛围。以岗位管理为核心的策划编辑制度,本质上是要实现出版企业"官本位,行政化"向"人本位,书本位"的转型，无论是职称评定、提拔任用，还是薪酬激励，多出好书、多出精品才是最重要的依据。

2.策划编辑制适应现代出版业的发展方向，代表了一种新型的出版生产关系，符合出版生产力发展水平。有利于推出更多的内容一流、质量上乘的精品力作，有利于人才的培养与成长，有利于出版企业集约化经营机制的形成。

3.策划编辑制引入了竞争激励机制，鼓励优胜劣汰，有利于人才队伍的建设。充分尊重编辑工作的智力劳动和创造性特点，鼓励创新和进取，重视编辑的主观能动性，通过激励和示范效应，将会形成一个人才辈出的局面，从而为精品出版奠定坚实的人才基础。

4.策划编辑制注重团队合作，奠定了项目管理的基础，有利于激发员工活力，提升管理效益。追求出版活动的一体化、整体化，强化了系统的可操作性和团队合作意识，细化了业务的分工，强调了专业化的发展。

（四）建立人才脱颖而出的鼓励机制

出版业最核心的资源是人力资源，如何打造一支高素质的员工队伍，形成优秀人才脱颖而出的局面是实施精品战略的基础。

1.通过专业培训提升员工素质

以陕西新华出版传媒集团为例，经过几年的实践探索，逐步形成了分工负责的多元化培训体系：集团负责制定总体培训规划，整合培训讲师和优质课程资源，培训对象主要是领导班子和业务骨干；基层单位负责分析培训需求，组织对员工基本技能、基本业务规范的培训，实现员工培训全覆盖。

2. 通过项目带动发现优秀人才

依照做强主业的根本方略，集团逐步形成了"精品引领出版，项目带动发展"的工作思路。各出版社根据国家出版基金项目、省出版基金项目、集团扶持的重大出版项目的申报、策划、组稿和编校活动，组建结构合理的项目策划执行团队，采用扁平化管理模式，以老带新，共同学习，实时淘汰补充，在完成项目的同时，提升人员素质，努力使组织结构与人才结构相契合，奠定结构合理的人才队伍的基础。如三秦出版社的《中国蜀道》国家出版基金项目，科技出版社的《航天育种简史》项目，陕西人民教育出版社的"空间科学发展与展望丛书"项目，都催生出一批优秀的编辑人才，在收获大奖的同时，也在出版人才结构再造方面积累了宝贵的经验。

3. 绩效考核配套"三项机制"，激发人才干事创业的活力和动力

近年来，集团致力于不断完善企业综合考核体系，以综合绩效考核为主要手段，坚定不移地推行干部任期制，畅通员工职务升降的渠道。2017年，陕西省委组织部、省国资委印发了《领导干部能上能下办法》《领导干部鼓励激励办法》《领导干部容错纠错办法》，即"三项机制"。陕西新华出版传媒集团及时参考出台了相应的"三项机制"，通过"三项机制"不断完善集团人才管理体系，不断激发领导干部和专业人才干事创业的活力和动力。

五、强化精品出版的质量保障机制

这是一个老生常谈的问题，结合当前出版业的现状，主要应从以下几个方面构建精品出版的质量保障体系：

（一）强化责任意识

首先是社会责任，编辑人员要以弘扬先进文化为己任，守土有责、守土负责、守土尽责，坚持正确的出版导向，弘扬真、善、美，鞭笞假、丑、恶，绝不向社会推出内容低俗、影响恶劣的出版物；另外，日常工作中，心中要有读者，质量为重，精益求精，杜绝质量低劣、粗制滥造的出版物，不断向广大读者奉献优秀的精神食粮。

（二）重视产品的整体质量

图书质量分为三个层次：第一层次，印制质量，包括图书的纸张、装订、印刷等，为图书的外在质量；第二层次，审鉴及设计质量，包括图书的编校质量、版面设计、封面设计、内文设计等，是图书的外在的浅层次的内容质量；第三层次，图书的内容质量，是图书内容在文化选择和传播方面的质量，包括选题质量、学术质量、文化内涵等，是图书的深层次的精神内容质量。对任何一部优秀作品，其质量的构成核心，当然首先是深层次的精神内容质量，然后是审鉴及设计质量等浅层次的内容质量，最后才是印制质量。需要注意的是，这三个层次的质量互相交织、相互作用，构成了质量的统一体，任何一个方面的质量出现问题，都会影响精品出版的整体质量。

（三）加强质量的过程管理

一是选题质量管理，包括选题质量规划、选题质量设计、选题质量论证、选题申报管理等，是精品出版的前提和基础。二是组稿与审稿质量管理。组稿包括组稿准备、选择作者、约稿质量控制、约稿后续服务四部分；审稿主要可归纳为政治思想内容把关、知识内容审查把关、出版要求审查把关、知识产权审查把关四个方面，是提高出版物内容质量的关键环节。三是编校装帧质量，包括编辑加工、校对、装帧设计等环节，每一个环节都有相应的标准与要求，核心是管控以编校质量为核心的浅层内容质量。四是印制质量，这是质量管理的最后一道程序，就是要向读者提供纸张精良、外观精美的精品出版物。

图书质量过程管理，是编辑工作非常重要的环节，在具体实践中，首先要遵章守制，严格按程序办事；其次要明确每一环节的要求、标准及质量衔接及责任；最后，还应将质量事故的惩戒管理制度化、日常化。这样，图书质量的过程管理才能落到实处，收到实效，也才能为精品出版工作提供质量支撑。

（四）注重编辑的资质管理

伴随着改革的步伐，出版业进入新老更替的阶段，出版业由于输入大量新鲜血液而增添了活力，同时也由于一大批经验丰富的老同志相继离开工作岗位，面临着产品质量的巨大压力。因此，加强对青年员工的培训，注重编辑人员的资质管理就上升为当前出版工作的重要方面，主要包括三个方面：（1）岗位资质管理，就是要明确各类编辑岗位的上岗条件、要求、责任及工作标准等，并制定相应的管理规范，如责任编辑、编辑部主任、复审、终审等。（2）从业资质管理，就是对出版行业新进人员，按照国家有关规定，坚持上岗要求，未经培训不得上岗，未取得相应的资质不得直接从事编辑工作。（3）注册资质管理，国家自2008年推行责任编辑注册登记制度，突出了编辑人员的岗位意识，明确了编辑岗位的责任主体，强调了编辑的继续教育、知识更新和业务充实，是提高出版物质量的重大举措，必须在实际工作中不折不扣地推广执行。值得一提的是，为了使编辑资质管理收到实效，还必须相应搞好编辑工作定量管理。总的目标是摒弃数量规模型产业模式，使质量管控能力与企业发展水平相匹配，积极探索质量效益型发展之路。

六、优化精品出版的投入扶持机制

精品代表着出版企业的形象，随着精品工程的实施，日益扩大的社会影响力必将给出版企业带来巨大的品牌效应。同时精品在出版企业所占的分量、相关的资源配置和资金投入，也意味着精品开发是出版企业经营管理最重要的方面。为此，建立精品出版的投入保障机制就显得尤为重要。

1. 随着改革的深入，出版企业现代企业制度建设日益完善，建立科学合理的产品开发投入机制，应成为促使出版企业成为独立市场竞争主体的重要工作。

2. 借力国家政策，繁荣精品出版，陕西新华出版传媒集团逐步探索形成了精品开发的三级扶持机制：首先，推出了《陕西出版集团重大出版项目资助管理办法》，每年拨付几百万元对重大精品项目进行资助、扶持。其次，围绕政府倡导的出版物和优秀文艺作品的开发，形成成熟的评估、推荐体系，积极争取省委宣传部、省新闻出版局对精品出版的支持。第三，立足于传播文化、传承文明，下大力气组织开发陕西最具竞争优势的文化资源，力争列入国家重点选题规划，积极争取国家出版基金的支持，从而推出并积累一大批精品力作奉献社会。

3. 利用社会资本推动精品图书的出版。已经上市的出版集团，通过资本运营募集了大量资金，本着提升企业社会形象，形成企业品牌效益的宗旨，义不容辞应投入巨资开发更多、更有分量、更有影响力的精品力作，来回馈股民和读者。陕西省委宣传部已启动陕西新华出版传媒集团股改工作，集团将扎实工作，实现早日上市，增强企业实力，同时通过募投的形式，进一步推动实施精品出版战略，力争闯出一条新路。

第六节　实施精品出版的战略举措

一、夯实精品出版的人才基础

实施精品出版战略关键在于争夺优质出版资源，优质出版资源的核心，一是作者的要素，二是编辑的要素，三是市场营销的要素。

（一）出版资源的争夺首先是作者资源的争夺

没有一流的作者，就没有一流的作品。陕西坐拥周秦汉唐丰富的历史文化资源，省内高等学府林立，学术大家云集，又是中国革命的红色圣地，是出版内容资源的富矿区。同时，陕西偏居西北，远离全国经济、文化中心，如何让一流的作者讲好陕西故事，推动陕西精品出版"走出去"，需要出版主管部门、出版单位、行业协会的共同努力。

当前省内优质作者资源流失严重，外省及国际知名作家、学者引流不足的现状，最根本的原因是作者资源的市场化开发程度不足：一是保障作者权益的意识和能力欠缺。省内优秀的作家、学者，生长于斯，大多与省内出版单位长期保持着良好的合作关系，无论是从情感归属，还是从工作的便捷度来说，与省内出版单位合作都是首选。但随着互联网的兴起，编辑工作逐渐摆脱了地域属性，而全国甚至全球统一的版权贸易市场又进一步加速了优质作者的市场化流动，版税、发行量、编校水平、设计与印装水平、宣传推广力度、IP开发与转化等市场化因素成为作者选择出版单位的主要考量指标。二是服务理念和配套机制相对落后。能否获得优质稀缺的作者资源，除了比拼保障作者权益方面的硬实力，还要看服务理念、配套机制等软实力。在这方面，各地都有许多有益的做法，比如：通过集团化提升品牌吸引力；通过差异化细分作者市场；通过组织参与协会、学会活动，维护作者队伍，掌握最新作品信息；通过持续关注阅读平台、网络原创社区、学术网站和资料库等挖掘和开发新的作者资源；在基金扶持、报税评奖、创作采风等方面提供便利；等等。

各级出版主管部门要树立服务意识，加强激励引导，优化出版环境。要加大宣传力度，搭建好服务平台，为作家采风、收集查阅资料、交流研讨、对外合作等提供便利；要做好出版规划，明确出版重点，通过选题申报、重大出版项目资助等措施积极引导作者资源与优质内容资源相结合。出版单位要做好作者资源的管理和服务工作，提高出版效率，优化出版流程，充分尊重作者，提供优质的编辑加工服务。

(二)其次是优秀编辑的争夺

没有一流的编辑,就没有一流的选题创意,也就不会有一流的作者跟你合作。编辑人才培养要常抓不懈。一是要建立与产业发展相适应的编辑培训体系,推动培训工作日常化、制度化、机构化、模块化、社会化。二是要创新培养方式,针对编辑成长特点,构建以策划编辑领衔的编辑导师制。三是建立重大项目人才孵化机制,通过老中青编辑的组合搭配,在项目中锤炼和发现人才。四是要有明确的编辑人才培养战略,要有健全的培训规章制度,要有系统的培训工作计划,要有合理的培训经费保障,要有专业高效的培训管理者队伍,形成编辑培养的长效机制。

随着数字出版与媒体融合的发展,传统出版单位对新媒体编辑的需求急剧上升。新媒体编辑既要有扎实的编校基本功来保证出版物质量,又要熟悉数字化产品出版的特点,从源头策划开始就按照数字阅读的习惯策划选题、设计产品形态,进行数字产品的立体开发。对于传统出版单位来说,新媒体编辑的培养,在内容设计上要偏重补足在数字出版理念、视觉呈现方式、多媒体加工技术、融合出版盈利模式等方面的短板;在培养方式上要充分利用数字出版项目,在项目中接触新技术、解决新问题、培育新理念、激发新灵感,并通过项目带动获得的收益提升做数字出版的自信;在管理办法上要灵活大胆,在选题策划、团队建设、对外合作、分配机制上给予新媒体编辑较大的自主权,充分接轨市场。

(三)第三是市场营销人才的竞争

实施精品出版是一项系统工程,需要前期细致的市场调研与分析能力，需要强大的资源调动与整合能力，需要精准又创意十足的营销策划能力，需要 IP 运营与多元产品开发能力。在各个环节中，市场营销起着至关重要的作用。传统出版单位的市场营销人员，主要是做 B2B 式的系统发行，基本工作是将本单位既有图书品种定期推介给新华书店以及图书馆、研究机构等，基本上不直接与读者打交道。主要通过书店和机构的反馈间接了解图书销售信息，主要营销手段是折扣让利。由于这种营销方式的不直接性和结算、反馈的滞后性，使出版单位很难根据市场和读者需求的变化及时调整营销策略及后续同类产品的出版计划。同时这种间接营销模式，大大削弱了出版单位在折扣、上架率等方面的话语能力，降低了利润率。

时代呼唤出版单位营销人员更加面向读者、面向市场，用产品引导读者需求、引导渠道建设，同时用从一线读者那里得到的反馈信息，帮助出版单位优化产品结构、提升产品质量。在这种背景下，新媒体营销人员逐渐走向前台。优秀的新媒体营销人才既要熟练掌握基本营销技能，又要了解传播学、社会学、心理学、经济学等基本原理，能够熟练运用社群、自媒体、电商平台开展线上营销；同时，对数据要有极强的敏感性，能够从海量的数据中挖掘有价值的信息，提供出版决策。

当前传统出版单位比较缺乏这类营销人才，受制于原有营销人员的知识结构、经验，培养起来也较为困难，大多出版单位都选择从互联网行业或者媒体行业引进。但如何调整内部机制，让新媒体营销人员能够与传统出版业务无缝对接真正发挥作用，却是摆在出版单位面前的一个难题。本文认为应从这几个方面重点考虑：一是调整出版机制，由编辑主导转变为市场主导，真正按照市场和读者的需求转变出版方向。二是加大营销投入。新媒体营销有自身的规律和模式，往往前期投入较大，后期持续收益，要加大投入，集中力量进行立体宣传。三是给予充分自主权。新媒体营销渠道更多，不同的渠道适合于不同的产品和宣传策略，而且营销活动的时效性很强。因此要减少决策环节和时间，更多地放权，强化结果导向。四是要不断学习开阔眼界。新的营销模式层出不穷，要求营销人员要紧盯技术进步和市场动态，不断开阔眼界，结合实际不断思考、寻找适合的营销策略。

二、以精品出版带动出版产业的发展

时过境迁，广大读者对精品图书的需求愈加强烈，对精品出版的诉求更为迫切，对出版企业的期望更高。以地方出版集团为代表的我国出版事业的中坚力量，基于时代和社会的召唤，基于出版体制机制的改革创新，政策扶持的力度加大，技术革新和进步的驱动，逐渐摸索出一条符合地域特色、切合企业实际的精品出版道路，逐步形成了行之有效的精品出版体制机制，推出了一大批精品力作，树立了品牌，形成了特色，带动了产业发展。深入挖掘具有竞争优势的资源，形成具有竞争优势的品牌，只是以精品出版带动产业发展道路上走出的第一步，实现产业的持续健康良性发展才是最终目标。

（一）打造精品出版品牌，形成品牌优势

地方出版企业所能掌控的资源有限，必须根据企业自身的战略

定位，依据区域资源优势坚持专业发展及产品的深度开发。特别像陕西新华出版传媒集团这样规模和实力的地方出版企业，能在全国同行业的市场竞争、品牌竞争、地位比拼中实现突围，脱颖而出，与多年来致力精品、培育品牌、打造特色的努力是分不开的。

前文第五章、第六章以陕西新华出版传媒集团为例，对陕西精品出版的实践经验和构建精品出版体系做了详细介绍。多年来，陕西新华出版传媒集团致力精品出版，竭力打造品牌，扩大影响，成效显著。以集团图书出版"十三五"规划目标维度看，从主题出版、获奖和基金项目、"走出去"、"双效"图书、融合创新等五个方向发力，在人文社科理论、历史文化遗产、少儿、文学艺术、科技科普、教育、旅游文化、陕西地域特色文化、丝绸之路等九大板块结出累累硕果；以陕西优势资源深度开发维度看，在红色文化、人文地理、传统文化、文物考古、丝路文化、航空航天、优秀作家、农业科技等八个方面取得不俗成绩。

综观国内优秀出版企业精品出版的实践经验和成就，如上海世纪出版集团、湖南出版集团、浙江联合出版集团、安徽出版集团、山东出版集团、广东省出版集团等业界翘楚，均不难发现他们在树立精品出版品牌方面有很多共性的可借鉴、坚持的经验做法，归纳梳理起来大致有以下五个方面：一是大多数出版企业站在发展战略层面高度，提出了"精品出版工程""双品工程"等精品出版举措；二是以设立集团编辑委员会等形式，建立推动实施精品出版的体制机制；三是出版企业投入相对固定的资金扶持、资助精品出版；四是配套建设图书质量保障体系，确保导向正确、质量上乘；五是通过实施精品出版带动人才培养和队伍建设。以上五个方面可以说是促进精品生产的制胜法宝，是多年来多家出版企业探索和实践总结的成功经验。

（二）转化品牌优势，带动出版产业发展

新时代，对传统出版企业抱以新期待，提出新要求。《关于加强和改进出版工作的意见》（以下简称《意见》）作为当前及今后较长一个时期的出版产业发展的指导性文件，把推动出版融合发展摆在特殊位置，将其作为新时代进一步推动出版改革发展的重要方面。传统出版企业则应该思考、探索和实践如何从以内容为核心、以精品为目标的发展，向与内容相关的多元产业拓展，整合上述提到的机制、资金、质量保障体系、人才等已有优势资源，实现联动发展、融合发展，探索新的经济增长点。

近年来，国家加强顶层设计和统筹规划，在推动出版业数字化转型升级，强化新技术在出版业的运用，推动优质内容资源融合传播，加快出版融合发展技术标准体系建设，深入推进相关国家标准的应用试点示范工作，推进资源聚集整合，建设具有较强内容整合力、行业影响力的数字化出版服务平台和专业数据库，建设辐射全国、有较强的市场竞争力的网上发行主渠道等方面进行了全面部署，制定政策保障引领，有效促进产业优化升级。20家国家出版融合发展重点实验室陆续挂牌运营，55家出版单位被确定为专业数字内容资源知识服务模式试点。

这是一种政府和行业共同推动下的大势，出版企业如能因势利导，顺势而为，乘势而上，抓住难得的历史机遇，则必然在新一轮的激烈竞争中占据有利地位，走上良性发展的快车道。事实上，很多企业已经顺应出版融合发展的潮流，在数字化平台建设、版权开发、游戏、全媒体出版等新兴出版领域试水。

中原传媒 ADP5"大象数字出版与教育融合服务平台 V2.0"目前已具备统一支付、统一大数据分析等能力，"大象 e 课数字服务平台"累计服务用户 90 余万人，"大象智慧题库"已完成产品化开发。

读者传媒加快数字出版转型步伐，转变生产方式。2018 年上半年，数字版《读者》月均发行 145 万册，比上一年同期增长 9.7%。"微读者"粉丝达到 410 万，比上一年同期增长 41.37%。《读者·原创版》公众号用户增长至近 32 万人，品牌推广和线上销售效果明显。

皖新传媒加快探索共享模式迭代升级，"阅+"共享书店在安徽、上海等地新开设 9 家门店，累计开业门店达 37 家；推出皖新 K12 教育云·智慧学校整体解决方案；旗下新知数媒致力于"美丽科学"数字教材的研发与出版，中小学数字资源已在全国近千所小学应用示范；营销团队近 200 次入校运营，推进"皖新十分钟学校"数字教育解决方案落地。

中南传媒、南方传媒、中文在线等依靠优质的版权资源，打造大 IP 全版权运营模式。

中文传媒新媒体新业态板块继续成为公司稳定的利润增长点，智明星通已成为互联网国际企业的标杆企业。《列王的纷争》在"2018 年上半年热门中国出海游戏"榜单中位列第 3；智明星通旗下星游科技于 2018 年 2 月与安徽芜湖叠纸签订国产角色扮演手游代表作《恋与制作人》手游代理协议。此前，智明星通已成为叠纸科技开发的国内二次元手游《奇迹暖暖》的海外代理，该手游海外版进入欧美逾 50 个国家游戏畅销榜，流水达千万级。另外，智明星通正在对游戏界的知名 IP《使命召唤》等进行开发，力争打造出精品游戏并确保游戏的长效运营。

中南传媒以 IP 资源为核心，持续深化全版权运营。岳麓书社推进面向中小学的语文课外阅读产品"名家讲名著"系列，已出版产品 19 种，与优酷土豆合作的"唐浩明讲解曾国藩"系列节目第一季完成录制，与"婷婷唱古诗"合作的《小学生必背古诗 75 首》销售喜人。湖南科技出版社启动"第一推动丛书"解读音频系列出版项目。湖南少年儿童出版社围绕"笨狼"和"青蛙弗洛格"加快探索 IP 运营。中南博集影业《金牌投资人》在湖南卫视播出，《法医秦明 2》上线芒果 TV 等多个平台，收视口碑俱佳。

南方传媒将"新周说世"线上知识分享沙龙、"繁象"系列周边品牌、"新周猫"IP 三大重点项目，作为新一轮的全媒体运营改革，通过粉丝经济构建以"新周刊"IP 为核心的媒体生态。其中《新周刊》实现"新周刊"IP 品牌的全媒体输出。

辽宁出版集团利用优势资源，依托原创 IP，深度挖掘市场，完善产品结构，孵化和培育文化衍生业态。2018 年围绕六小龄童及西游 IP，投资并发行《一带一路·重走玄奘路》大型纪录片，运营六小龄童图书签名店以及行者禅文化店，进行周边文创产品的开发及销售；以儿童文学家曹文轩为核心进行图书、VR、音频的开发；围绕音乐大师郎朗，开发以教材、礼品书、推荐书等 B2B 产品为主的新品牌书系。

青岛出版集团旗下城市传媒版权资产积累势能放大。以《中国江河流域自然与人文遗产影像档案》《上海合作组织世界遗产全集》为核心构建的"人文艺术影像数据库"汇集近百万张优质人文艺术、自然地理图片；以《云冈石窟全集》为核心资源构建的"云冈全媒体出版"项目，已囊括数据库、VR 情景还原、3D 打印石窟、云冈书房、影视纪录片等多种呈现载体；《中国木版年画》等构筑的中国民间文化艺术板块已初步形成体系，并在文艺研究、文学创作、文创开发、移动媒体应用等领域深度融合延展。

三、树立陕版品牌，讲好陕西故事

（一）坚持"双效统一"原则，着力塑造陕版精品图书品牌

习近平总书记指出，实现中华民族伟大复兴的中国梦，物质财富要极大丰富，精神财富也要极大丰富。作为出版人，我们的工作方向是：弘扬主旋律、传递正能量，不断满足读者对优秀出版物的需求，不断为社会创造优质的精神财富。

多年来，陕西新华出版传媒集团围绕中心，聚焦主题，相继推出了一系列叫好又叫座的"双效"图书。如：反映香港回归变迁的《百年钟声——香港沉思录》，体现我国科考精神的《鼎立南极》，均摘获国家级大奖；具有较深社会意义的《一号文件》《延安文艺座谈会纪实》，广受专家学者好评；充满地域色彩的《西京故事》《统万城》，从独特视角向读者展示了陕西特有的人文风貌；《陈忠实传》

《小巨人传奇——从农民工到技能大师》《蓝天下的永恒——最美女孩熊宁》等富有温度的传记题材，感动了许多读者；《高岗传》《西路军》等政治题材，也在读者中产生积极反响；《青木川》不仅获得多项国家大奖，还被改编成电视剧《一代枭雄》，图书累计发行30多万册，创造利润过百万；红色长篇小说《根据地》出版不到两年，发行近10万册，创造利润过百万。

除单个作品取得突出成效外，一些重大项目也成绩斐然。如，"西风烈——陕西百名作家集体出征"项目，共推出100余部作品，数十部已经或正在被改编成影视作品，30%以上作品获国家级、省部级大奖，在全国产生很大影响。该项目的运作模式被多个省份效仿。

（二）讲好陕西故事，构筑新时代陕西出版新高地

立足当下，放眼未来，陕西出版人作为陕西文化繁荣发展的排头兵、践行者，理所应当肩负起开发利用陕西文化资源，助力陕西实现由文化资源大省变为文化产业强省的使命。依据陕西文化资源特点，结合出版业近年来的实践，集团从红色文化资源、传统文化资源、人文地理资源、文物考古资源、航空航天航海科技资源、优秀作家资源、丝路文化资源、农业科技资源等八个方面来实施精品出版战略。

红色文化资源方面，重点围绕延安精神、梁家河故事等宝贵红色资源，持续策划出版以"延安红色基因出版工程丛书"为代表的红色文化系列精品图书，将延安书局、延安红色书店打造成全国顶尖的红色文艺界标。

文物考古资源方面，以陕西省文物考古博物馆建设为契机，与陕西省文物局等文物考古单位建立战略合作关系，推出以"陕西文物考古丛书"为代表的集中介绍陕西的文物资源和考古成就，传承陕西人文精神，展示陕西文化的精髓和巨大优势的权威性、综合性出版物。

航空航天航海资源方面，与省内"三航"科研单位及高校加深合作，共同策划编写以"中国'三航'科技丛书"、《北斗中国》为代表，充分反映和展示陕西乃至中国"硬科技"领域在新中国成立以来，特别是改革开放40年来取得的非凡成就，"中国'三航'科技丛书"成为献礼建党100周年的重大精品出版项目。

传统文化资源方面，策划出版《文化陕西》《清白家风传千古》《中国新童谣》《诗词里的古都》等宣传陕西优秀传统文化资源的精品图书。

丝路文化资源方面，围绕"一带一路"建设主题，持续开发陕西丝路文化优势资源，完成了《丝路新语》《影响丝路工程》、"'一带一路'文学书库"等大型项目出版工作。

农业科技资源方面，结合脱贫攻坚任务、全面建成小康社会主题，推进《精准扶贫理论与实践（西部篇）》《健康扶贫之天使暖人间》等主题图书的出版。

人文地理方面，重点做好《绿色长城——中国三北防护林建设纪实》等大型出版工程。

优秀作者资源方面，推出"西部文学经典典藏文库"等本土作家创作出来的反映陕西风土人情的优秀文艺作品。

四、多元开发,实现精品出版的范围经济效益

(一)出版产业发展趋势

从"数字出版""学研之旅与出版的融合"再到"主题出版",我国出版目前正在由单一的传统出版模式向新的更高效、更科学的模式转化。

目前出版产业在新媒体、融媒体开发的趋势下有以下几个特点:

1. 新技术加速内容产出,缩短了精品内容的生产周期

由"数字出版""电子出版"等主导的新的出版模式,通过网络技术和电子技术的融合,将内容产出的速度提升到了新的量级。它通过"域"与"域"的直接链接,将原来需要人类通过实际移动才能完成的信息传播,变成了虚拟机器的直接对接。

在这样的新模式之下,出版产业也分享了直接的"红利",原本需要几个月甚至几年才能完成的图书文化传播,快速缩短到了几周甚至几天的时间范围。这样的优势就是,出版产品经过"技术化"模式可以得到最快速的传播,但同时也给出版行业带来了问题:文化传播的速度如此之快,但是传统纸质书、文字出版产品的制成时间却因为传统工艺高要求的限制始终无法与之匹配。因此只是以出版纸质图书在网上发行,或者只是制作电子的文字出版产品根本无法满足目前高度的文化传播速度和消费者更加快速的消费需求。

2. 新媒体使读者重新界定"精品阅读"

新的媒体模式打破了传统出版与读者"出版—发行—阅读"的单

向传播模式，生成了多角、双向反馈的动态的新文化阅读体验。在这样的氛围之下，新读者对于文化"好"与"精"的评价发生了巨大变化，由传统的被动选择文化，转变成为主动寻找适合文化，并以此产生具有个性化精品文化评价的新模式。

从文化传播的角度来说，这样的方式是传播能力的一次进化。消费者从主动寻找自己喜欢的产品的模式中得到了更多享受优质生产要素的权利。这也就意味着，消费者的需求由"眼见"变为了"心想"，由看见才能思考消费，变为先关注自身消费意图，进而去主动搜索匹配产品。

3. 新时代对精品文化提出了新要求

中国文化"走出去"战略是我国在 21 世纪之初所提出的文化建设方针，对于中国文化的觉醒、复兴、整合具有积极的推动作用。新时期，随着国际形势的变幻、国内经济的发展和党的十八届三中全会的召开，文化"走出去"战略成为建设文化强国、增强国家文化软实力的必经之路，在新的时代背景下被赋予了全新的意义。

在新的国际环境之下，国家与国家的文化交流就如一条条信息的高速通道，为了能让优质文化真正到达外国，就不能只是收集优质文化，还要有能够搭载和运送优质文化的"运载工具"。而优质文化产品正是为此而生的。

4. 出版产业发展趋势就是融合发展

就目前国内出版社的发展情况来看，生产图书的各种衍生产品已经成为扩展图书利润的主要手段之一。目前，各省市新华书店相继抱团成立"新华—出版"集团。新华书店是我国出版产业的渠道优势，各省市依托当地文化资源，将通过出版社不断形成资源优势。这两种资源聚合而形成的"集团"化，正是产业自身不断融合、不断升级换代的证明。

（二）推动出版产业深度开发的路径与策略

传播学理论告诉我们，互联网因为信息对称、交互能力强而具有迅速迭代的特性。这种特性决定了单一信息要素构成的文化产品将不能适应未来的文化市场格局的升级，在这样的新形势下，要想推动出版产业走向更成熟的方向，就必然要对出版业信息开发的路径与策略进行进一步的深度调整。

1. 聚焦核心文化资源，开发精品

核心文化资源是地域文化资源的根据地和根本基础，其本身对于地方文化的意义就相当于文化在该地区的富矿一样。这样的文化资源有很大的后续开发潜力，而那些既在陕西有影响，又在全国乃至全世界都有重大影响的文化资源以及处于学科前沿的研究成果，就是符合这一要求的精品开发方向，近年来陕西新华出版传媒集团先后推出《陕西金文集成》、《中国蜀道》、《丝绸之路中国段文化遗产研究》、"空间科学发展与展望丛书"、《中国秦腔艺术百科全书》、《延安文艺档案》等重大项目，即是这样的选题。

2. 实施方向性选题开发策略，充分满足不同层次的读者需求

从经济学的角度来看，市场细分的过程，是企业按照某种标准，将市场上的顾客划分成若干个顾客群，由此构成存在着明显差异市场的经济行为。通过市场细分，制造者可以更加有效地推出产品、服务、价格、促销和分销系统组合，从而满足细分市场内顾客

的需求。

出版行业目前亟须解决市场细分问题，一个有效的方法就是实施方向性选题开发策略。如《丝绸之路中国段文化遗产研究》开发完成后，还可继续开发"影像丝路丛书"，甚至丝路电视专题片以及思路文化艺术节等，做到对核心文化资源的全方位立体式开发。

3. 一元内容多元开发，扩展精品图书的范围经济效益

范围经济（Economies of scope）指由厂商的范围而非规模带来的经济，即当同时生产两种产品的费用低于分别生产每种产品所需成本的总和时，所存在的状况就被称为范围经济。只要把两种或更多的产品合并在一起生产比分开来生产的成本要低，就会存在范围经济。

产品结构多元化，有助于抵御产品周期性带来的市场份额萎缩风险。比起其他产品，图书产品因其消费速度快、可重复消费能力差、相同产品内容可迭代性小等特点，更加受到其产品在市场中较短的生命周期的影响。为了解决这一问题，将一元内容多元展开，产生图书的范围经济效益，是未来图书市场保持活力的重要保证。

扩展图书范围经济效益，主要分五步：

第一步是学术精品的开发。学术精品是图书产品中使用价值最高、延续时间最久、社会利用价值最大的图书产品，因其所记载的多为人类科学技术和人类高等思维结晶。这类图书开展范围效应，难度低，辐射范围广，社会效益最大，因而成为出版社开展图书范围经济的第一步。

第二步是普及读物的开发。普及读物在内容上具有接受面广、传播速度快、经济效益高、周边产品可创造性高的特点，这样的图书产品在结构化、范围化后，可以更有效地为出版行业巩固文化产品阵地，使其在其他多媒体技术的帮助下，产生稳定的消费者阵营和消费习惯。

第三步是数字出版及影视传媒的开发。数字出版与影视多媒体开发，比起前两步，其宣传能力、传播范围和经济效益等整体上升了一个台阶，在出版社顺利实施前两步战略之后，这第三步将使图书由目前的"弱媒体"一跃成为"强媒体集合体"，进而引领各种新媒体，成为文化传播的"盟主"。

第四步是文化创意产品的开发。文化创意产品的核心是创意生产力，这代表了一种对于未来市场把控的创意性思维。这一步的实施，将会保证图书行业在夺得当下生产阵地的同时，也能继续向未来发展。

第五步是文化旅游项目的开发。这是最后一步，是将文化产业与旅游业相融合，形成"文旅+"的新型消费集合。这一步有效地将原来的抽象文化要素实体化，通过文化与不同实景旅游要素的有机结合，使文化跨越时空的阻隔，真正成为"既古老又新颖"的活力文化。

4.以精品出版的内容资源为核心扩展新兴业态

根据近年来统计的数据显示传统出版业的发展是有天花板的，未来出版业必定是全媒体多业态的进程，因此陕西出版必须依托技术出版与内容资源以及渠道优势扩展新兴业态。

（三）多元开发，实现精品出版的最大效益

在以上理论基础的支持之下，目前，陕西应发挥资源优势，夯实精品出版的内容资源基础，扩展新兴业态，为下一步发展先行布局。

结合陕西新华出版传媒集团的实际，陕西出版行业应主要从以下几个方面扩展产业：

1. 新华数字

伴随传统出版产业转型升级的步伐，充分运用国家产业优惠政策，聚焦数字出版、数字阅读、数字印刷，扩展新的经济增长点。

2. 新华文旅

发挥集团内容资源及地市新华书店渠道优势，涉足文化旅游，运用现代信息技术手段开发诸如蜀道之旅、丝路之旅、红色文化之旅、关中风情之旅、航天科技之旅、周原风情之旅、帝王陵墓之旅、"三北"绿色之旅、汉水之旅、炎黄之旅、西北联大之旅等主题研学之旅，以"走万里路，读万卷书"的理念，发展特色鲜明的文化旅游产业。

3. 新华教育

出版业通过教材教辅，与教育系统建立了长久的紧密联系，加之市县新华书店大多是当地重要的文化阵地，因此，从国家政策允许的幼儿教育及教育培训发展教育产业，当有得天独厚的优势。

4. 新华艺术

国家高度重视艺术教育，陕西艺术人才荟萃，随着国家经济的发展，艺术品交易市场也方兴未艾，因此，利用艺术出版内容资源及

作者优势开发艺术教育及艺术品市场将是一个十分正确的选择。

5. 新华影视

近年来，集团所辖出版单位已有十几种出版物转化为影视作品，许多作品都取得了很好的社会效益及经济效益，因此，通过精品出版连带开发优秀的影视作品，也应成为新华出版未来发展的一个重要方向。

附一：项目负责人部分选题策划报告案例

案例一

"诗说中国"系列丛书选题策划方案

一、策划背景

诗词，尤其是唐诗宋词，是中华文化的瑰宝之一，也是中华民族记忆中最美好的部分之一。自《诗经》始，中国诗词已经有3000多年的发展演变史。我们的先辈们，用诗词记录了包括政治、军事、历史、社会生活及民间风俗在内的大千世界；用诗词描写了祖国的秀美山水；用诗词抒发了对友人、亲人及国家的真挚情感；用诗词思索感悟人生哲理并表达了自己雅致的文化情趣。这一切的总和，便构成了中华文明的壮丽画卷。

在国力日盛的今天，全民文化素质的提高和国家文化软实力的提升已迫在眉睫,传统文化需要进一步挖潜,中华文明应该得到更广泛的张扬。为此,我们拟组织有关专家学者编写一套融欣赏性、普及性及知识性于一体的"诗说中国"系列读物,通过精选、欣赏、解读 3000 多年来的中华优秀诗词,从多方面、多角度来反映中国、解说中国。

二、内容简介

"诗说中国"系列丛书,通过对中国诗词的欣赏解读,从一个独特的角度展示中国历史、文化、山水、风光、社会风尚、人文情怀、精神追求等中华文明的内涵。分三个层次:首先,分门别类地精选若干中国优秀诗词欣赏解读;其次,介绍作者并讲述该诗词创作的背景故事;最后,放在某一门类里,拓展该诗词所产生的作用和在文化上的重大影响。

三、框架与目录

首先,推出丛书第一辑,分 12 个专题,各 1 册,共 12 册,每册约 12 万字。

1.《诗说中国·怀古》

2.《诗说中国·战争》

3.《诗说中国·园林》

4.《诗说中国·至情》

5.《诗说中国·书画》

6.《诗说中国·禅思》

7.《诗说中国·民俗》

8.《诗说中国·乐舞》

9.《诗说中国·行旅》

10.《诗说中国·饮食》

11.《诗说中国·礼仪》

12.《诗说中国·耕读》

四、编写体例与风格

（一）编写体例

1. 入选诗词为民国以前的古体诗词，新诗不列入本书编写范围。

2. 诗词选择要合理，释文及解读准确。

3. 具体篇幅分为诗词、欣赏、解读、拓展四部分，彼此间要相互呼应、一气呵成。

4. 文字简洁凝练、鲜活生动，符合读者阅读趋势。

5. 图文并茂，古代国画与当代图片搭配使用，力求图片高清、精致、唯美。

6. 单册图书约 10 万字，图片约 50 幅，成书后约 7.5 个印张。

（二）编写定位

1. 文体

文化散文

2. 要求

（1）经典性、大众化。经典性和通俗性兼顾。

（2）体例、作者、最终稿件质量、书籍装帧形式都应该是同类书里最好的，业内水平最高的。

（3）落脚点在中国，用诗来解读中国的文化、山水、艺术、历史、宗教等。要充分展现古往今来中国人的精神世界，让读者热爱诗歌，热爱传统文化，最后升华到热爱中国。

（4）每个板块内部应有逻辑联系，渗入文化百科、知识链接等。

（三）写作风格

1. 文笔流畅，富有可读性、故事性和知识性，篇幅适中，符合读者阅读习惯。

2. 面向广大诗词爱好者，既要文笔清新，观点新颖，具有一定的文化品位，还要通俗易懂，尤其能将抽象诗词与社会现实相连通，提升读者的阅读兴趣。

五、作者队伍

1. 对诗词研究和写作造诣较高的作者，如薛保勤、刘炜评、李浩等。

2. 在市场较有影响力的作者，如《人生若只如初见》的作者安意如、《唐诗地图》的作者吴真、《宋词地图》的作者郭蕾等。

3. 其他在诗词研究和写作方面有一定成就的作者。

六、出版进度安排

2013年6月至2014年12月，完成选题论证、作者队伍的搭建、编写体例的确定、项目申报、组稿写作、绘制图片、设计版式、编辑加工、印制出版等工作。

案例二

"文化陕西"丛书编辑出版方案

由省委宣传部组织编撰的"文化陕西"丛书，是一项整合和梳理陕西文化资源，综合反映陕西文化全貌，突出陕西文化特点和亮点，提高文化自觉与自信，打造陕西文化名片的重大文化工程。

一、编辑出版方案

按照省委宣传部要求，陕西新华出版传媒集团对该丛书的编撰出版高度重视，通过两次专题会议和一次研讨会，初步形成了如下方案：

（一）总体设想

按照突出陕西文化特点和亮点、增强可读性的要求，经反复讨论，丛书以历史文化、诗词中的长安、丝路文化、红色文化、宗教文化、山水地域文化、演艺文化和艺术瑰宝为主线，按照主题形式反映陕西文化的亮点，形成8册，集中反映陕西文化精神雍容大气、开放进取、包容创新的内涵。

（二）书名及作者

书名是图书的眼睛，是图书内容的艺术反映；诗歌是语言的精华，作为诗歌文化源远流长、筑起高峰的陕西，以诗歌的形式命名反映陕西文化的图书再合适不过。选取有良好学术功底，同时具有文化通俗表达能力、语言风格优美的作者，可以确保编撰质量。

同时，设立相应的编写组织机构，以确保项目顺利推进。

编辑委员会主任、副主任由省委宣传部主要领导和集团主要领导担任。

1. 秦中自古帝王州（历史文化：秦建明教授）

主要以陕西十三朝为主要内容，展示陕西厚重的历史文化。通过专题性的提炼，展示陕西历史文化的独特文化内涵，回答陕西在中华文化中的至高地位以及对中华文明乃至世界文明的深远影响。

2. 一日看尽长安花（诗说长安：傅绍良教授）

古都西安是陕西文化的名片。古往今来，描绘长安的诗词歌赋不计其数；诗词中的长安就是古人的长安，是文化的和诗意的长安。本册书以诗文融合的形式，配以精美图片，编撰出长安文化地图，尽显陕西文化的魅力和诗意之美。

3. 万里丝路千秋功（丝路文化：朱鸿教授）

长安是丝绸之路的起点，以博大的胸怀迎接万国来朝、商贸往来以及文化交流融合，在世界文化史上书写了辉煌的篇章。因而，陕西在中国的外交、商贸、文化包容与创新等方面占有重要地位，也成为民族复兴的重要标杆。本册以丝路沿线的文化遗存、文化风情等为材料，引入最新考古发现、文献研究成果，讲述陕西开通丝路的重要作用、丝路起点的地位，以及形成于长安的自强、自信、包容的汉唐文化的盛况。

4. 红星闪闪耀中华（红色文化：朱鸿召博士）

挖掘陕西红色文化的渊源及价值，展示以延安精神为核心的延安时期丰富多彩的文化内涵，揭示陕西红色文化对新中国文化事业的奠基作用。

5. 佛光紫气映苍穹（宗教文化：李利安教授）

陕西是一片宗教文化的沃土，老子楼观讲道、佛教八宗六出长安、大秦景教长安流传等，让陕西成为宗教文化的最引人注目的地区之一。本册以各类宗教为经，以陕西的宗教祖庭及著名寺院为纬，展现陕西宗教的发展历程、多彩丰姿以及在中国乃至世界文化交流史上的重要地位和对中国传统文化、社会生活的重要影响。

6. 钟灵毓秀润三秦（山水文化：胡义成研究员）

一方水土养一方人。苍茫的陕北高原，富庶的关中平原，秀美的秦巴山地，让三秦大地呈现出明显的地域特色和文化。浐河养育了半坡儿女，周原成就了礼乐文明，汉江将一个"汉"字酣畅淋漓地融入中华民族的精神血脉，可以说陕西的山水是文化的山水。同时，鲜明的地域特色、悠久灿烂的历史文化早已融入陕西人的生活，产生了色彩鲜明的民风民俗以及独特的地域文化精神。

本册从文化的视角审视，以人文的精神观察，寻找山水中的人文、人文中的山水，从人文的角度主要描述秦岭、巴山两大山脉，黄河、渭河、汉江三大河流，关中、陕南、陕北三大区域的民俗风物、人文地理，尽显陕西山水文化的绰约风姿。

7. 一城文化半城仙（文学与演艺文化：丁科民研究员）

仓颉造字、汉赋长安、李白胡姬酒肆诗百篇，有了这些，也就能理解曾震动文坛的"陕军东征"，陕西由此写出了一个大大的"文"字。秦腔、老腔吼出了无限豪迈与苍凉；陕北民歌、赵季平的乐曲道出了西北人的思想与情怀；《红高粱》由陕西红向世界；《长恨歌》用光与影将唐玄宗与杨玉环的爱情演绎得淋漓尽致……陕西人生活在浓厚的文化之中，创造了并正在创造着优秀的文化。本册通过整合文化的视角，展现周、秦、汉、唐丰厚的文化底蕴，揭示秦腔、陕北民歌、"陕军东征"、西北风音乐、陕西影视、陕西民间文化等独特的文化现象，感悟陕西文化之韵、文化之魂。

8.瀚海墨章万古芳（艺术瑰宝：陈斌教授）

陕西艺术绚丽多彩，自古及今，无论书法、绘画、壁画，还是陵墓雕塑、建筑艺术，始终都异彩纷呈，人才辈出。本书将破解这一文化密码，荟萃陕西艺术瑰宝，尽飨读者。

（三）编写要求

1.定位精准：以学术研究为支撑，兼顾社会约定俗成，按照选题涉猎的范围，编撰一套展现陕西文化风采的知识性读物，力求展示陕西丰厚的文化资源，揭示陕西独特的文化现象，彰显陕西引人入胜的文化魅力。

2.风格独特：力求编撰一套富有文化韵味的普及型读物。作品风格要求：不求其全，只取其精；以点带面，点面结合；深入浅出，融会贯通；文笔清新，入情入理；外显精致，内穷文韵。

3.内容创新：选题体例创新；内容呈现创新；叙事方式创新，吸收学术研究新发现、新观点。

4.设计新颖：装帧设计与内容和谐统一；正文设计活泼美观；辅文设计富有时代特征。

5.感染力强：以丰富的知识积累旁征博引，吸引读者；以独到的见解呈现真知灼见，愉悦读者；以鲜活的人生阅历体验陕西文化，感染读者；以温润的语言和设计，浸入读者心田。

6. 衔接地气：彰显文化遗存；彰显文化精英（以古为主，以今为辅）；彰显文化遗产。

（四）书稿编写进程

1. 确定丛书选题与作者：召开第一次研讨会，初步确定选题书目和作者人选。

2. 确定体例和样稿：作者研究提出选题体例，撰写部分样稿；召开第二次工作会议，研究讨论体例、样稿，经省委宣传部领导审定认可后确定。

3. 书稿写作：编辑团队制订详细的编写要求，作者开始写作。

4. 审定书稿及确定设计方案

（1）第一次审定会议。召开审定会议，主要工作：

①审定书稿，提出修改意见，说明完成时限；

②启动书稿整体设计工作。

（2）第二次审定会议。召开第二次审定会议，主要工作：

①对修改后的书稿进行审定，提出具体意见；

②讨论确定编辑团队提出的书稿整体设计方案；

③安排图片收集，序、跋、后记撰写等方面的工作。

（3）第三次审定会议。召开第三次审定会议，主要工作：

①按齐、清、定要求审定书稿；

②查漏补缺，督促完成有关未尽事宜；

③讨论研究图书宣传工作。

（五）书稿评审

1. 初审：体例、样稿确定后，由省委宣传部组织召开专家评审会，就学术性、系统性、完整性和可读性提出审定意见。

2. 复审：初稿完成后，由省委宣传部召开第二次专家评审会，对书稿的科学性、系统性、完整性等进行审定。

3. 终审：出版社审定后的定稿及书稿整体设计方案完成后，由省委宣传部组织有关专家进行评审，确定丛书编辑出版方案。

二、宣传发行

1. 为了扩大丛书的影响，促进图书销售，由省委宣传部组织《陕西日报》、《西安晚报》、《华商报》、陕西电视台及相关门户网站等媒体召开专门会议，筹备"文化陕西"丛书的宣传活动。

2. 由省委宣传部主办，陕西新华出版传媒集团承办，召开"文化陕西"丛书新闻发布会，同时，安排落实图书销售工作。

案例三

"汉字文化"丛书策划方案

一、策划背景

汉字不仅是记录语言的符号，传播文化的工具，它本身也蕴藏着无尽的文化宝藏。中国古代文明史上的许多文化现象，不仅可以从用汉字书写的文化典籍中得到反映，也可以从汉字本身得到验证。因此，汉字是中华文明之根，没有汉字也就不会有辉煌灿烂的中国古代文明。中华民族有文字可考的历史至少有5000年，为人类文明的发展做出了巨大的贡献，我们天天使用的汉字，就是使这灿烂文明绵延不断的保证。从这个意义上讲，汉字是中华民族的第五大发明，四大发明都是汉字这个大发明的衍生物。

从文化角度认识源远流长又充满活力的汉字，以及在社会文明进程中，围绕汉字古往今来所产生的故事，是生于斯长于斯的每一个普通中国公民所应具备的基本素质，也是让世界认识中国，让中国文化走向世界的重要内容。为此，我们提出了"汉字文化"丛书这一选题，目的是让海内外的读者全方位、系统化、多角度地认识和了解中华文明和中国文化。

二、内容简介

汉字不仅具有语言交际功能，还具有强大的文化功能，而且是一个文化知识体系和文化认识体系，是一个承载着中华五千年文明的文化价值体系。

"汉字文化"丛书，是从文化角度审视汉字的大型人文社会科学普及丛书。丛书包括《汉字源流》《汉字字义与典故》《汉字架构与书法艺术》《汉字与文化交流》《汉字与古代民生》《汉字与姓氏婚恋文化》《汉字中的原始宗教与哲学》《汉字避讳与文字狱》《汉字与战争》《汉字与文字游戏》《汉字与计数》《汉字与信息革命》等12分册，全方位展示汉字的文化蕴涵、文化塑造和文化功能。

丛书从知识和精神两个层面，讲述汉字对称和谐之妙、汉字韵律意境之雅、汉字精妙机智之巧、汉字形态结构之美，旨在普及汉字文化知识，起底汉字文化意蕴，探究汉字文化功能，传播中华文化，向世界展示中华文明的价值体系。

三、丛书框架与内容大要

1.《汉字源流》

本书包括汉字起源、汉字造字法则和汉字字体演变三大部分。

汉字的诞生，是中华民族祖先走出蒙昧，进入文明时代的标志。汉字的诞生和发展，同汉族人民的社会和文化史是密切相关的，探讨汉字的起源就是探求中国古代文明的缘起。本书通过汉字与汉文化、语言起源说、结绳起源说、刻契起源说、仓颉造字说、图画起源说等方面分析探讨汉字起源，并以考古发现加以佐证。通过对《说文解字》的解读，系统阐述以"六书"为核心的汉字造字原则，揭示汉字以形声字为主导的表意又表音的文字体系的秘密。通过甲骨文、金文、篆书、隶书、草书、楷书、行书的汉字字体演化史的考察，探索华夏民族文明的发展史。

2.《汉字字义与典故》

本书包括汉字字形和字义、汉字部首与字义、汉字典故三大部分，通过对汉字形态与字义关系的分析，全方位揭示汉字只需用眼睛看就能思考，即使语音不同也能理解其意思的秘密，展望汉字作为全世界共同文字的未来。

3.《汉字架构与书法艺术》

本书包括汉字笔画笔顺及书写规则、汉字间架结构、汉字书法艺术三大部分，揭示汉字书写规律，全面呈现中国古代及现当代书法名家和书法作品，并在此基础上展示汉字书法艺术的魅力。

4.《汉字与文化交流》

本书通过汉字发展与民族融合、汉字文化圈的建立与发展、汉字中的外来字及翻译等内容，揭示汉字与东方文化之间的关系，以及汉字在中华民族形成、祖国统一、中华文明传播中的作用和意义。

5.《汉字与古代民生》

我们的祖先在几千年前为我们创造汉字，但有关那时的生活情形并没有留下文献记载，从而给今人留下了一团团迷雾。本书通过对与衣、食、住、行相关的汉字的分析，挖掘蕴含在汉字中的中国古代生活情形的信息，描绘出古代中国的民生图景。

6.《汉字与姓氏婚恋文化》

通过姓氏探源、取名艺术、姓名趣谈、汉字中蕴含的婚姻姓氏等四部分内容，展现独特的汉字姓氏文化，找到上古婚姻姓氏的蛛丝马迹。

7.《汉字中的原始宗教与哲学》

本书分为汉字与原始宗教、汉字中的家庭伦理观、汉字与中国哲学三部分，旨在解开汉字中蕴含的中国古代原始宗教、伦理和哲学密码。

8.《汉字避讳与文字狱》

本书包括汉字避讳与古代文字狱两部分内容。通过分析汉字的独特性如何与中国独特的文化心理作用相结合从而形成具有中国特色的避讳文化。通过分析历史上著名的文字狱事件，揭示独特的汉字产生的独特的文字之祸。

9.《汉字与战争》

我们的先祖在造汉字时，战争的内容自然是少不了的。这从一些汉字中完全可以得到验证，甚至当时战争的场面都依稀可辨。本书全面展示与战争有关的汉字，分析从甲骨文、篆书直到楷书之中折射出的战争历史。

10.《汉字与文字游戏》

本书通过灯谜、析字联等，全面展示人类娱乐文化中的一朵奇葩——汉字游戏，揭示其趣味性和益智性，以及它所反映出的中国式的雅致的生活形态。

11.《汉字与计数》

本书包括汉字数字、天干地支和十二生肖三部分内容，揭示汉字计数以及原始图腾群的奥秘。

12.《汉字与信息革命》

回顾百年汉字改革，结合汉字特点，冷静分析汉字在信息时代的优势和局限性，探索信息时代汉字在汉语教育中的地位和作用，以及汉字走向世界的路径。

四、编写体例及风格

（一）编撰体例

1.图文并茂，以文字为主，以图片为辅。

2.文字简洁、凝练，鲜活生动；图片高清、精致、唯美。

3. 系列图书或以时间为顺序，或以类别为顺序，架构合理、科学，单种图书内部结构完整、有序，重点突出，详略得当。

4. 单种图书约 10 万字，图片约 50 幅，成书后约 7.5 个印张。

（二）写作风格

1. 文笔流畅，富有趣味性、故事性、知识性，篇幅不宜过长或过短，符合中外读者的阅读习惯。

2. 通俗易懂，直观性、感官性强，尤其要善于将说理性强的作品故事化、趣味化和通俗化。

五、设计、印刷和包装

（一）设计

1. 封面和内文设计时尚，尤其要符合国际读者的审美习惯和审美要求，坚决摒弃落后、陈旧、保守的设计风格。

2. 图文排版合理、精美、大气、自然。

3. 开本采用大 32 开。

（二）印刷

四色印刷。

（三）包装

1. 平装。

2. 封面和环衬采用高档特种纸，内文采用 80g 双胶纸。

案例四

"发现西北联大"丛书策划

一、选题简介

西北联大与西南联大是抗战时期组建的两个大学共同体，是为抗日救亡、民族复兴而进行的一次中外罕见的高校大迁徙，在中国近代教育史上具有重大历史意义和现实意义。西北联大扎根西北，为灾难深重的中国保存高等教育精英、发展中国高等教育做出了艰苦卓绝的贡献；将高等教育制度系统地转入西北，奠定了西北高等教育的基础；延续了中华民族的文化命脉，凝聚和发扬了中华民族不屈不挠的意志和兴学强国的精神。相较于声名显赫的西南联大，西北联大几近湮没在历史的尘埃中。"发现西北联大"丛书的策划既是对历史的抢救与挖掘，更是对联大精神的继承和弘扬。同时这段历史也是中国抗战史不可或缺的一部分。

丛书编辑主旨（定位）：挖掘历史，讲述故事，传承精神，铸造学魂。在大量史料研究和现实考察、深入访谈的基础上，全面真实生动地再现西北联大的历史，理清中国高等教育发展脉络，完整呈现现代中国教育的历史发展。

丛书分5本，包括：《联大历史（今昔）》《铸造学魂（联大教育）》《联大精英》《含咀英华（联大名师）》《艰难岁月（联大故事）》。

二、选题背景

1. 西北联大与西南联大是抗战期间同时组建的两个大学共同体

抗日战争全面爆发后,当时国民政府教育部在1937年9月10日发布第16696号令:"以北京大学、清华大学、南开大学和中央研究院的师资设备为基干,成立长沙临时大学。以北平大学、北平师范大学、北洋工学院和北平研究院等院校为基干,设立西安临时大学。"西北联合大学与西南联合大学同时成立(1937年9月10日)。随抗战局势变化,长沙临时大学不久转徙云南,合组国立西南联合大学,以"西南联大"之名合而有分的形式坚持九年办学,毕业学生3800名,抗战胜利后于1946年几乎全部北归;而西安临时大学复迁陕南汉中(1938年7月),合组国立西北联合大学。西安临时大学迁陕南后即改名为"西北联大",后改为或分出综合、师范、理工、农、医国立西北五校,以分而有合的形式坚持九年办学,大部分永留西北,毕业学生9200余名。而抗战胜利乃至新中国成立后,由西北联大带到西北地区的大学和大学教师,这些中国高等教育的一时之选,却大多留在了条件异常艰苦的西北地区,与黄土高原为伴,与西北大风为伴,到如今,又是整整67年! 西北联大,开拓了西北的高等教育,奠基了西北地区在中国高等教育史上的地位和成就,更为今天西北地区和未来中国的教育、经济、社会、国防养育人才,培育精神,涵育底气。两校一南一北,艰难困苦中,为中国保留精华,培育精英。

2. 西北联大建设起西北高等教育

在西北联大到来之前,西北虽有高等教育的萌芽,但根基薄弱。而组成西北联大的几所学校都有很好的基础、很强的实力。

当时,北平大学有工、医、农、法商、女子文理五个学院;北洋工学院则是中国第一所工科大学;北平师范大学是中国第一所师范大学;北平研究院有物理、化学、镭学等9个研究所。这些院校和研究机构的内迁,大大提高了西北高等教育的实力。在西安期间,全校设6大学院,24个系,教授106名,全校学生总计1472人(含借读生151人)。

太原失守后,西安告急。1938年3月6日,西安临时大学奉命徒步翻越秦岭,再迁陕南汉中。4月,改称"国立西北联合大学",设有6个学院23个系。

1938年7月,教育部将西北联大工学院、农学院独立设校。1939年8月,西北联大再次改组,由文、理、法商三学院组建国立西北大学,医学院独立设置,称国立西北医学院,师范学院独立设置,称国立西北师范学院。西北联大虽然分设为西北大学、西北工学院、西北农学院、西北医学院、西北师范学院五校,但这些学校并没有因为分立而缩小,而是长期合作办学,共用资源,反而得到扩大和发展。

国立西北大学共设文、理、法商3个学院12个系,形成了文、史、哲、经济、法学、生物、地理、地质等完整的高等文理教育体系,后发展为如今的西北大学。西北工学院则形成了土木、矿冶、机械、纺织、水利、航空,以及从本科生到研究生的完整高等工程教育体系，后发展为如今的西北工业大学。西北农学院由西北联大农学院与国立西北农林专科学校合并而成，形成了完整的高等农学、林学教育体系，后发展为如今的西北农林科技大学。西北医学院汇入陕甘医学教育，奠定了西北医学高等教育和西北医学科学的基础，后发展为如今的西安交通大学医学院。西北师范学院则设立国文、英语、公民训育、数学、教育、体育、家政等系，后发展为如今的西北师范大学。

抗战胜利后，这些学校除西北工学院、西北师范学院一部分迁回平津复校为北洋工学院（今天津大学）、北平师范大学（今北京师范大学）、河北省立女子师范学院（今河北师范大学）以外，所有院校皆留西北，为西北地区构建较为完整的高等教育体系奠定了基础。今天在西北的不少高等院校均与西北联大有直接源流和传承关系。

可以说，没有西北联合大学，就没有今天的西北高等教育。

3. 西北联大意义深远的教育成就

1937—1946 年，西北联大与其子体国立五校形成了 505 名教授、1489 名员工的教职工队伍，培养毕业生 9257 名。

在西北联大与其子体国立五校的教师中，有徐诵明、李蒸、李书田、胡庶华、汪奠基、黎锦熙、马师儒、许寿裳、曹靖华、罗根泽、陆懋德、黄文弼、罗章龙、袁敦礼、虞宏正、张伯声、林镕、沈志远、汪堃仁、魏寿昆、盛彤笙、刘及辰、曾炯、傅种孙、张贻惠、黄国璋、李仪祉、高明等一大批泰斗级的著名学者。

4. 西北联大知识分子的责任与担当

抗战时期，平、津、冀四校一院，从平津冀沦陷区到西安，复从西安南迁陕南汉中，其中部分力量再从汉中迁西康、迁兰州。抗战胜利后，一部分再回迁复校，大部分扎根西北。

抗战期间，教师的工资按"薪俸七折"发放，再加上抗战和通货膨胀的影响，生活极其艰辛。但师生们不畏艰苦，谱写出我国战时高等教育壮美的诗篇。学生们上晚自习，就用自制油灯照明，轮流接续夜读，油灯彻夜不灭，远望如星斗满天，被当地民众传为佳话。

国难当头，西北联大还主动适应抗战需要，开展了一系列抗日救国活动。

1938年9月8日，全校组织了734名学生参加了为期两月的陕西省学生军训活动。1944年西北联大有300余名师生报名从军抗战。时年43岁的地质地理系教授郁士元主动要求到抗日前线，被称为"抗战以来教授从军第一人"。

西北联大将高等教育体系系统植入西北，奠定了西北高等教育的基础。它为战后中国西北建设储备了人才，奠定了思想文化基础。它凝聚和发扬了中华民族不屈不挠的精神，为中国高等教育的发展积累了宝贵的精神财富。

西北联大以其独特的历史地位和作用，成为20世纪我国高等教育精神传统的生动体现。西北联大的先驱者在民族大义面前，与祖国共命运、与河山同沉浮，义无反顾的献身精神不应被遗忘，他们对祖国西北开发使命的崇高自觉不应被遗忘，他们期待祖国辽阔西北有发达的高等教育的愿望不应被遗忘。

三、丛书分册主要内容

1.《联大历史（今昔）》（前世今生，勾勒轨迹，—2014）

主要勾勒从北平大学、北平师范大学、北洋工学院、河北女子师范学院、北平研究院四校一院的前世，到西安临大—西北联大—国立西北五校（国立西北大学、国立西北师范学院、国立西北工学院、国立西北农学院、国立西北医学院）的历史轨迹，以及与西北大学、北京师范大学、天津大学、西北工业大学、西安交通大学、西北农林科技大学、西北师范大学、河北师范大学、中国矿业大学、中国农业大学、北京大学医学部、东北大学、河南理工大学、西昌学院等数十所院校的渊源关系。

拟分为四大部分：一、西北联大的前世（四校一院）；二、从西安临大到西北联大（1937—1939）；三、分出国立西北五校（1938—1939）；四、与西北联大相关后继学校的今天（重点展现，包括158名院士等重大办学成就）。

2.《铸造学魂——联大教育》（教育成就，彰显贡献，1937—1949）

拟从触动20世纪中国高等教育布局、奠定理工农医综合师范之西北高等教育体系、保留中国高等教育火种、续写中华民族文脉的高度，鸟瞰这段历史。具体拟由中国综合性大学的发轫、中国师范高等教育的肇始、中国工程高等教育的巅峰、中国高等农业教育的提升、中国医学高等教育在西北的滋生这五个方面构成。其主要涉及：中国最早的综合性大学——北洋大学堂、中国首次大学区制的推行和近现代最大的综合性大学——北平大学、西北大学的京陕两源；由京师大学堂师范馆以来和以西师、北师大为代表的师范教育演化、体育师范教育的起源、大学训导制度的创造、与中央大学等五校共同制定中国第一个师范教育规程等；旧中国最为发达的高等工程教育，以北洋—联大工学院—西工—私立焦作工学院—东北大学工学院—西工大—天大等校的合组为线索；从后稷教民稼穑到我国高新农业示范区，展示西农以来的农业高等教育演化

3.《含咀英华——联大名师》

中国师范教育的奠基者李蒸

中国精英教育的开拓者李书田

历任五所大学校长的徐诵明

西工、西大两校校长赖琏

历任五所大学校长的胡庶华

我国古脊椎动物学的奠基者杨钟健

杰出的农业教育家辛树帜

医学教育家侯宗濂

"当代大禹"李仪祉

中国科学考古第一人黄文弼

中国艺术考古的首创者王子云

我国第一部逻辑通史著者汪奠基（1948年中央研究院院士）

马克思主义哲学理论体系的传入者沈志远（1955年院士）

第一部《史学方法大纲》的著者陆懋德

毛泽东的26个老师之一黎锦熙

潜心俄罗斯文学传播的曹靖华

鲁迅挚友许寿裳

国民经济学领域的专家罗章龙

潜心日本研究的许兴凯

促使中国近现代数学进入世界三大前沿领域的曾炯

发明胶体化学的虞宏正

开拓组织化学的汪堃仁

创立中国生物统计的汪厥明

为中国植物分类学做出重要贡献的林镕

创始中国冶金物理学的魏寿昆

波浪状镶嵌构造学派的创立者张伯声

4.《联大英才》

西北大学教师和学生中出了35名院士，其中学生24名；西北工学院教师和学生19年中出了13名院士，11名省部干部，包括天津市委书记谭绍文、国务院副总理吴仪等；西北农学院教师、学生中出过7名院士。

大庆油田的发现者之一田在艺院士（1919年12月生，1939年7月西北大学地质地理系学生，1997年中国科学院院士）

首次发现高等植物收缩蛋白的阎隆飞院士（1921年生，1945年毕业于西北大学生物学系，1991年中国科学院生物学部委员）

驻苏联大使杨守正（1937年入西安临大）

我国第一位男播音员齐越

国家最高科技奖获得者师昌绪院士

清华大学校长高景德院士

"两弹一星"功臣吴自良院士（1939年毕业于西北工学院）

史绍熙院士

李恒德院士

北京邮电大学校长叶培大院士

张沛霖院士

傅恒志院士

雷廷权院士

5.《艰难岁月——联大故事》

大迁徙的故事（包括从平津到西安的西迁、翻越秦岭的南迁、从汉中往兰州的西迁、从汉中往西康的西迁、抗战胜利后的回迁）

先生的故事（限于1949年以前联大国立西北五校的教师）

学生的故事（限于1949年以前在国立西北五校入学或毕业）

四、丛书编委会

主编：拟请西北大学现任校长方光华教授担任

姚远为执行主编

编委会：

陈宗兴（全国政协原副主席，西北大学原校长，联大后继学校北师大地理系毕业生，拟任编委会主任）

周远清（教育部原副部长，中国高等教育学会原会长，拟任编委会副主任）

张岂之（现任西北大学名誉校长，战时汉中的中学生，拟任编委会副主任）

潘懋元（中国高等教育史学科的奠基人，厦门大学原副校长，拟任编委会副主任）

陈　浩（现任中国高等教育学会副会长）

张廷皓（国家文物局原副局长，全国政协委员，联大后继学校西北大学毕业生，西北联大教授张伯声院士的后人，全国政协关于加强西北联大研究议案的提出者）

郝克明（中国教育发展战略学会会长，全国教育科学规划领导小组副组长，国家教育发展研究中心专家咨询委员会主任，西北联大郝耀东教授的后人）

刘海峰（厦门大学教育研究院院长，"长江学者"特聘教授，国家教育咨询委员会委员，国家教育考试指导委员会委员，国务院学位委员会学科评议组成员）

储朝晖（教育学博士，中国教育科学研究院研究员，中国教育史志研究会学校史志分会理事长）

五、主要作者（待选）

姚　远（1955年生，西北大学西北联大研究所所长，二级教授岗编审，科学史博导）

陈海儒（1972年生，陕西理工学院西北联大研究所所长）和李巧宁（陕西理工学院教授）夫妇

梁严冰（1970年生，西北大学中国思想文化研究所博士后，西安理工大学副教授，专门从事西北联大研究，撰有《西北联大与西北史研究》等）

魏书亮（北京师范大学校史研究室博士）

王　杰（1951年生，天津大学高等教育研究所教授，专门从事高等教育史研究）

张志永（1964年生，河北师范大学法政学院教授，历史学博士，专门研究近现代社会史，著有《齐国樑文选集》等）

尚季芳（1976年生，西北师范大学历史文化学院历史系主任、教授、博士后，专门从事中国近现代社会史研究，写有《抗战时期内迁高校与西北地区现代化——以国立西北师范学院为中心的考察》《请缨报国：战时国立西北联合大学的知识青年从军运动——以国立西北师范学院为中心》等文）

分工参与部分章节作者：

李晓霞（咸阳师范学院教育学院副教授，科学史博士，学位论文为《近代西北科学教育史研究——以西北联大为例》）

郭晓亮（西北大学科学史研究中心博士生，学位论文选题为《西北联大工程教育源流研究》）

曹振明（西北大学档案馆，硕士，专门研究西北联大思想文化，写有《西北联大的丝绸之路文化研究》等文）

杨　龙（西安交通大学第二附属医院医务部副主任，西安交通大学校史与大学文化研究中心专家组成员，专门研究西北联大医学院史，写有《国立西北联合大学医学院及附属医院的发展》《徐佐夏：西北地区高等医学教育的拓荒者》等文）

彭正霞（1979年生，西安交通大学党委政策研究室讲师，博士，从事高等教育研究，撰有《西北联大触动的中国高教格局演变》）

杨　柳（1980年生，陕西理工学院体育分院讲师，专门从事体育史研究，写有《西北联大体育委员会考述》等文）

李　寻（休闲读品杂志社副主编，策划主编有《天下》杂志西北联大专辑，著有《西北联大知识分子群体研究》，西北大学出版社出版中）

案例五

丝绸之路全媒体文化创意产业项目开发建设的初步设想

以习近平同志为核心的党中央提出的建设"丝绸之路经济带"和"21世纪海上丝绸之路"的"一带一路"合作倡议，统筹国内国际两个大局，着眼实现"两个一百年"奋斗目标和中华民族伟大复兴的中国梦，赋予古老的丝绸之路以崭新的时代内涵。这一伟大倡议不仅强调相关各国打造互利共赢的"利益共同体"和共同发展繁荣的"命运共同体"，而且融通古今、连接中外，顺应和平、发展、合作、共赢的时代潮流，承载着丝绸之路沿途各国发展繁荣的梦想。

一、丝绸之路文化带建设是"一带一路"倡议的题中之义

丝绸之路既是通商互信之路、经济合作之路，也是文化交流之路、文明对话之路。文化的影响力超越时空，跨越国界。文化交流是民心工程、未来工程，潜移默化、润物无声，文化交流与合作有助于

促进不同文明的发展。因此,"一带一路"建设离不开丝绸之路文化带建设,只有通过进一步深化与沿线国家的文化交流与合作,才能促进区域合作,实现共同发展,让"命运共同体"意识在沿线国家落地生根。

从生产和消费过程来看,丝绸之路文化资源的开发是经济活动和过程,其结果是丝路文化创意产业的形成和发展。按照区域经济学原理,区域经济发展是从中心到周边,通过一个不连续,但又是逐步累积的创新过程实现的。丝绸之路的文化禀赋,决定了丝绸之路文化创意产业成为"一带一路"建设的"变革中心"之一。丝绸之路文化创意产业的创新发展,将会向周边各产业领域扩散,通过聚集效应,形成较完整的丝绸之路文化—经济产业链,有效地转变经济增长方式,实现经济结构调整和可持续发展,提高国际竞争力。

因此,我们应当把丝绸之路文化创意产业提升到国家战略产业的高度,构建与丝绸之路经济带相呼应的丝绸之路文化带,作为国家专门项目给予持续的支持。制订促进丝绸之路文化创意产业发展的战略规划和行动计划,对丝绸之路重大文化产业项目给予专项资金扶持,吸引更多的企业加入到丝绸之路文化创意产业,形成产业集聚的效应,引导丝绸之路文化创意产业实现持续、快速、协调、健康发展,全面推进"一带一路"建设。

二、丝绸之路文化带建设必须以全媒体创意产业开发为核心

"丝绸之路"是一个有着悠久历史和深厚文化内涵的空间概念和文化概念,2000多年中西文明的交流,留下了以此为符号的数量庞大的文化资源。开发利用这些文化资源,是建设丝绸之路文化带

的基础。与其他文化资源相比，丝绸之路文化资源具有以下特点和比较优势：

丝绸之路文化资源存量巨大。两大文明在丝绸之路上交汇了2000多年，几十个民族、数十亿人口，在历史上创造出了形态不同、风格各异的文明形态，是人类文明宝库的重要组成部分。古丝绸之路所及之处留下的历史文化资源、民俗文化资源、宗教文化资源、语言文化资源和生态文化资源数量巨大。

丝绸之路文化历史悠久，底蕴深厚。从公元前138年张骞通西域算起，丝绸之路已有2000多年的历史，积淀下来的丝路文化历史悠久，底蕴深厚。文化底蕴是人类精神成就的广度和深度，即人或群体所秉持的可上溯较久的道德观念、人生理念等文化特征，也是人或群体学识的修养和精神的修养。可以说，丝绸之路文化已经深深渗入各民族人民的精神之中，底蕴深厚不言而喻。

丝绸之路文化分布相对集中。古丝绸之路像一条项链，串起了欧亚大陆上一颗颗文明之珠。有形的丝绸之路文化集中于"一带一路"所及之处，而无形的丝绸之路文化，却通过数不清的前赴后继、可歌可泣的人、物、事的兴衰变迁，通过种种传奇和一幅幅历史长卷，集中于"开拓、互信、合作、创新、共赢"的"丝绸之路精神"，成为留给人类的伟大精神遗产。

由此可见，我国境内"一带一路"所及地区是丝绸之路文化资源的聚宝盆，是建设丝绸之路文化带的重要优势。但是，文化资源优势不会天然地转变为产业优势和市场竞争力，需要正确的开发战略指引，需要文化创意和现代传媒技术的支撑。文化创意产业较强的创新聚集效应，需要整合各种资源，而且通过企业聚集，形成较完整的文化创意产业链。行政体制的条块分割，地区间缺乏协调，必然会造成缺乏战略远见、发展思路单一和产业结构雷同，陷入资源主导型的粗放式开发。这样，丝路文化资源丰富的地区，有什么资源开发什么资源，低水平重复，造成资源浪费；缺乏丝路文化资源的地方，又极容易陷入心安理得、无所作为的境地。

因此，丝绸之路文化资源开发，必须通过推动丝绸之路文化产业合作发展，打破行政区划和媒介形式壁垒，避免单打独斗，坚持政府主导、专家论证、市场运作、产业规划的模式，进行深度立体开发和全媒体传播。为此，首先必须分清轻重缓急，在政府统一指导下，选择在国际国内有重大影响力，对"一带一路"建设意义重大的文化资源，以丝绸之路文化创意产业项目方式，进行包括平面传媒、影视传媒、数字传媒、演艺传媒、文化旅游、品牌文化创意等内容的深度立体开发传播。

三、丝绸之路全媒体文化创意产业项目的内容

丝绸之路全媒体文化创意产业项目包括平面传媒、数字传媒、影视传媒、演艺传媒、文化旅游等内容。

平面传媒开发：发挥图书载体的特点，开发丝绸之路文化经典出版物"丝绸之路文献集成""丝绸之路文化"书系，文化普及读物"丝路文化之旅"和"丝绸之路艺术瑰宝"书系。

数字传媒开发：包括丝绸之路数据库、丝绸之路 MPR 音视频出版物、《丝路英雄传》动漫及手机游戏、《丝路探险攻略》网游及手机

游戏。

影视传媒开发：整合现有丝绸之路文化影视资源，开发制作丝绸之路文化影视系列专题片（具体内容待定），筹备开发一批以丝绸之路和海上丝绸之路为背景的电视连续剧和电影。

演艺传媒开发：以现有的舞蹈《丝路花雨》及戏剧《张骞》为基础，逐步开发国际化的有关丝绸之路的歌剧、芭蕾舞剧演艺项目。

文化旅游开发：逐步开发张骞之旅、班超之旅等丝路探险汽车旅游项目、海上丝绸之路游等项目，成立跨国丝路旅游企业。

文化创意开发：充分利用丝绸之路文化资源，开发国际化的丝绸之路节庆、论坛及其他文化创意项目。主要包括丝绸之路博物馆、丝绸之路文化艺术节、丝绸之路电影艺术节、丝绸之路文化高峰论坛、丝绸之路文化网站等。

四、丝绸之路全媒体文化创意产业项目的开发建设路径

丝绸之路全媒体文化创意产业项目的开发要引入全新的开发经营理念，周密规划，精心准备，有序实施。

第一，要坚持中央政府主导，重点省份牵头，丝路沿线各省区积极参与，区域活化，实现重大文化资源的范围经济效益。陕西是丝绸之路的起点，又是全国少有的文化底蕴丰厚的省份，必须担负起建设丝绸之路文化带排头兵的重任，在方案规划、资源库和交流平台建设上积极发挥引领作用。

第二，以陕西为核心，建立丝绸之路文化研究院，汇聚国内外丝绸之路研究专家，深入系统地开展丝绸之路文化研究，统筹丝绸之路文化资源开发的战略规划，促进丝绸之路沿线国家的文化交流，为丝绸之路文化带建设提供智力支持。

第三，在充分论证的基础上，首先建设丝绸之路文化资源库，基于泛媒网（MPR）构建丝绸之路文化交流平台，并与各大门户网站、各大数字出版平台交联，为推动促进丝绸之路文化交流、建设丝绸之路文化带打好资源基础和传播渠道。

第四，遵循一元内容、多元开发的原则，发掘核心文化资源（文化资源富矿），以适宜承载深厚文化底蕴的平面传媒为核心，向数字传媒、影视传媒、演艺传媒、节庆传媒、文化旅游等梯次放射性开发（见图2）。

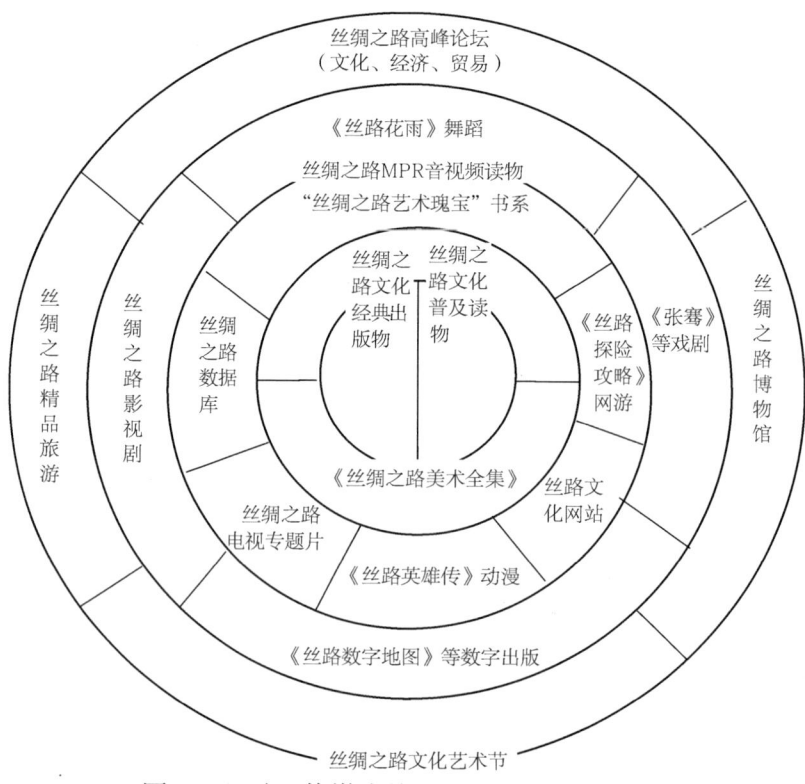

图2 以平面传媒为核心的梯次放射性开发

第五，建立丝绸之路文化数字出版产业联盟，资源互补，市场共赢。通过泛媒网及相关知名门户网站、中国移动等通信运营商，以及区域电子商务代理等提升产品影响力，推动产品销售；通过传统出版物和数字产品互动，线上销售和线下销售互补，国内市场和国外市场同步开拓。

第六，紧随丝路经济带建设步伐，通过区域活化，构建丝路文化带，不仅推动文化产业的发展，还要带动区域经济的发展。

总之，国之交在于民相亲，民相亲在于心相通，丝绸之路全媒体文化产业项目在"一带一路"建设中具有举足轻重的地位。我们要立足现有基础，更新旧观念，打造新模式，探索新机制，创造性地完成全媒体文化产业项目的开发工作，形成产业集聚效应，全面推进"一带一路"建设。

案例六

"外国人眼中的陕西"系列图书编辑出版方案

一、项目缘起

伴随中国经济高速增长，文化事业蓬勃发展，走向世界的步伐越来越快，"文化走出去"正成为我国文化产业发展的助推器、提升软实力的有效途径，"文化走出去"应在传统文化的基础上，让世界认识一个真实的中国和全球化视野下的中国。在此背景下，我们也期待更多外国人亲身体验、深入思考、认真描画的中国文本。

"一带一路"始于贸易,拓展于文化,不仅是商旅贸易之路,更是文化交流之路、文明共生之路。

陕西是古丝绸之路的起点,也是新欧亚大陆桥的重要枢纽,与中亚各国的交往、交流源远流长,有条件、有基础成为共建丝绸之路经济带的新起点,有责任、有信心担负起时代赋予的历史使命。近年来,陕西省引导和动员民间力量开展丰富多彩的文化交流,扶持创作以丝绸之路为主题的文化艺术精品,培育具有世界影响力的文化品牌,但世界眼光下,用国际通用的语境阐述陕西文化的文本,还较为缺乏。

作为陕西的出版社,有责任深入挖掘泛长安历史文化,推广开拓,更有责任推进"文化走出去"。增进中西文化关于陕西地方文化的交流,其中一个很好的方式就是,展示外国人眼中的陕西文化、历史、人文、旅游等方方面面。

二、项目综述

结合我社作者资源、操作经验、对文化交流事业的理解等条件考量,本项目"外国人眼中的陕西"覆盖不同语种、不同国家的五位外国作者(学者或作家),从不同的角度,观察记录陕西历史文化不同的"面相",勾画一个"他者眼中的陕西"。

由于文化上的异质化和距离感,尽管个人经验学识总会有一定的局限性,但这种观察仍显得十分中肯、客观、理性,又别有趣味。这几位作者都对中华文化有深厚的兴趣和深切的情感,对汉唐文化抱有激情，对陕西人有长期相处而产生的亲切和深入立体的了解，有别于书斋中仅仅面对文本资料的冷静。当作者站在我们的历史之外，成为一个完整意义上的旁观者、参与者，那种真实感更让人信服。书写者的态度首先是客观的，观点也是自己的，一种真正的切身体验或实际感悟，尽管具有很强的个人色彩，让我们调换角度再重新回看自己，是难能可贵的。

三、项目内容

为保证项目按计划实施，目前初步拟定 6 位作者的 6 个文本（多一个为备选文本），以便按时实现既定项目规模，书名暂定为：

《马与丝绸之路》〔英〕爱德华·伯曼（英文）

《陕西人的素颜》〔日〕岛津训一（日文）

《去陕西看历史文化》〔美〕石可言（英文）

《我在陕西这十年》〔哈萨克斯坦〕索菲娅（俄文）

《陕西与新丝绸之路》〔巴西〕施若杰（葡萄牙文）

《德国人眼中的陕西》〔德〕赫勒（德文）

这些作者分属不同的文化圈，以不同的语种、从不同的角度亲身观察深入研究，各自选择的切入点都有自己长期的关注和积累，既有学术基础，有扎实的文史资料和严谨的观察态度，又有阅读趣味，有很强的可读性。

目前我们已与各位作者分别达成合作意向，各位作者的具体情况、文本的进展还有一些差别，我们正在分头与各位作者分别签订合同，推进项目。

四、项目规模

大致为:每本书平均中文 10 万字,彩色插图 50—100 幅,成书页码 200 页左右,全彩印刷,原文版、中文简体版前后推出。

进度:各位作者进度不同,计划 2015 年 9 月出版其中 4 种(8 册),2016 年 6 月前出齐剩余 2 种(12 册),并进行海外版权输出。

五、分册介绍

《马与丝绸之路》〔英〕爱德华·伯曼

本书从西安这座古老的城市切入,目的是为这壮丽的城市和它的周边提供一个更广阔的文化背景,强调了一些曾经被忽略的人和事,填补了一些巨大的空白。本书用英文撰写,是一部难得的当今西方学者专门论述西安与丝路的著作。作者对汉唐文化有着由衷的激情,对历史上所有外国人对西安的书写有广泛阅读,有写作经验。

作者简介:爱德华·伯曼,生长并受教育于英国剑桥,在意大利生活了 25 年。2003 年起在北京生活,足迹遍及中国的大江南北。出版了 17 本书,发表了多篇文章,主要涉及欧洲历史、文化以及互联网、商业,已经翻译成多国语言。

目录

导言　西安城市名称及位置的变迁

第一章　张骞出使西域

第二章　丝绸之路抑或骏马之路

第三章　秦皇故都

第四章　汉之武帝

第五章　佛教在西安

第六章　隋朝：被遗忘的伟大朝代

第七章　唐朝：中国最伟大的朝代

第八章　伊斯兰教在西安

第九章　元明清三代，八百年风雨

第十章　中国文化之殇：李世民之昭陵六骏

第十一章　异国访客：维克多·谢阁兰

第十二章　两次世界大战之间的西安

第十三章　西安新探

《陕西人的素颜》〔日〕岛津训一

2000年的夏天，作者为了教中国学生日语来到中国，之后的十余年里，一直居住在中国内陆城市西安，大部分时间都与当地的中国人生活在一起，可以说非常难得。他将自己在这十余年的生活中发现的陕西人所体现出的中国人的特质，整理成书。

作者简介：岛津训一，2000年9月至今在西安各大学担任日语讲师。持续观察陕西文化与陕西人，写作并发表大量随笔。

写作提纲：

1. 主要描写2000年刚开始在陕西生活的各种经验。

2. 以旁观者身份看待陕西人的感受。

3. 以陕西人常说的"朋友"关系为中心，作为局内人描写。（第二章和第三章将融入到陕西人圈子生活后的体会，包括陕西人的习惯、想法，与日本人做对比描写。）

4. 以所观察到的陕西人的地域文化特征为基础，分析中日文化的异同。

5. 作为"尾声"，发表个人对陕西未来的畅想。

《去陕西看历史文化》〔美〕石可言

这是一本图文并茂地介绍陕西历史文化的旅游类图书，满足外国人的兴趣，尤其是学生和旅游者。本书作者了解旅游类图书写作的基本路数，有经验有把握。

作者简介：迈克尔·A.斯通（中文名：石可言），美国赛顿霍尔大学亚洲研究专业硕士，曾在赛顿霍尔大学兼职讲授中国历史，在华夏中文学校樱桃山校区担任副校长，是罗文大学兼职教授讲授写作，又是中国旅游与文化网站的总编辑，赛顿霍尔大学语言实验室主任。

写作提纲：

1. 概况

2. 地理

3. 陕西历史

4. 语言与文学

5. 人口

6. 宗教

7. 陕西餐饮

8. 旅游

9. 旅游地

10. 当今陕西

《我在陕西这十年》〔哈萨克斯坦〕索菲娅

跨越 4000 公里的距离，超越不同的文化、生活习惯、爱好和朋友圈，哈萨克斯坦人索菲娅和陕西汉子张璠因为缘分走到一起。生活了 10 年，丝绸之路的起点陕西已然是索菲娅的第二故乡。她对以陕西为代表的丝路文化和 5000 年的中国文化有着浓厚的兴趣。本书讲述索菲娅这 10 年陕西生活的经历与思索。

作者简介：索菲娅，"丝绸之路法律服务中心"创始人，2014 年拍摄系列纪录片《丝路上的陕西人》。被授予哈萨克斯坦阿里-法拉比国立民族大学最优秀年轻学者称号，在哈萨克斯坦和俄罗斯杂志和报纸上发表多篇论文。

写作提纲：

1. 我的家庭

2. 我的童年

3. 美好的大学时光

4. 教师生涯

5. 事业的顶点

6. 我为什么来西安

7. 遇到生命中的另一半

8. 新生命的降生

9. 我和我的家庭

10. 我的西安朋友们

11. 在西安的生活

12. 西安的变化

13. 新的事业转机

14. 美好的未来

《陕西与新丝绸之路》〔巴西〕施若杰

自从作者来到中国，工作和生活的主要目标就是尽力让更多葡萄牙语使用者，尤其是巴西人，以更客观的方式了解中国。众所周知，陕西是中国文化的发源地，写一本有关陕西的书，能让更多葡萄牙语国家的人们从一个更深入的角度切入来了解中国。

作者简介：José Medeiros da Silva（中文名：施若杰），研究员，圣保罗大学国际政治学博士。在西安，致力于拓展中巴两国高等院校间的交流与合作，促成西安外国语大学与巴西圣保罗大学建立校际交流关系。2010 年荣获陕西省"三秦友谊奖"。2012 年 8 月至 2015 年 3 月，作为葡语专家受聘于国际广播电台，参加了《习近平谈治国理政》一书葡萄牙文版翻译。2015 年 3 月起至今任教于浙江外国语学院。

写作提纲：

1. 陕西，中华文明的心脏（大致介绍，涉及人口、地理、经济活动、重要历史事件）

2. 西安，全人类的历史遗产

3. 唐朝与中华民族的伟大复兴梦

4. 延安，长征止于此，新中国始于此

5. 古老而年轻的丝绸之路

6. 西安，文明之汇

《德国人眼中的陕西》〔德〕赫勒

2003年赫勒教授和夫人赴中国深度游，之后，他将研究重点转向中国，尤其是陕西丰富的历史背景、灿烂的地域文化及当代社会丰富的人文元素，都让他赞叹不已。作为人文地理学专家，作者对陕西的认识是从人文地理学的视角，从文化、社会、经济、景观、历史等不同的方面，透视一个区域，一种现象，并结合丝绸之路历史上以长安为起点的商贸背景，以及沿途国家的经济资源，结合西安历史上作为经济中心的条件、路线等内容，让德文读者全方位地认识陕西，接受陕西。

作者简介：Prof. Dr. Dr. Wilfired Heller 赫勒教授，哲学和地理学双料博士，德国波茨坦大学理学院教授，世界著名的人文地理学家，欧洲流动人口研究的学科带头人。贺岭，陕西科技大学文化传播学院教师，博士研究生师从赫勒教授，德国波茨坦大学文学硕士和理学博士，担任助手、翻译、交流等工作。

六、项目资金计划

项目资金的使用范围，一是部分作者的赴陕考察、购买图片等，及所有作者的稿酬；二是我社无相应语种的编辑，需外聘，有一定的费用；三是外文版本在国内较难销售，需要印制经费等投入；四是一定的项目宣传费用及海外版权推广；等等。

案例七

关于《影像丝路》(含融媒)工程规划及推广的方案[①]

随着丝绸之路遗产研究持续深入，"一带一路"也进入了精谨细腻地绘制"工笔画"的高质量发展阶段，我们的国家亦步入了伟大的新时代。我们这个时代需要高质量的丝路遗产项目问世，丝路文化需要创造性转化、创新性发展。陕西新华出版传媒集团长期致力于"一带一路"主题出版选题的策划，业已取得初步的成效。《丝绸之路中国段文化遗产研究》（10卷本，总策划张炜）获得了国家出版基金的资助并已出版；三秦出版社策划的"丝路彩陶"丛书（5卷）和"丝路青铜器"丛书（5卷），其中的3卷业已列入了2017、2018、2019年度的国家出版基金项目，出版工作亦在有序推进当中。为了持续做好"一带一路"主题出版这篇大文章，2019年，在集团总编辑张炜的策划和指导下，三秦出版社组织国内外丝路研究学者和专家编撰了多卷本大型丝路人文图书《影像丝路》。目前，该项目的第一、二辑已成功列入2020年度国家出版基金项目，为《影像丝路》（含融媒）工程规划及推广奠定了坚实基础。现就该工程规划及推广的具体实施计划汇报如下：

---

① 三秦出版社副总编辑贾云先生参与了《影像丝路》方案的编写。

一、国家出版基金申报入选回顾及项目简介

自 2013 年习近平总书记提出"一带一路"倡议迄今，我们国家在 2017 年和 2019 年已经召开了两次"一带一路"国际合作高峰论坛，团结了 150 多个国家和组织共同参加"一带一路"国际合作平台的建设工作。为了深化与丝路沿线国家的人文交流，让更加丰富多彩的丝路文明诠释习近平总书记构建人类命运共同体的理念，让更有活力的丝路文明给人类命运共同体注入强大的正能量，让丝路文明成为推动世界和平发展的重要动力，在陕西新华出版传媒集团总编辑张炜的策划和指导下，我们适时地打造了多卷本大型丝路人文图书——《影像丝路》。

多卷本大型丝路人文图书《影像丝路》分为四辑：

第一辑是陆上丝绸之路国内段部分，设计为 5 卷，包括陕西卷、甘肃卷、宁夏卷、青海卷、新疆卷。

第二辑是陆上丝绸之路中亚段部分，设计为 5 卷，包括哈萨克斯坦卷、乌兹别克斯坦卷、土库曼斯坦卷、塔吉克斯坦卷、吉尔吉斯斯坦卷。

第三辑是陆上丝绸之路西亚段部分，设计为 5 卷，包括阿富汗卷、巴基斯坦卷、伊朗卷、伊拉克卷、沙特阿拉伯卷。

第四辑是陆上丝绸之路欧洲段部分，设计为 5 卷，包括土耳其卷、希腊卷、意大利卷、俄罗斯卷、匈牙利与奥地利卷。

该项目自 2018 年 7 月正式启动，同年 10 月，我们邀请丝路专家、学者以及集团总编辑张炜，召开了选题策划方案研讨会。会上明

确了将《影像丝路》系列图书作为陕西新华出版传媒集团的重点工作积极推进，《影像丝路》（第一、二辑）申报 2020 年度国家出版基金项目，《影像丝路》（第三、四辑）申报 2022 年度国家出版基金项目。会上就第一、二辑申报国家出版基金项目的相关工作做出了具体安排。

2020 年 2 月 14 日，国家出版基金规划管理办公室公布了 2020 年度国家出版基金资助项目名单，《影像丝路》第一、二辑成功入选，获得资助资金 150 万元。第一、二辑申报体量为字数 1000 千字，图片 2000 幅，每辑 5 卷。计划于 2021 年 12 月结项。

《影像丝路》第一、二辑以丝绸之路中国段和中亚段列入世界遗产名录及预备名录的 100 多个遗产点为主，兼及丝绸之路其他自然遗产、文化遗存、人文景观、民族人种及非物质文化遗产等为描述对象。我们在高质量完成《影像丝路》第一、二辑国家出版基金项目的同时，还要将其打造成社会效益和经济效益双赢的践行文化合作、提升文化软实力的优秀丝路文化产品，推动中国与各国民间文化交流，增进各国人民之间的友谊，为中国"一带一路"实践增强国际公众意志基础，为"一带一路"向高质量发展转变做好铺路石，奠定文化基础。

二、创新编辑体例

多卷本大型丝路人文图书《影像丝路》在内容上体现了科学性、准确性、趣味性、互动性。为了突出其趣味性，在个别板块的设置上，增加了重要的人物故事。在版式设计上，着重凸显了本套图书集丝路学术研究和实景影像于一体的大型人文图书的特色；同时，将市场需求、读者的审美心理和品位融入其中，形成了独具特色的设计风格，将千年丝路的文明成果生动立体地呈献给读者，起到视觉刺激和美学传递的作用。

（一）取材科学，编写细腻

《影像丝路》是一套大型线型丝路人文图书，旨在宣传以和平合作、开放包容、互学互鉴、互利共赢为核心的丝路精神，推进丝绸之路沿线国家地区文化交流互鉴，增强丝绸之路沿线国家建设"一带一路"的公众意志。

本套图书以丝绸之路各段列入世界遗产名录及预备名录的遗产点为主要描述对象，兼及丝绸之路其他自然遗产、文化遗存、人文景观、民族人种及非物质文化遗产等，以自然生态与文化板块为构架，以具体的词条阐释为主干，以遗产地的原始实景照片为载体，以照片（含航拍）的地理和遗产信息深度解析为支撑，以融媒技术为手段，以细腻的笔触全面、系统地描述和展现丝绸之路的自然生态、人文地理以及非遗的深刻内涵、丰富价值、保存现状、长久保护、永续利用、文明交流等诸多鲜亮之处。

（二）内容准确，资料珍稀

为了打造一部思想精深、设计精心、艺术精湛、制作精良的丝路文化主题精品图书，我们组织了阵容强大的文字创作团队，涉及领域广泛，包括学术方面的大家、国外丝路专家，由北京大学荣新江担任文字总主编，可谓是集合各路精华的最强团队。这些专业人士掌握了国内外最新的丝绸之路考古资料和大量独一无二的基础性资料，吸收并展现了中外学者对丝路研究的最新成果，为本项目科学、精准、丰满的内容提供了坚实的保障。

同时，我们力求通过大量高清遗产地的实景照片，增强遗产的视觉感和可信度，使读者获得亲历现场的真实感，从而深刻感受历史遗留下来的美。为此，我们邀请了中国摄影家协会副主席、中宣部"四个一批"人才王琛担任摄影总主编，聘请丝路沿线各省摄影家协会的成员组建成摄影团队，其中不乏获得过中国摄影金像奖的摄影专家。再者，我们依托中国摄影家协会"飞越丝路"活动和陕西卫视"丝绸之路万里行"大型活动征集到中亚五国许多丝路遗产的珍贵照片，尤其是对外开放程度较低的土库曼斯坦的丝路遗产照片，弥足珍贵。这些第一手资料的首次使用，使这个项目具有独特的价值。

（三）设计创新，贴近市场

1. 内容创新

图书的呈现形式对于表现其内容、主题和细节来说十分重要。就《影像丝路》目前已成稿情况来看，我们的团队认为可以在呈现形式上借鉴上海文艺出版社的《话说中国》和西北大学出版社的《话说陕西》等成功案例，在现有的历史学研究、考古学研究、社会学研究的最新成果的基础上，增加人们最喜闻乐见的内容，如与丝路有关的人物典故、诗歌、民谣、传说、谚语等，将研究成果和历史故事等相结合，以极强的阅读性弥补专业内容的晦涩难解，以学术研究弥补知识点不足的局限，从而实现感性冲击力与历史知识的理性表达的高度统一，力求全面展现绵亘千年、风云变幻的丝绸之路的生动轨迹，以故事传真丝绸之路的千年历史，使读者能够轻松走进历史的缤纷世界，与历史对话。

例如，对阿克·贝希姆（碎叶城）的描述，我们把遗产点的介绍和考古资料等作为正文呈现，将相关典故、传说等作为对正文内容的延伸，以链接的形式呈现。

2. 设计创新

图书的内容和装帧设计，是体现图书价值的最重要的两个方面。

目前，《影像丝路》第一、二辑的文字初稿撰写工作已经完成，图片收集工作也在有序进行当中，我们计划引入国内高水平的专业设计团队，如果麦等公司，尽快拿出适应市场需要和读者精神消费及审美需要的设计方案，在设计中凸显《影像丝路》集丝路的通俗解读与丝路实景影像于一体的大型人文图书的特点，以可读性、可视性、愉悦性、方便性为基本原则，把读者的审美心理、文化品位、阅读习惯融入其中，打造与书稿内容、特色、市场需求相结合的图书整体设计风格。

3. 图文和谐

将图版和文字完美结合，希冀能将千年丝路的文明成果生动立体地呈献给读者，起到视觉刺激和美学传递的作用。

4. 多媒体融合

本项目以学术前沿研究成果为基础，以遗产地高清实景照片、航拍照片、短视频、360°—720°全景影像等全景立体展示，以多媒体技术、地理信息技术为手段，以时间为经，以丝路交通路线为纬，搭建数字框架，实现了各种媒介资源的有效整合，实现了丝路信息、技术应用手机终端、PC 互联网、VR 虚拟空间和 AR 增强展示的共融互通，构建多种渠道运营体系，实现微信、微博、互联网、APP、移动终端（触摸电视、触摸一体机等）的全面融合推广应用，具有很强的竞争力，使该项目成为传播丝路文化与文明的引领性媒介。

依托丝绸之路交互平台、丝绸之路地理信息平台等数字平台，增加移动终端扫码（手机、Ipad 等）扩展阅读，以图片、音频、视频等多维立体展示丝绸之路文化风采，对相关知识进行链接。

（四）质量上乘，精益求精

《影像丝路》项目在政治上契合"一带一路"倡议和建设事业，在作者队伍的选择上注重专业化和国际化，既保证了项目内容质量符合国家出版基金项目的要求，亦保障了文字稿件和图片质量的一流水准。另外，项目组制定了《影像丝路项目质量跟踪管理办法》，组成专业的编辑团队，有编审、副编审、编辑。引入第三方设计公司竞争设计方案，追求完美，追求性价比，追求市场效应。采购适合产品要求、设计要求的材料，选择性价比高的印务公司进行制作，达到外宣产品的质量要求。

（五）创新营销宣传手段，打造双效精品图书

1. 传统销售渠道

利用三秦出版社图书营销部在国内建立的自营渠道，做好书店、馆配、订货会、书市等渠道的营销宣传工作。

2. 新媒体营销手段

利用微信公众号（包括三秦出版社、作者、知名学者、知名摄影

家、摄影家协会等的公众号)、微博、网店等进行线上宣传，同时在线下举办见面会、发布会等宣传互动活动，营造话题。

3.政府及社会机构对外文化宣传交流活动

借力各类文化活动和国家、省、市的丝绸之路高峰论坛等媒介和平台，诸如"一带一路"国际合作高峰论坛、2021年第五届丝绸之路国际博览会、2022年"一带一路"媒体合作论坛、丝路文化发展论坛、陕西省丝绸之路青年学者论坛等现有丝路文化交流平台，做好《影像丝路》的宣传与营销，争取成为这些文化交流平台的合作推广项目，把《影像丝路》打造成国际化的丝路主题图书品牌。

同时，与国外段涉及的中亚、西亚、欧洲等国的本地商会或者华人商会取得联系，展开宣传推介活动。

4.版权输出

《影像丝路》项目是一个国际化的大项目，对接丝路沿线众多的国家和地区，是天然的外向型图书产品，这为项目版权的输出奠定了坚实基础。首先是在产品中展现丝路文化最令各国读者骄傲、最吸引人的特色内容，吸引各国的出版文化机构进行合作出版。再者，通过版权代理公司，实现项目的版权输出。

（六）工作进度

1.完善第一、二辑文字稿，实现稿件的科学性、准确性、趣味性、互动性。

2.集中力量完成第一、二辑配图工作，以国内段为主，兼及国外段，第一辑采取实地踏查拍摄的方式获取照片，第二辑采取征集、购买图片的方式。

3. 完成文字稿及图片收集工作后，引进设计团队，按照上述设计思路、设计风格，进行样稿设计。为下一步召开专家会议准备好基础性资料。

4. 按照会议确定的编纂思路和体系架构，撰写第三、四辑策划报告的初稿。

5. 召开专项工作会议。

第一次为小范围内的会议，属于核心工作班子会议，相当于第二次会议的预备会议，邀请国内丝路专家、摄影家、融媒技术团队、编辑团队参加。

第二次为规格更高、人员涉及面更广的会议，拟邀请《影像丝路》所涉及国家驻华使馆文化参赞、国家基金办的领导与北京、新疆、陕西等省、市、自治区的丝路文化专家召开一次研讨会。此次会议在第一次会议的基础上，进一步讨论《影像丝路》有关资料采集、撰写、编辑、外宣项目、"走出去"工程等重要事项。

通过专项工作会议的召开，听取各方专家的意见建议，对《影像丝路》的内容、呈现形式、衍生产品、宣传推广不断完善。

6. 完成第一辑的编辑加工。

7. 对第三、四辑策划报告进行完善。

8. 完成第二辑照片的全部收集工作和第三、四辑的百分之六十的照片收集工作，为申报 2022 年度国家出版基金项目做好准备。

9. 完成第二辑的编辑加工。

三、文化交流与对外宣传

1. 作者团队国际化

第一、二辑我们已经实现了作者团队国际化。第三、四辑我们将通过驻华使馆文化参赞介绍和所在国政府的帮助，进一步引进国外作者团队。

2. 内容资源国际化

"丝绸之路：长安—天山廊道的路网"申遗已经成功，但仅限于中国和中亚各国，还未实现全线申遗。本项目充分挖掘丝绸之路沿线各节点的历史文化、民间文化和风俗民情进行全景式展现，通过丝绸之路把沿线国家最精彩的文化内涵呈现给公众，有利于提升国际形象，扩大国际影响，推动实现丝绸之路的全线申遗。

3. 文化旅游交流活动

目下，文化与旅游融合发展、研学旅行已成为文化与旅游创新融合发展的新趋势，我们依托《影像丝路》，拟开展以下文化旅游交流活动：

（1）为丝绸之路文化交流搭建桥梁，组织国内作者与国外作者及相关研究人员之间进行横向交流，促使国内丝绸之路研究成果走向国际，将国外的研究成果引进吸收，实现内联外引效应。

（2）深入挖掘丝路研学旅游市场，联合省内知名研学机构、各省文化与旅游厅、研究机构，组织文化旅游爱好者、学者、研究人员、学生等进行丝路文化研学活动，既能促进文化交流，又能深挖丝路的文化内涵。

（3）组织出版工作者、摄影家等进行丝路文化"出版万里行"活动。

4. 出版工作国际化

我们计划邀请国家外文局和西安外国语大学的专家将《影像丝路》翻译为俄语、哈萨克语、乌兹别克语、土库曼语、塔吉克语、吉尔吉斯语出版。

同时，寻求中亚五国的出版社进行横向联合出版。经调研，中亚哈萨克斯坦达斯坦出版社和西亚土耳其丝路出版社有合作意向，我们将尽力促成合作出版，使《影像丝路》在国外落地生根。

四、媒体融合

我们计划依托《影像丝路》图书，由陕西新华出版传媒集团与陕西广播电视集团联合制作 20 集《影像丝路》专题纪录片。每集纪录片 20 分钟，全方位立体宣传和展示丝路国内段、中亚段、西亚段和欧洲段的当代风貌，从平面纸媒到融媒体，再到影视作品，为丝路文化走出去开创新的模式，吸引更广泛的受众群体。

利用宣传《影像丝路》专题纪录片的契机，推动《影像丝路》图书的宣传，实现图书和纪录片宣传的融合整体推进，扩大《影像丝路》市场美誉度和知名度，获得受众的认可。

与丝绸之路沿线国家的科研机构、文化机构、商会、新闻媒体进行横向合作，组织多场《影像丝路》图书和纪录片的推介会。

五、走出去

1. 国外落地出版

在省委宣传部的支持下,通过各国驻华使馆文化参赞的帮助,与各国出版机构加强出版合作,使《影像丝路》在国外落地出版,推动《影像丝路》"走出去"工程。

2. "丝路书香工程"

《影像丝路》第一、二、三、四辑内容与国家"走出去"三大出版工程中的"丝路书香工程重点翻译资助项目"的方向十分契合,我们要积极做好《影像丝路》申报"丝路书香工程重点翻译资助项目"的工作。目前,我们与北京环球汇融国际文化传媒有限公司合作,《中国历史密码——走进陕西历史博物馆》等多部图书已成功列入"经典中国国际出版工程"和"中国图书对外推广计划",我们将进一步通过该公司寻找国外有影响力的出版机构,将《影像丝路》打造成具有广泛影响力的丝路书香工程。

3. 借力专业协会推动

借助中国出版协会"一带一路"出版工作委员会搭建的出版、发行、展会等合作平台,推动《影像丝路》的宣传,使其成为一个丝路文化"走出去"工程。

4. 开展版权交易工作

通过参加北京国际图书博览会、法兰克福版权交易会等版权交易会,借助中国出版协会"一带一路"出版工作委员会搭建的版权贸易交流合作平台,将《影像丝路》推向"一带一路"出版前沿。

案例八

"大迁徙——中国抗战迁徙史研究书系"选题策划方案

一、策划背景

一部血泪抗日史,就是一部中华民族精神文化的颂歌。中华民族的抗战是全方位的民族战争,既有前线的浴血奋战,也有为延续民族的血脉、为支援前线进行艰苦卓绝的迁移之旅。从公元1931年至1945年的14年间,6000万中华儿女,以坚韧的意志默默地承受着战争的重负,完成了政府、工厂、学校、文物及有生力量的战略大转移,创造出一个个人间奇迹。西南联大、内迁工厂、滇缅公路、故宫文物西迁……"战争的伟力之最深厚的根源,存在于民众之中"。然而遗憾的是,关于抗战迁徙史的图书出版活动难以尽如人意,主要有:

上海人民出版社2005年版《去大后方——中国抗战内迁实录》;

光明日报出版社2006年版《抗战时期的人口迁移——兼论对西部开发的影响》;

中国文史出版社1991年版《民族工业大迁徙——抗日战争时期民营工厂的内迁》;

江苏人民出版社1997年版《民国大迁都》;

西南师大出版社1993年版《国民政府重庆陪都史》;

四川教育出版社 2001 年版《抗日战争时期中国高校内迁史略》；

广西师范大学出版社 1994 年版《苦难的人流——抗战时期的难民》；

北京出版社 1994 年版《迁都重庆的国民政府》；

安徽人民出版社 2001 年版《中国流民史》。

进一步分析这些出版物，我们会发现，尽管围绕抗战迁徙已有十多种图书出版，有数十篇论文发表，但内容零散，研究不够深入，不成系统。为此，在即将到来的抗战胜利 80 周年纪念日之际，我们本着明史知耻、明史知理、明史知责的自觉，提出"大迁徙——中国抗战迁徙史研究书系"选题策划方案，用良知、情感和智慧，系统、全面、深入地研究抗战迁徙史，为后世留下权威的、系统的和能够全面展示中国抗战迁徙史的传世之作。

二、内容简介

"大迁徙——中国抗战迁徙史研究书系"是以抗战迁徙为研究对象的历史研究学术著作丛书，目前暂定出版《国民政府西迁研究卷》《民族工商业迁移研究卷》《抗战交通运输研究卷》《教育内迁研究卷》《文化内迁研究卷》《民众迁徙研究卷》等六部图书。丛书力求在搜集和占有大量第一手史料的基础上，吸收学术界的相关成果，运用多种研究方法，对抗战政治、教育、文化、人口的迁徙及其作用进行整体的分析与研究，力求在以下几个方面有所突破：

第一，充分发掘各地档案材料、公私记载和现有研究文献，克服既往抗战迁徙研究资料不够完备的缺陷；

第二，对已有的抗战迁徙资料进行全面的、缜密的考证，得出令人信服的结论；

第三，克服既往单一的研究方法，多学科结合，整体性与区域性相结合，力争研究方法上有所突破；

第四，对抗战迁徙史进行全方位研究，继续拓展研究的深度和广度，对迁徙之于战争及战后国家发展进步的意义进行充分论证。

三、框架与目录

1.《国民政府西迁研究卷》

发掘抗战期间国民政府西迁的各类档案资料，在现有几部相关图书的基础上不断拓展政府西迁研究的深度和广度，深入探索政府西迁在抗战中的地位、作用和意义。

2.《民族工商业迁移研究卷》

深入发掘有关抗战期间民族工商业迁徙的档案文献，全方位展示抗战期间民族工商业西迁的壮丽篇章，探索民族工商业西迁对抗战及战后西部发展的意义。

3.《抗战交通运输研究卷》

从现有资料出发，系统研究抗战期间为保证军需民用及大后方的物资流通，抗日军民克服重重困难，发动西迁技术人员与后方民众进行的交通建设。

4.《教育内迁研究卷》

全面系统研究抗战期间教育界迁移和教育事业发展问题，揭示中国教育事业和知识精英的战略大转移在延续发展中国教育事业、避免日军战火的毁灭性打击或奴化教育，对迁入地尤其是西部地区教育事业的进步意义。

5.《文化内迁研究卷》

以抗战期间文艺界人士和文化机构的迁移为出发点，系统研究抗战文化、文物、新闻出版、戏剧影视等文化事业发展问题，努力还原各界人士呕心沥血保护珍贵文物的历史事实。

6.《民众迁徙研究卷》

根据近年来抢救发掘的抗战民众迁徙史资料，结合既有研究成果，全面深入研究抗战期间各地民众的迁徙问题，重点解决既往研究资料不全、方法单一问题。

四、编辑体例与写作风格

（一）编撰体例

"大迁徙——中国抗战迁徙史研究书系"史论结合，各分册按照研究专题分列章节安排结构，书稿顺序为总序、前言、目录、正文、参考书目。各章节层次安排如下：

第一级，章，如第一章；

第二级，节，如第一节；

第三级，一、二、三……

第四级，（一）、（二）……

第五级，1、2、3……

第六级，（1）、（2）……

第七级，①、②……

（二）写作风格

"理胜则文采自然超众"。本丛书以全面、权威、系统为特点，内容丰富，完全不必以晦涩难懂的行文来掩饰内容的贫乏。作者应当以明白晓畅的语言，深入浅出、通俗易懂地将抗战迁徙的历史展示给读者。应当切中问题实质，深入浅出、坦诚直率地进行论述。努力做到文笔流畅，言简意丰，平易近人，雅俗共赏。

五、作者队伍

拟聘请浙江师范大学法政学院执行院长、《抗战时期的人口迁移——兼论对西部开发的影响》一书的作者张根福教授担任丛书主编，组织全国著名高校近代史专家参与编写。

六、出版进度安排

2013 年 10 月至 2016 年 1 月完成选题论证、作者队伍搭建、编写体例确定、项目申报、组稿写作、印制出版等工作。

附二：项目负责人近年策划出版的部分重大精品图书

一、已出版项目

1. 《发现西北联大》

简介：西北联大与西南联大是抗战时期组建的两个大学共同体，是为抗日救亡、民族复兴而进行的一次中外罕见的高校大迁徙，对中国近代教育具有重大历史意义和现实意义。西北联大扎根西北，为灾难深重的中国保存高等教育精英、发展中国高等教育做出了艰苦卓绝的贡献；将高等教育制度系统地转入西北，奠定了西北高等教育的基础；延续了中华民族的文化命脉，凝聚和发扬了中华民族不屈不挠的意志和兴学强国的精神。本书全面考察了从北平大学、北平师范大学、北洋工学院、河北女子师范学院、北平研究院等四校一院的前生，到国立西安临时大学—国立西北联合大学和国立西北大学、国立西北工学院、国立西北农学院、国立西北医学院、国立西北师范学院等国立西北五校，以及数十所相关子体院校的发生、发展与传承的历程。本书在梳理大量珍贵史料和深入访谈的基础上，较系统地讲述了西北联大的历史梗概，全面、真实、生动地再现西北联大的历史以及西北联大对中国高等教育发展的重要贡献。

荣誉奖项：陕西新华出版传媒集团重大出版项目。

2.《国黉播迁——西北联大通史》

简介：本书全面介绍了从北平大学、北平师范大学、北洋工学院、河北女子师范学院、北平研究院等四校一院的前生，到国立西安临时大学—国立西北联合大学和国立西北大学、国立西北工学院、国立西北农学院、国立西北医学院、国立西北师范学院等国立西北五校，以及数十所相关子体院校的发生、发展与传承的历程。首次触动了 20 世纪中国高等教育布局由"点""线"向"面"的历史性转折，对其奠定文理工农医综合师范之西北高等教育体系、保留中国高等教育火种和中华民族文脉给予理性的评价。首次涉及西北联大立足西北、融汇世界的战时教育思想，以及 70 余项人文、科学、农、医、工程技术等方面的重大贡献，并附 300 余位教授小传和联大大事记，200 余幅插图。

荣誉奖项：国家出版基金资助项目。

3."外国人眼中的陕西"

简介："外国人眼中的陕西"丛书是由几位久居陕西的外国学者著述的以独特视角真实反映其观察、体会及研究中国及陕西历史、文化、风俗、民情等内容的学术散文，具有很重要的现当代中西文化交流互通的意义。

4.《中国蜀道》

简介:《中国蜀道》是一套全方位、多角度、多学科介绍中国蜀道的大型人文地理学术著作,全面介绍了蜀道的历史沿革、人文地理、文化遗存及相关的诗词歌赋、书画艺术,涵盖考古学、历史地理学、建筑学、文学、艺术等方面的内容。在撰写过程中,整合了蜀道沿线各大城市的文物及科研单位的学者和专家资源,使本项目成为国内外该领域研究的代表性著作。这套学术著作的出版,不仅有着极高的学术研究价值,填补了学术空白,同时,将促进蜀道的深度开发,为提升蜀道的文化内涵奠定坚实的基础。

荣誉奖项:第四届中国出版政府奖图书奖,国家出版基金资助项目、"十三五"国家重点出版物出版规划项目。

5.《丝绸之路中国段文化遗产研究》

简介：《丝绸之路中国段文化遗产研究》（10卷本）是一套大型线型文化遗产研究学术著作，首次从文化遗产的视域下对陆上丝绸之路中国段进行全方位综合性研究，全面反映丝绸之路中国段遗产的历史文化内涵。在具体编写上摒弃了专题研究的撰写方法，采用以点带线研究文化遗产的科学编写方法，在丝路研究上是首创。本套书从历史学、考古学等多个角度对丝绸之路的线路沿革、走向、重要古城遗址、石窟寺遗址等进行了综合性研究，而且还着重对丝绸之路文化遗产的历史价值、艺术价值和科学研究价值等进行了系统而深入的讨论。创新意义是十分明显的。本项目主创团队学术水平较高，阵容强大，在撰写过程中，整合了丝绸之路沿线的文物资源，同时依托北京以及丝绸之路沿线各大城市的文物及科研单位的学者和专家资源，使本项目成为国内外该领域研究的代表性著作。

荣誉奖项：国家出版基金资助项目、"十三五"国家重点出版物出版规划项目、陕西新华出版传媒集团重大出版项目。

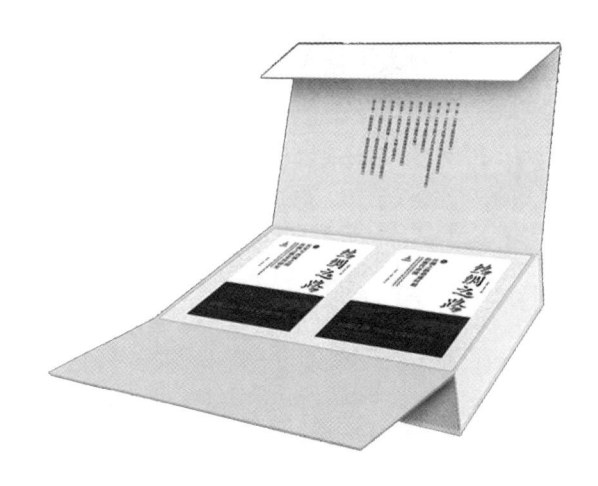

6.《赫赫宗周——陕西青铜文明巡礼》

简介：《赫赫宗周——陕西青铜文明巡礼》（套装上下册）以一种新的出版体例，将陕西地区出土的商周青铜器按照时代和内容分成若干项：夏商沧桑、宗周与方国、分封与土地制度、军事与战争、册命与职官、礼仪制度和再启秦风，提纲挈领地进行综述，全面反映了西周金文记录中的政治、军事、社会、礼仪、职官等各项制度。文字后有图版与说明，加强了读者对青铜器和金文反映制度的直观认知。

荣誉奖项：国家出版基金资助项目、陕西新华出版传媒集团重大出版项目。

7.《西安城墙》

简介：由商子秦、于孟晨主编的大型历史文化图书《西安城墙》（共4册）（精）以图文并茂的方式，从历史、文化、建筑与保护四个方面对西安城墙进行了解读，展现了这座城市丰富的历史与遥远的记忆，力求为读者研究、欣赏西安城墙这一中华民族珍贵的历史文化遗存提供有益的帮助。

荣誉奖项:"十二五"国家重点出版物出版规划项目、国家出版基金资助项目、陕西出版资金资助项目、陕西新华出版传媒集团重大出版项目。

8.《中国的海疆与海洋权益》

简介:中国是世界海洋大国,拥有广泛的海洋权益。据自然资源部发布的 2017 年海岛统计公报,我国大陆海岸线长度为 19 057 千米,海岛数量为 10 312 个,近海海洋可再生能源总蕴藏量为 15.80 亿千瓦。自党的十八大明确提出要建设海洋强国以来,我国不仅在海洋权益维护上成效显著,通过综合机制,强化了对东海、南海海域的有效管控,而且在海洋经济、科技、管理、防灾减灾等各项事业上取得了长足发展,海洋外交呈现出了全方位、多领域、深层次等特征,在多边机制中的话语权和地位不断提升。20 世纪末到 21 世纪初,随着中国陆上边境渐趋稳定和海洋经济成为国民经济的重要组成部分和新的增长点,国家周边海洋争端逐渐显现,海洋主权争端、域外大国介入争端、海外利益安全、海上航道安全、海洋整体管控能力不强等问题导致海疆权益局势更为复杂,客观现实要求构建完善海洋权益建设战略。

荣誉奖项：国家出版基金资助项目、"十二五"国家重点出版物出版规划项目、陕西出版资金资助项目、陕西新华出版传媒集团重大出版项目。

9."诗说中国"

简介："诗说中国"丛书由著名学者薛保勤、李浩主编，诗词泰斗叶嘉莹，文化学者康震、蒙曼诚意推荐。丛书初选了《诗语年节》《情寄人生》《家国情怀》《铁马冰河》《明月松间》《耕读传家》《人间有味》《行吟天下》《乐舞翩翩》等9卷，从千百年来流传的中华诗歌宝库中，精选传颂中国的经典诗作，除了精要的阐释和解说外，采用学术散文家议论的方式阐释中国文化。

荣誉奖项："十三五"国家重点出版物出版规划项目、陕西出版资金资助项目。

10. "抗战大迁徙实录丛书"

简介:"抗战大迁徙实录丛书"由陕西师范大学出版总社与西南大学中国抗战大后方研究协同创新中心共同推出。自 2013 年开始策划,历经多次修改终告面世。丛书共分为《国府西迁》《金融对垒》《工业重塑》《烽火兵工》《文化存续》《守望科学》6 卷,皆由长期从事中国抗战大后方历史研究的学者撰写,力图以学术视野、通俗的文字,并辅以生动的图片,全景式展现抗战大迁徙过程中那些颠沛流离的生活、可歌可泣的事迹与不屈不挠的抗争。

11.《种业中国》

简介:《种业中国》围绕种子、种业与中国农业发展,讲述了植物种子的出现与人类农业演进、中国种业的初创与探索、中国种业几十年来取得的骄人成绩、中国种业的发展前景等话题。本书内容丰富、资料充实,语言简洁明快,可读性较强,有助于读者全面了解种子的无穷魅力,深入理解粮食安全的重要意义,令人深思,催人奋进。

二、在编部分项目

1. "文化陕西"丛书

2.《消逝的毛乌素沙漠》

3.《影像丝路》

4.《中国种子资源图谱》

5. "汉字文化"丛书

6. "中国'三航'科技"丛书

后　记

"出版资源评估与研究"丛书初稿完成，甚是欣慰。

2018年，老领导也是老朋友张炜董事长偶然和我谈起出版人才问题。那天一贯风趣的老张突然很严肃地盯着窗外的夕阳说，阅读方式多元，媒介生态变迁，零售平台垄断渠道，难以想象我们退休后出版会是什么样子。

张董的话让我陷入深思。我大学毕业入职出版社，20年里几乎干遍了出版社所有业务岗位。人到中年转行教书，但教的还是出版。眼看着即将完成职业生涯退出历史舞台，无论如何不能忍受随着我们离去，出版事业不复存在。因此，重重挑战面前出版怎样才能高质量发展，同样是我思考的问题。就在那天，我们商定先从人才队伍建设入手，研究探讨出版人力资源的评估、开发和管理。张董很快组织了集团几位青年才俊，对集团出版和发行人力资源建设进行系统研究，我有幸忝列其中，为工作过20年的老东家服务。

当初步完成集团人力资源体系建设基本方案后，我们发现人力资源虽然是出版企业最核心的资源，但其他资源，如内容资源、衍生资源等，同样左右着出版企业的发展。作为内容产业的重要组成部分，内容创新是出版业的灵魂和根本，技术变革创新为内容创意提供了平台，人力资源、内容资源，以及由内容资源进一步衍生的衍生资源，是内容创新和技术创新的可靠保证。恰在此时，张炜董事长被中宣部授予"文化名家暨'四个一批'人才"荣誉称号，决定将出版资源问题作为人才研究课题申报，并很快获批。研究团队随之开始以陕西新华出版传媒集团为研究对象，对出版人力资源、内容资源和出版物衍生资源进行深入系统探究。

出版的本质属性决定了出版资源的价值，也决定了出版资源开发、管理和应用的原理和路径。结合出版学基础研究，我们发现出版既非简单的公之于众，也非简单的编辑复制，而是人类知识活动范畴中独有的文化现象，是通过知识生产和知识服务，实现人类知识在意识形式和符号形式之间的转移，成为人类知识的存在方式。

人类知识以意识形式、符号形式、物化形式存在，三种存在形式之间相互作用，为知识增长提供了内部动力。知识的意识形式即存在于每个人头脑中的知识，其本质特征是创造性。人类的一切新知识，首先是以意识形式存在并从个人的头脑里产生。作为内在因素的知识的意识形式，与作为外在因素的社会实践和人际交往需要，共同促进知识的意识形式向言语、图画和文字等知识的符号形式，以及其对象化物品中的物化形式转化。人创造积累知识的认识过程以符号进行，创造积累知识的结晶以符号形式存储于大脑记忆。因此，意识形式是知识的内在形式，符号形式是知识的外在形式。二者在本质上具有同一性。内在的意识形式向外在的符号形式转化，使知识得以传播、积淀和继承；外在的符号形式被作为知识创造主体的人接受，又会转化为意识形式，作为创新的新基础。

现代出版业自诞生之日，就从器物、制度和观念层面嵌入到人类的知识活动之中。在器物层面，出版物是知识的关键载体。在制度层面，《著作权法》等相关法律法规不仅是知识活动的有效保证，也为人类知识生产、知识服务和知识传承营造了环境。在观念层面，出版为确保复制规制化，通过编辑学对知识信息进行系统化整理的一系列思想和方法，是知识生产必须遵守的基本原则。其中系统性、稳定性和可读性，已经成为知识生产的重要指导思想。发行作为出版独有的知识传播方式，将知识传播的责任寓于规制之中，强调在特定的书店文化氛围里传递知识信息。同时，出版以阅读文化和发行文化的方式将作者、出版者和读者紧密联系，确保知识传播精准、可靠、规范、高速和有效。因此，规制化的知识生产和知识服务是出版的本质属性，通过编辑等规制化的知识生产，出版确保知识系统的、高保真的由意识形式转化为符号形式，实现知识的传播、积淀和继承；通过发行等规制化的知识服务，出版创造性地使知识从载体进入人们大脑转化为意识形式，进而成为知识创新之源，也为意识形式与符号形式结合后将知识转化为物化形式奠定基础。

每个人意识中的创新发明、对世界的感知和对人类的情感，都是出版的内容资源，努力将这些资源转化为符号化的知识就是对内容资源的开发和应用。同时，在开发和组织这些资源中衍生出的新资源，以及在将知识的符号形式转化为意识形式过程中衍生出的新资源，就是出版的衍生资源。出版资源和衍生资源的开发、应用和转化，共同构成了人类知识创新之源。而实现出版资源高效率开发的核心和关键，无疑是出版的人力资源。

在人的总体性问题层面追问出版元问题的答案，以人类知识存在的方式定义出版，无疑能够精确定位出版的范畴，也进一步明确出版资源的作用和意义，进而指导我们对资源的开发、管理和应用。基于此，我们确定了以人力资源评估为抓手，系统探索科学高效地开发、管理内容资源和衍生资源路径的研究思路，并按此思路完成了课题。

项目团队都是集团年轻的业务骨干，日常工作繁忙，尽管研究活动占据了大家几乎所有的业余时间，但囿于我们的理论水平，依然难以从经验层面提升到思想层面，没有形成系统的理论。不过，尽管认识上有待提升，但面对涉猎范围很广、要求很高、难度很大的项目，课题组还是以鲜活的第一手资料，回答了当前地方出版集团出版资源开发应用亟待解决的重大问题。

进入 21 世纪以来，网络计算机技术和人工智能技术使媒介生态和媒介发生了巨大变革，但各类新兴出版依然是科学技术与社会文化系统相互作用的延续。印刷复制催生的传统出版业与现代数字技术催生的各类新型媒介，并无本质差异，只不过是从图书报刊复制传播的分时空场景转变为同时空场景下的复制传播，即复制传播同步进行而已。不论复制技术和传播技术如何迭代，出版作为人类知识的存在方式都不会改变。课题组的研究成果，毫无疑问是具有生命力的。从这个层面考虑，课题成果虽有很多不足，但"聊胜于无"，算是一次抛砖引玉，希望同行多加批评，共同进步。

王勇安

2022 年 5 月